Police
Communication
Police
munication
Police
Police
munication

警察

與

（修訂再版）

傳播關係研究

本書是國內第一部警察媒介識讀專書，也是警察與媒體關係最佳實用指南。

汪子錫 著

侯校長友宜推薦序

汪教授自擔任本校教席以來，即投身「警學與傳播研究」，五年間除出版「警察與傳播關係研究」一書外，更不斷在各相關研討會議中，提出關於警察形象公關警察服務行銷等研究論文，提供警察實務機關在與傳播媒體互動的過程中，一個可行的參考準則。

以往國內在警察或傳播媒體方面的書藉中，對於傳播媒體與警察在犯罪偵查中所扮演功能鮮少著墨。隨著社會開放多元的發展，媒體對各界的影響愈來愈廣泛，而警察的新聞也通常都是社會所注意的焦點。

隨著現代傳播科技的快速發展，從報紙的平面報導到電視台現場 SNG的立即呈現，一方面滿足大眾知的權利，另一方面也使傳播的功能發揮到極致，其中又以社會新聞最為大眾以及傳播媒體所青睞。

傳播媒體以犯罪題材為寫實節目，鉅細靡遺地報導整個犯罪手法與情節方面，對潛在犯罪者雖然存有教化警惕的意義，且經由媒體對犯罪行為的報導，也可以提高大眾的警覺，免受類似犯罪行為傷害，達到犯罪預防效果。但另一方面，對潛在犯罪者，可能成為犯罪教學手冊及犯罪智庫，可謂是一面雙刃。

警察在偵查犯罪過程中，對於某些案件的偵查方向、計劃及作為，必須保持不公開，以維護人證，保全證物，但是在犯罪偵查告一段落或偵破之後，又必須要藉助新聞的採訪來報導警察偵查犯罪的辛勞，以維護警察執法與高破案率的形象。因此新聞報導與偵查不公開之間所產生的法律是一項兩難的問題；一個是言論的自由以監督政府的施政，另一個則是保護案件當事人的隱私權等等所實施的偵查作為。

　　以新聞報導的角度而言，資訊的公開是有助於政府施政的透明化，發揮第四權監督的功用；但是在警察的犯罪偵查角度而言，則是以破案為優先，避免案情的不當洩露，以遂行偵查的目的。在這樣的生態之下，傳播媒體與警察有著某種社會的互賴意涵，但卻又常常存在著衝突情境。

　　但自由與限制之間總是存在著一種緊張的關係，兩者之間僅為一線之隔，最困難的地方也就是如何找出兩者的最適點。一方面滿足社會大眾「知的權利」，另一方面兼顧警察偵查犯罪保密作為，就成為不易處理的課題，汪教授在本書中提供了實際案例與解決之道，足供參考。

　　本人在警政署署長任內推動之「廉能公義、健康活力」係以行銷警察正面形象為主，此與本書提到的「整合行銷傳播」相互契合。警察與傳播媒體的關係多樣而且具有變化性，值得大家來認識學習。相信汪教授此書修訂再版，必能讓各警察同仁建立出一套適當而實用的媒體關係，使警察與媒體彼此互動走向良性互利的發展；更能在媒體面前，在兼顧人權保障的立場上完成警察任務。

中央警察大學　校長

中華民國九十八年六月謹序

陳校長連禎推薦序

　　利用端午假期，坐待家裡拜讀汪子錫老師的論著《警察與傳播關係研究》，感覺上了一課，過去的實務工作再一次與理論印證，獲益不少，應予推薦，讓更多警察同仁受惠。

　　本書特色，其一，汪老師將教室師生對話討論，提出全方位的視野與詮釋，可以促使培養警察搖籃的警大、警專學生，更深入認識傳媒的本質與特色。

　　其二，提出警察全員公關的理念與策略及其操作，對警察與媒體的公關運作將形成良性的互動、合作，並且降低無謂的猜疑與對立，這種積極、正向的警察媒體關係，不限於機關首長、主管或公關室人員的觀念值得重視。

　　其三，行銷已成當代鋪陳機關組織形象的不二法門，前有置入式行銷引人爭議，近有網路行銷更為先進，本校近年招生報考者眾，為爭取更多，更優的應屆畢業生投效警察陣容，今年更創新引進網路行銷，相信這種美而廉又無遠弗屆的行銷模式一定可以得到有效的印證。

　　其四，警察一直是媒體注目的焦點，甚至有人說警察成也媒體，敗也媒體。無論如何，媒體無一日無警察消息，警察的公關業務，除服務導向，行銷警察打擊犯罪的正義形象外，近五年更著力於危機管理的研究與教育，期能更有效率，更用對的方法與媒體共舞。本書就此有不少著墨，俱見功力。尤其汪老師舉例分析精微，宛如現場重現，令人有身歷其境之感，至為珍貴。例如 96 年 3 月國道林、賴二員遭襲，奪槍又殺人案，自局長以下員警的重懲、內政部長、行政院長公開道歉，警政署長自請處分等鏡頭，

無不震憾人心，危機管理策略之課題，在本書都有鉅細靡遺的研析，值得我們引為殷鑒。

前任紐約市警察局長布萊登（William Bratton）締造空前的治安佳績，大幅降低各類犯罪與提高破獲率；同時，他也是媒體的寵兒。不過，他在自傳《扭轉乾坤》（Turnaround）書中，強調紐約市每位警察都要學會二個字：解釋（explanation）與道歉（apology）。員警承平時期出勤入息，在各項大小勤務執行前，對各項任務都要知所詮釋，也就是「給個說法」；如果做錯了，身陷危機風暴中，危機管理的策略就是「給個理由」（account-giving），更不要忘記在第一時間，立即道歉，以平息眾怒。布萊登成也媒體，敗也媒體，敗在他的長官朱利安尼也是打擊犯罪的高手，又是極其重視媒體傳播關係的首長。思念及此，讓我們不得不掩卷要重拾五倫之外的警察與傳播關係的倫理道德議題。這個區塊，本書其實已注意及此，未所偏廢，值得稱適。

汪老師歷經平面媒體記者，公視電子媒體節目製作人，又擔任立法院國會辦公室主任，現任教於警大與警專大眾傳播課程，學驗俱豐，致力於傳播關係研究，成果有目共睹，深受肯定。有心警察與媒體傳播研究者，此書是最好的入門。開卷有益，誠非虛言！

臺灣警察專科學校　校長　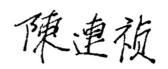

中華民國九十八年六月一日識於警專興隆崗

黃教授富源推薦序

　　「警察」可能是所有公務人員中，最動見觀瞻的一種公務人員；「傳播」更可能是所有當代人類生活議題中，最挑動人類敏感神經的一個議題。當警察人員遇上媒體時，當然是引人目光的，而這兩種極具聚焦性的領域和工作者碰在一起時，又會產生什麼樣的化學變化？汪子錫教授將這兩種領域與各自的工作人員，寫成一本書，一本理論與實務兼顧的書，一本探討這兩種複雜、動態與瞬息萬變領域之間交互作用的好書。

　　汪教授個人學養豐富，對公共關係的學理與運用素極熟稔，先前即服務於國會，對國會複雜無比的黨、政、媒關係，即有實際運作的經驗與體會，對階級森嚴，講究組織文化的警界接觸頗多，復以隨後轉至警察最高學府的中央警察大學執教，以他這種無人能及的特殊背景與專業素養，撰寫這本警察與傳播的巨著，當然是最適當的人選。

　　《警察與傳播關係研究》包括了最基本的傳播理論與警察理論，進而對兩個領域的研究方法多所著墨，為了讓這本專業的傳播學著作更有份量，汪教授特別在警察相關的重要領域中下了工夫，諸如強調警察人員應有的傳播素養，對人際、公關、行銷、口語、危機，甚至網路傳播都有深入的介紹與探討，這些領域都是一般的傳播書籍，較為忽略甚至完全忽略的領域，此外汪教授對於警察的執行公務、追求公共利益與嚴正執法的基本特質，也都把握貼切且能很細膩地整合到傳播的領域裡。

　　由於工作關係，數任警大校長都曾經委任本人為危機處理小組的成員，並實際擔任新聞媒體的處理工作，深深知道媒體公關的不易，這門科技整合的學問，不但是需要有學術理論作為基礎，更需要結合時勢、洞悉

社會審時度勢地實際操作，處裡過程中更要以極大的堅韌意志、不畏繁勞的態度，與在極度壓力下保持清晰思考敏捷反應的理性，誠懇地與內外相關單位與人員積極的互動。

　　在拜讀了汪教授的這本巨著之後，深深感覺到這是一本有獨立思考能力的成熟作品，對研究人員而言，這是一本傳播學界與警察學界深值參考的基礎研究文獻，對兩個領域的實務工作者而言，則是一本可資模擬實作的手冊要覽，因此，在汪教授大著行將付梓之際，會不揣淺陋，為汪教授寫序，望各界博雅多所指導。

中央警察大學　教務長　黃富源

中華民國九十六年九月一日警大校慶於警大誠園
（黃富源先生於民國九十七年九月一日榮任考試院考試委員）

修訂再版自序

　　警察代表正義的一方執法，因此常聽到的「警察形象」，應該是「警察的正義形象」（an image of social justice）；警察維持正義形象是天職，但是形象卻要透過傳播媒體，經過累積，才能在形成民眾腦海中的「易取性」圖像。

　　但可惜的是，警察在作為主角或者配角的傳播文本中，並沒有累積出整體的「警察正義形象」；造成這個結果的原因很多，但對個別警察而言，很多時候警察無法應付媒體採訪；對警察機關而言，對媒體抱著太多不切實際的想法，都是原因。

　　熱鬧的台灣傳播媒體，熱衷於把這個社會發生的大小「具體事件」或者「想像議題」，製造、傳播並成為廣為周知的「新聞事件」。這其中，值得警察注意的現象是：「每一天、每一種媒體，都會刊播與警察有關的新聞。」換句話說：「警察天天都在上電視、上報紙」。因為警察機關一直欠缺類似的訓練與研討，出現了警察需要面對的衝突與挑戰，說的更明白，就是：「正確的面對傳播媒體，已經是警察日常生活中無法逃避的挑戰」。

　　參考諾貝爾經濟獎得主克魯曼（P. Krugman）的說法：「因為環境的掌控不容易，惟有努力培養自己能力，才能應付日益繁雜的外在挑戰」。警察需要改變，並且培養回應媒體產生的衝突或者挑戰的能力，「媒介素養」（media literacy）就是解決此類問題的能力，是當前警察需要的基本能力。

　　Len Masterman 是聯合國教科文組織及歐洲議會「媒介素養教育問題諮詢顧問」，他倡導媒介素養的基本原則，成為重要參考。例如他認為：

「媒介素養教育是一種值得認真對待,並有重要意義的努力嘗試。它事關大多數人的權利得失和社會民主結構的穩定與盛衰」。

一般社會成員應該具有「媒介素養」(media literacy),其內容具有普遍性的設計。對警察成員而言,則有其特殊的需求,因為警察不只是「閱聽者」而已,警察很多時候,扮演的是「發訊者」的角色。況且警察還在第一線肩負「人權保障」的任務,是社會民主結構的守護者;警察表現的良莠,在媒體面前,都是眾所矚目的焦點。

歸納複雜多樣的警察媒體關係,在實務用作上,警察最關心的兩件事,一、「警察如何應付媒體報導警察的負面新聞」;二、「警察如何促成媒體報導警察的正面新聞」。這兩個問題在本書中都有回答,可以供作實務參考,也衷心期盼先進專家不吝指正。

感謝侯校長友宜先生、陳校長連禎先生為本書作序;兩位警察教育機關的領航舵手,給予本人在教學、研究上諸多的指教與提攜。感謝黃教授富源,黃教授在為本書初版作序後一年,榮任考試院考試委員,是乃國家之福。感謝國語文大師曾教授榮汾,本書的十二章篇名,都經過他細細推敲,大筆斧正;感謝秀威出版社宋總經理政坤先生的力邀,才能實現本書的再版。

從事警察教學、研究、服務工作,向警察推廣媒介素養教育,就像一個園丁在「拓荒」一般;希望經過一段時間後,能在這個知識園地上遍開花朵、結成美好的果實,為代表正義執法的警察們貢獻棉薄。

中央警察大學　副教授　汪子錫

民國九十八年六月識於誠園

初版自序

警察在轉變

「新公共管理」（New Public Management，NPM）風潮從上世紀 90 年代開始，從美國吹向世界各地。相關的討論、研究、建議對公共部門產生鉅大影響。

這個將企業改革模式代換到公部門，以提升公部門效能的新思維，不僅開創了公共行政管理的新頁，也感染到警察機關的職能變革。NPM 也改變了警察職能的傳統觀念，警察機關推出各種「消費者導向」的新服務概念，嘗試移植企業治理所採用的方法，讓民眾能夠對公部門和警察更加「滿意」。

為了增進服務效能，有些警察機關還爭取通過了 ISO 服務認證，並將之視為改善警民關係的里程碑，將取得 ISO 認證作為政績的一部份，透過傳播媒介廣為宣傳。

將諸多警察轉變的現象放在台灣民主化歷程來看，可以發現，「新公共管理」思維與「威權體制轉型」影響警察職能，出現的時間十分接近。

論及威權體制轉型和警察職能的轉變；就沒有人能忽略「傳播」所產生的促進作用。一般咸認，「傳播」對於台灣民主化起了推波助瀾的作用；尤其言論自由、新聞自由和傳播自由的大幅開放，是台灣民主化不能或缺的推手。傳播自由開始時是追求民主的手段；最終，也成為民主化的結果。

警察朝著「服務導向」轉變，並不是全面的；武力逮捕人犯、強制驅離民眾，仍然是警察必要的手段。但，警察確實已經出現了轉變。

傳播在轉變

傳播（communication）是通過訊息進行的社會互動。但多樣貌的傳播，猶可從不同角度，加以區別。

從傳播過程來區分，使用符號而不使用媒介的包括個人內部傳播、人際傳播；透過媒介傳播的則有網路傳播、大眾傳播。

從媒介類別來界定傳播，傳播包括報紙媒介、雜誌媒介、電影媒介、音樂媒介、廣播電視媒介、網路媒介、其它新電子媒介等等。

從媒介傳播和社會現實之間來看，傳播關注的是閱聽人（audience）。主動的閱聽人，追求的是媒介接近使用權；被動的閱聽人，則被視為傳播效果的研究對象，在市場經濟制度下，閱聽人幾乎被視為消費者的類似詞。

從傳播機構來看，傳播機構是一個專業化的組織，傳播機構的主要活動是符號的製作與傳送。由於媒介位於公共領域的位置，被要求付出相對的社會責任，因此，需要被約束管制。但傳媒作為政治、經濟和文化的行動者，民主制度的社會同意其能享有較大的自由。無論從那個角度去認識傳播，要提出的是，傳播也在發生轉變，而且，是鉅大的轉變。

引發傳播鉅大轉變的動力是數位化（digital）與「新電子媒介」。新電子媒介以網際網路為核心，匯聚了行動電話、寬頻傳輸、搜尋引擎、資料庫、影音傳輸下載等等，幾乎不可限量的功能與傳播數位化發展，出現整合媒介（media）、資訊（information）與傳播的大匯流（convergence）現象。

這些轉變諸如：（1）去中心化；傳播內容供應量和選擇權不再掌握於供應者手中。（2）高容量；光纖和衛星克服了許多早期傳播的障礙。（3）

互動性；閱聽人可以挑選、回應、更換傳播訊息等等，在在影響了人們日常的社會活動。

才不過十餘年前，闔家觀看電視劇還是每天晚上客廳固定出現的「儀式」；而現在，這個「儀式」已難延續下去。今天的閱聽人，隨時可以透過電腦、手機、PDA、車上 DVD，或其它新科技產品看到電視節目。這不過只是傳播大匯流、資訊全球化現象的一端而已；大匯流強力的催趕著傳播風貌的大幅轉變。這些轉變也促使警察必須重新思考其所面臨的傳播課題。

當警察與傳播相遇

警察和傳播一直關係密切；官兵捉強盜的刑案社會新聞、CSI（Crime Scene Investigation）犯罪現場的電視影集、警匪鬥智鬥力的電影，這些都是警察與傳播相遇的場域。但，若要從學術研究的角度介入，就必須選擇可行的途徑，進行具有顯著意義的研究。

「轉變的警察」與「轉變的傳播」相遇，本書的研究課題，多半都是警察機關不曾重視的。包括警察傳播素養、警察人際傳播、警察公關傳播、警察整合行銷傳播、警察網路傳播、警察口語傳播、警察危機傳播、警察執法與傳播等。

在這些課題的著眼上，作者是同時扮演著傳播學術的研究者和警察教育工作者的角色。

若從前者而言，作者是從警察「外部」（outside）看問題，關注的是傳播如何善用新聞自由，監督警察；傳播又是如何協助警察維護公共秩序。

若從後者而言，作者需要從警察「內部」（inside）看問題，作者想要幫忙警察，找出比較好的策略來回應傳播所帶來的課題。

在內、外部間的觀察，警察與傳播二者有一致的終極目標，就是：

維護民主制度
追求公共利益

但顯然，警察與傳播二者所站的位置並不一樣；二者之間的衝突對立關係、互信合作關係，也會在不同的形勢下，更替出現。

《警察與傳播關係研究》是跨科際研究的嘗試，也是警察與傳播相關研究的起步；本書深知猶有不足或不週之處，衷心期盼先進、專家對本書不吝指正。

中央警察大學　助理教授　**汪子錫**
民國九十六年九月識於誠園

目　次

Chapter 1

緒論：
警察職能與傳播基本概念

第一節　警察基本職能

一、警察的定義

依據韋氏字典的解釋，警察（Police）是「有關民眾福利、健康、道德、安全的國家行政」，警察因此具有高度政治性。警察制度是政治制度的一環，在不同的政治制度下，形成各國特色的警察組織。警察的本質、任務和手段，也基於各國政治文化而有所差異[1]。

學者 Carl B.Klockars 的見解，所涵蓋的範圍較廣，他認為：警察就是在國家的領域範圍內被賦予使用強制權力的機關或人員[2]。

梅可望從學理上認為：「凡基於維護社會安寧秩序或公共利益之目的，對於人民以命令或強制，並限制其自由之作用，均為警察」。此為較廣義的警察職權，表現於多種行政作用中，並不限於具有形式之警察機關或警察人員所行使[3]。

社會穩定須藉由法律制度才能遂行，警察除了執行法律，本身的行為也需要由法律加以規範。警察為達成法令所賦予之任務，除在組織法上明

定其權限或管轄（Zustaendigkeit）外，多藉職權法授予具體職權（Befugnisse），作為職務執行之依據。但具體規定難免在執行上產生疏漏，尚有賴一般性之職權條款彌補結構規範之不足，以發揮規範完整功能，此通稱為警察職權概括條款[4]。然而，無論如何概括，警察職權並非一成不變。

為適應社會價值觀的變遷，警察職權亦有所變遷；唯其不變的宗旨，仍繫於追求社會公平正義。唯有執法者公平執法，社會才有可能獲得公平正義。執法者應本於社會上可以探知認識之客觀倫理秩序、價值規範及公平正義原則，加以「判斷」（Beurteilung），並事後接受司法之審查[5]。

警察即為第一線的執法者，在依法行政的前提下，仍有其執法時期的「判斷裁量」；警察亦需為此一裁量後果，負擔起責任。

二、警察的功能

近代警察源自英國，美國的警察制度又經常為我國警政的主要參考對象。以英美兩國警察社會功能的演變來看，在不同的時期，有不同的側重面。而當前警察的功能，可以歸納為維護秩序功能、執法功能和服務功能。

（一）維護秩序的功能

早期英、美兩國警察的主要功能為維護社會秩序。此一時期警察所使用的手段以「指導」為主，亦即警察對人民不合規定或足以妨害他人的行為，予以教導、糾正、制止、勸告或說服，使其合乎規定。

然而，此時期警察的權威多來自政治人物的賦予，而非法律所定，即警察與政治人物及地方利益分子之關係密切。基於彼此互蒙其利，警察與

政客彼此掛勾，甚至相互勾結貪污。警察容易淪為政治性的工具，而為人所詬病。

（二）執法功能

英國自 1900 年代初期至 1970 年代末期，由於民眾對於警察淪為政治工具的現象感到不滿，有識之士大力倡導警察應該朝專業化改革，才能提升警察之工作能力與聲望。此一專業化時期，警察的主要功能為嚴正執法，打擊犯罪；警察所使用的手段以「強制」為主。警察的專業化能力，是指包括改善警察素質、運用通訊科技和鑑識科技辦案等等。同時也強調，警察應嚴守行政中立，依法行政，不受政治人物或利益團體左右。

此一專業執法時期的警察，雖強調執法功能，戮力打擊犯罪，但是由於政經環境變遷快速，警察已無法有效預防犯罪的發生，也無法降低民眾對犯罪的恐懼。

（三）服務功能

1970 年代開始，英美等先進國家為改善治安惡化及警民關係疏離的困境，逐漸改採「社區警政」策略，以補救警察專業化的缺失。此一警政社區化時期，警察的主要功能為解決社會治安問題；警察所使用的手段以「服務」為主。亦即推動「服務」為導向的「社區警政」，爭取民眾對治安的關心及對警察的認同。使警察與民眾建立一種打擊犯罪和預防犯罪的夥伴關係，並動員政府其他部門及社區團體共同參與，整合社會資源，共同維護治安[6]。

警察功能的變遷是從「秩序維護功能」，過渡到「執法功能」，再進展到「服務功能」[7]。以今天的眼光來看，警察所呈現的功能，正是這三項功能的綜合體。

三、警察職能與民眾權益

警察所肩負的角色與所執行的職務，大多涉及人民的自由與權利。民主法治國家的警察執法的前提要件，必須符合依法行政、遵循法律優位與法律保留的原則。法律是國民意志的表現，具體實行法律規定的內容，亦是社會公益的實踐，然而法律是無法窮盡一切的規範，行政機關為完成法定任務，遂行行政目的，自應容許行政權可依個別具體的現況，採行各種符合公益的權宜措施。因而，學者歸納警察主要的任務是「人權保障」與「治安維護」兩大部分[8]。這兩項任務，就是落實到以民眾福祉為依歸的民主政治精神。

民主法治國家所推崇之人民基本權利，於我國憲法第二章亦有明確規範，並於憲法第二十二條概括人民其他基本權利之保障事項。警察人員執行公權力之最終目的，在於保障憲法所賦予人民之基本權利，某種程度上，其性質也屬於多數人共同的公共利益（public interest）。

警察在執行勤務時，所牽涉到憲法人權保障的部份，主要是指憲法第八條的人身自由權、憲法第十條的居住自由權、隱私權、工作權或營業自由權、憲法第十五條的財產權等等。解嚴後，回歸憲政精神，大法官解釋從最基本的憲法第八條之人身自由、正當法律程序，擴大到第二十三條的法律保留、比例原則、實質正當、明確性原則等，隨著法律被解釋的增加，大法官均作成高度「保障人權」的解釋。從警察的角度來看，警察以往施以「強制手段」的「合法」範圍，已被大幅度的限縮。然而在人權已經成為普世價值觀念下，警察執法情形，一直都被外界嚴格的檢視與監督。尤

其台灣社會歷經長時間動員戡亂時期與戒嚴法的過程中，警察一度扮演政權鎮壓機器的角色，而為人所詬病。解除戒嚴迄今已二十年，但以往警察違法侵犯人權的情事，影響所及，致使警察整體形象仍受質疑的歷史原因。

四、警察的基本職能

警察屬於行政作用，警察的行政作用通稱為「警政」，是國家內務行政的重要部分，也是行政權行使的一種形式。「警政」的範圍融合了警察權、警察組織、警察人力資源、警察教育、警察人事管理、警察業務，以及警察勤務以達成警察任務的整體作為。是故，警察即警政的主體，而警政是警察的運作體系。

警察機關執行任務、行使職權，需以人之行為表現之。「警察人員」為警察機關構成的成員；在我國，警察是依《警察人員管理條例》及有關法規聘任或派任執行警察任務的公務人員。

我國現行的警察職權，主要規範於《警察法》中，《警察法》第九條規定：「警察依法行使左列職權：一、發佈警察命令。二、違警處分。三、協助偵查犯罪。四、執行搜索、扣押、拘提及逮捕。五、行政執行。六、使用警械。七、有關警察業務之保安、正俗、交通、衛生、消防、救災、營業建築、市容整理、戶口查察、外事處理等事項。八、其他應執行法令事項」。

除上述法律規範之外，進一步闡釋我國警察基本職能，可從警察的本質、警察的任務和警察的手段分別加以說明[9]：

(1) 警察的本質：警察是要發揮以法令為依據的行政作用。警察的本質是以法律為靈魂的，形諸於外則是一種行政作用。因此，警察是一種以法令為依據的行政作用。

(2) 警察的任務：警察的任務也就是警察的目的。警察的任務，根據我國「警察法」的規定，在於維持公共秩序，保護社會安全，防止一切危害，促進人民福利。質言之，警察的任務，有其積極性，也有其消極性。警察消極目的之原則係以直接地維持社會之公共秩序，並除去對社會公共秩序所造成之障礙為目的之作用。但如有特別之法律規定為依據，警察權亦得為積極的福利目的而發動。

(3) 警察的手段：警察以指導、服務、強制為主要手段。所謂警察的手段，是達成警察任務時所使用的方法。指導是對人民不合規定或足以妨礙他人的行為予以教導、糾正、制止、勸告或說服，使其合乎規定，不致妨礙他人。服務是在法律範圍之內，為達成警察任務，來解除人民困難，促進人民幸福的一種手段。強制乃為達到警察目的以權力加諸人民，使其順從警察的指導和指示。

綜上所述，我國警察的基本職能大致如下：

(1) 警察是以法令為依據的行政作用。
(2) 警察的任務在於維持公共秩序、保護社會安全、防止一切危害，並促進人民福利。
(3) 警察依據法規，以服務、勸導、維護、管理、命令、強制為手段。

五、警察任務的困境

在前述法定職能與一般任務之外，警察還另有「協助」任務。由於協助任務被往往擴大解釋及運用，相當破壞了警察職能的自主性，對警察任務形成擾亂。綜合各方意見，「警察協助」任務的困境，略有以下數端。

（一）警察協助法令繁雜，不知所從

　　警察職務協助所依據之法令，散見各種單行行政法規中，有時甚至與警察任務與目的毫無相干。亦有發現行政機關在制定相關法律時，為避免將來行政推行上遭遇障礙或困難，無法順利排除以達其行政目的，於是透過立法程序，明白將遇有必要時，得請求警察協助之類似規定制定於法律中。其次，行政機關得請求警察協助部分如前所述，常係以協調產生之結果，有時行政機關甚至為達其請求協助之目的，不惜扭曲法律之涵義。除上述二者外，更有以會議決議做為警察協助之依據，此種類型在警察協助工作中所佔比例不在少數。如此造成警察協助法令繁雜，警察不知所從。

（二）職務協助工作職掌不清，導致權責不明

　　警察業務、工作除了屬於本身範圍外，尚有部份是他機關委託、協助者，兩者均屬警察之任務。警察的任務與業務內容，依目前的法律規定，可區分為主要任務以及輔助任務。《警察法》第二條規定：警察任務為依法維持公共秩序、保護社會安全、防止一切危害、促進人民福利。第五條則規定：警政署掌理有關全國性之警察業務：計有保安警察業務、外事警察業務、國境警察業務、刑事警察業務、水上警察業務、關於防護國營鐵路、航空、工礦、森林、漁鹽等事業設施之各種專業警察業務。警察主辦業務範圍以警察組織法令所規的職掌為主；警察協辦業務即為警察協助其他行政機關處理一般業務事項。

　　但衡諸我國之行政機關，對於新興增加之業務，都不從本單位組織功能設計解決，而都仰賴警察機關業務協助。這就導致警察職務協助工作職掌失去主導性，而且經常出現權責不明的窘況。

（三）警察服從性格而輕忽職務協助之界限

　　行政機關時時求變，其需要協助之事項日益繁多。警察對此，多半無法拒絕，而由上級指示，履行服從義務。也是因為如此，使得行政首長及部會首長都有「警察好用」的迷思，讓警察協助之任務有增無減。由於警察服從性格，亦導致此類情況，日久成習。長遠而言，這對於一般行政機關建立制度化，亦有不利之影響。

（四）警察職務協助之標準，因人情關係而遭受破壞

　　當前警察協辦業務繁多，幾至警察無法負擔之地步，原因之一是警察官長講求人情關係，欠缺職務協助准駁之客觀標準。少數警察首長將職務協助視為擴展個人關係之手段，大開方便之門。復以警察機關之授權制度不夠周全，下級機關唯上級機關之命令是從，沒有自主決定權，於是警察職務協助均視上掰掰～級長官之意向而定。警察職務協助，已成為警察沉重之負擔[10]。

　　學理上，因為警察具有強制力，所政府行政單位在執行各項政策與法令時，樂於借助警察協助。警察輔助任務雖為協助其他機關推行一般行政事項；但此一職務協助並非毫無限制。協助應以遇有障礙，非警察協助不足以排除，或因障礙而有妨害安寧秩序時為限[11]。

六、民眾對警察廉正形象的期待

　　警察除了被要求公平正義執法，遵守憲法人權保障以外，影響民眾對警察形象觀感，最關鍵的原因，就是警察紀律是否能恪守廉政作風。由於警察擁有一般人所沒有的公權力，最有機會使用手中的公權力換取非法利益。而警察貪污包庇的行為，最為民眾詬病，不但造成警察負面形象，也有違民眾對警察的期待。

　　對此，現代警察創始者 Sir Robert Peel 有其堅持的理念。他對「專業與專職」警察制度，始終抱持的理想就是：警察組織如要博得公眾的認同和支持，那麼就需要有超出一般政府行政機關與民間組織的高標準警察紀律與廉正特色（Discipline and Integrity）。

　　關於警察廉正執法問題，英國警政學者 M. S. Pike 也認為廉正與誠信道德（Honesty and Morality）兩者是每一位執法警察的最基本要求與必備條件；同時，警察倫理的具體條文化與實踐，亦可說是民眾對於警察行為的重大期許[12]。

　　1948 年的聯合國共同人權宣言，以及 1979 年的歐洲理事會共同發表的《警察宣言》，說明了警察行為之良窳，乃是警察績效與警察形象的重要指標。我國警政署《端正警察風紀實施計畫》強調：「優良的風紀，是提升警察聲譽、形象、社會地位與工作績效的關鍵性因素」；「風紀是警察的命脈，端正風紀是一項由內而外，自上而下的整體作為」[13]。警察風紀與警察廉潔作風問題，在高唱警察「服務功能」的時代，更顯得重要。因為在新公共管理的思維下，警察的貪腐行為，將更形諷刺；亦將會成為抹煞警察公共價值的直接導因。

第二節　新公共管理與警察公共價值

一、新公共管理的觀點

當代警察職能既以「服務」為主軸，輔以執法、維護治安兩項，那就應該探索警察的公共價值。公共價值對民眾具有重大意義，它是從民眾的觀點，也就是被「服務」對象的觀點，給予警察認同或否定的評價。警察的公共價值不是由警察自己宣稱而已，警察的公共價值關乎民意的走向與觀感。依警察任務屬性來看，可以從公共行政管理的觀點，來探索警察的公共價值。

公共政策的學理認為，行政即是政策之規劃與執行的過程。行政即是政策之規劃與執行的過程。公共政策可以視為一種政府的選擇，即「作為或不作為的選擇」[14]。直言之，公共行政是為公共利益服務而存在的，其目的在實現公共目的，而非政府目的，即其是否具備「公共性」。公共性是指公共行政為彰顯公益，實踐公共目的，並積極負責的一種特性；此項特性成為評判行政機關是否有效能的重要標準。

1990 年代初期起，美國於公共行政管理方面開始掌握以企業性改革為方向，並以提升公部門績效為目的之「新公共管理」（New Public Management，NPM）。這些管理觀念的改革包括：

(1) 公共行政的焦點必須是結果，而不是流於浮面的行政流程。
(2) 公共行政在市場性競爭概念之下，應提供較好的服務。
(3) 顧客導向（customer-driven）是公共行政市場性的必然結果。

(4) 政府必須輔導而非約束，以市場觀念推動服務。

(5) 政府應解除不必要的管制。

(6) 延伸解除管制規定，允許組織成員以創意服務顧客與進行工作。

(7) 公共行政須更創新觀點，並揚棄「規定約束」的作風（rule-bound）[15]。

　　這些觀念也影響了世界其他國家跟進，新公共管理的發展趨勢，逐漸形成。而關於新公共管理組織變革的解釋與規劃雖有異同，但可歸納出六項改變[16]：

(1) 公部門傳統大型化組織式微，以合作化單位（corporatized）個別管理。

(2) 公部門組織彼此間、公私部門之間出現效益的競爭。

(3) 公部門內部管理訓練借助於私人機構實施。

(4) 控制與節約資源，以較低廉的方式提供公共服務。

(5) 實際執行管理模式優先於發號施令的管理模式。

(6) 組織績效朝明確性與可量測性發展。

　　對照傳統的行政模式，有些部份確實在被新公共管理模式取代。這不僅意味著公共管理的轉型，而且也是市場與政府、政府與官僚體制、政府與公民，以及官僚體制與公民之間關係的轉型[17]。新公共管理也特別強調了傳播媒體扮演的重要角色。

　　新公共管理認為，傳播媒體在資訊的形成與傳遞上佔有主導地位，不但提供民眾所需資訊更進而影響民眾的態度與行為，在開放的環境中充滿著各種資訊，須依賴各式媒體方能達到充分傳播之目的，資訊社會的最高目標就是能確使民眾在需要任何數據或資訊時，均能有效獲得。以美國而言，其推動國家資訊基礎建設之主要目的即為期望提升至全民參與的民主層次，因為知識共享與資訊充分提供正是民主政治的基礎。

二、警察的公共價值

政府的存在，旨在為人民提供永續的服務，其服務的目標則在於創造公共價值。政府運用公共資源以滿足公共需求和對社會產生實際利益的過程中，由於公共需求和環境的變動不居，產出的公共價值是否符合民眾之需要，將會影響其政策的正當性，所以政府部門在政策規劃及管理策略上應保有公共價值的願景。

公共價值觀，是引導警察機關及員警執行職權的基本原則與信仰。警察機關的價值觀一旦確定，警察工作目標、資源運用、警察策略、以及員警工作風格隨之受影響。警察是公部門的一環，公部門發展出的新公共管理，直接影響到警察的公共價值定位。

公務員因參與政策執行，即被視為公共經理人。公共經理人或管理者應適時保持對應態度，增進民主政治的素養和責任。尤其，在承擔由社會賦予尋找出公共價值的任務期望下，管理者必須藉由本身的策略觀點和思維，發揮開創性與想像力及同時具有反映政治指引與回饋之能力。此外，民眾也期望管理者經由有效率的行動找出公共價值，管理者有責任來思慮新環境的改變，讓這些思維形成管理觀點及建議，而管理者最重要的責任就是創造公共價值[18]。

Moore 發展出一種規範性，重點如何提升和創造公共價值的管理領域。他認為，創造公共價值是政府策略管理的主要目的，在於政府運用公共資源以符合公共需求和對社會產生真實結果，因在過程中公共需求和環境是變動的，產出的公共價值是否符合民眾需要，將會影響其政策的正當性。

以新公共管理觀點提供警察公共價值的願景，比擬如下：

（一）警察能夠有效率、有效能地達成法定目標

公部門是動用公權力強制民眾履行義務的部門，最終在創造正義與公平。警察機關也被期待，能以有效率、有效能地達成法定目標，創造正義與公平。

（二）警察機關能使民眾滿意，並以顧客導向提供服務

民眾通常會考量不同觀點來評量公共價值，有人考量有效率地生產與分配的觀點，有人考量公平正義地分配利益、分擔責任的觀點。然而警察機關的公共管理者在評量公共價值時，必須同時考量使民眾滿意，並以顧客導向提供服務。

（三）警察能夠行政中立公平執法，追求公共利益

在公部門中，公權力的動用會牽動到誰的需求該先獲得滿足，以及該滿足哪些特性等議題。警察的公權力必須能夠行政中立公平執法，追求公共利益，創造公共價值。

Woodrow Wilson 把政治從行政管理中分離出去，以使各個專業領域的行政管理行動，能臻於完美的境界。如此公共經理人所接到的政治法定業務，將是具有連貫性且明確定義的政策。這種透過中立的政治程序而制訂的政策，具有民主政治的高道德標準。藉此方式去執行政治法定業務，管理者即可將其注意力轉移去探求最具效率與效能的方法，以達成法定目標[19]。

　　對此，表現警察公共價值的策略，可以參考 Roberg、Crank 及 Kuykendall 等人的觀點，他們的研究指出，警察達成目標的策略包括：執法（law enforcement）、現身（presence）、教育（education）及社區營造（community building）四種[20]。在當前社會，參用這四種策略表現警察公共價值，都可以透過傳播媒介呈現。不過，傳播也有其立場及公共責任；以下先加以釐清。

第三節　傳播媒介的公共責任

由於當代傳播媒介對大眾社會生活，具有強大的滲透力和影響力；人們一方面肯定媒介的積極作用，一方面也對其表現出的問題深感憂慮。

一、傳播與資訊匯流衝擊公共部門

伴隨著資訊時代的來臨，新興傳播科技顯示出巨大的威力與魅力。新電子媒介以網際網路為核心，匯聚了行動電話、寬頻傳輸、搜尋引擎、資料庫、影音傳輸下載等等，「幾乎」不可限量的功能與傳播數位化（digital）發展，出現整合媒介（media）、資訊（information）與傳播的大匯流（convergence）現象。尤其將公部門效能及所作所為納入傳播媒介的監督之下，傳播與資訊的大匯流，已嚴重衝擊公部門，公部門的一切作為都透過傳播被檢視。這也使得公部門在傳播媒介面前，面臨了一個「不可信任」的時代。

在資訊與傳播匯流的發展下，電腦網路通信加上電話、手機，帶來生活的便利性，但是也帶來了公部門面臨的巨大資訊危機威脅。匿名的檢舉電話或許就會導致一個公部門的人仰馬翻，成員之間不知如何採取「最佳策略」加以自處。一個冒名申訴的情節，即使最終沒有冤枉到「好人」，但調查過程很可能使公部門歷經一場風暴。

傳播大匯流為公共行政樹立起新的難題，政府危機管理已經是全球化社會對現代政府提出的重大挑戰。政府資訊公開和公民知情權保障也成為

不可迴避的課題。暫且不論其它公部門，僅就警察而言，傳播危機時代，已經悄然來到。

人類社會朝向全球化發展的時代，社會環境中的不穩定因素日益加劇，各領域的突發事件不斷增多，突發性災難性事件傳播無論是作為文化現象還是作為傳播學命題，都具有不容忽視的意義。公共突發性事件報導能夠展現政府、媒體、大眾三方的密切互動關係和各自角色。政府的危機管理問題、資訊公開制度和公眾知情權問題、謠言傳播問題、傳播與大眾日常生活問題等都由此展開。

民眾對於傳播媒體所傳達的資訊，是選擇性理解與選擇性運用的；包括認知、記憶與接受。縱然媒體報導的資訊愈多，並不代表民眾接受到的資訊愈多[21]。民眾對於資訊的掌握總是局部與片斷的，對於政府所制定之法律、制度與政策缺乏充分的判斷能力，在政治惡劣競爭的現況下，傳播媒體極端商業化發展，以及民眾欠缺傳播素養等，都成為公部門的危機課題[22]。

二、傳播的立場與表現

當前傳播媒介已成為界定社會真實的「技術工具」，它增強了「社會文化同質性」（social-cultural homogeneity）的效果，也提供了刻板、虛幻的世界景象。媒介也界定了社會的議程（agenda），決定了政治體系的公共政策的優先順序。這種不平等的溝通關係，使人民意見的自主性受到嚴重的質疑。

媒體在報導社會議題時，是有選擇的。除了媒體所自許的新聞專業標準之外，媒介仍會受制於其他的因素，使新聞報導所呈現的真實受到了某種侷限。在這諸多因素中，有的研究認為與記者關係密切的消息來源會直

接或間接地影響記者呈現社會真實，另外，晚近的學者針對「新聞框限社會真實的情境」提出「新聞框架」的概念[23]。

　　媒體以組織的方式存在，其在產製媒介內容的過程中，經常受制於組織內外的影響。例如社會、政治、經濟等因素常交互運作影響媒介組織。加上媒體的所有權結構、組織內部的新聞工作例行化、新聞室的社會控制等等，也都制約著媒介表現[24]；客觀報導真實的理想已經無法獲得保證。

　　過去認為媒體傳播應該是客觀中立的，但事實上，傳播學及媒體實務發展迄今，媒介客觀中立已經接近「神話」。傳播學者 Cohen 在 1963 年研究華府外交記者時，就已經提出，「報紙多半不能告訴人們想什麼，卻可以成功地告訴人們該想些什麼」[25]。新聞媒體所建構的是媒介真實，並沒有辦法反映社會真實；此二者是有差距的。

　　多元主義者 Trowler 指出新聞媒體是一種文化制度，新聞內容會呈顯社會合法的價值。新聞內容所呈現的意義是有偏向的，媒介多傾向支持優勢政治文化，並不完全反映多元社會的不同聲音[26]。Hall 指出，新聞媒體為了維持社會的穩定性，或資源使用的有效性，會以其新聞偏向來特別報導社會中的菁英份子，塑造社會正義之聲；抑或誇張報導敏感性議題，使大家需要依賴政府單位等[27]。

　　議題設定（agenda setting）是另一個被關注的問題。主要的觀點是提出「傳播媒介的優先順序，就是大眾的優先順序」。換言之，傳播媒介強調和注意的事件，透過各個事件重要性的排序，直接對民意對社會事件與公共政策重要的的排序，二者是一致的[28]。

　　McCombs 在 1992 年將其連續多年發展的議題設定假設，提出綜合說明。他指出，開始的時候，議題設定研究所關注的是「議題的顯著程度如何由媒介轉移到公眾」；這個時期的研究目標是找出議題設定效果的相關條件，例如「閱聽人需要引導的需求」、「人際傳播的影響」等等。之後的議題設定研究中，發現閱聽人已不純然是被動的訊息接收者，他們其實

是「使用與滿足」（use and gratification）的主動參與者。此一時期的研究
題目焦點是「為何某些選民，較其他選民暴露於更多的媒介訊息之中」[29]。

　　許多傳播研究都確定了一件事：「傳播媒介有自己的立場，向社會大
眾建構媒介自認為重要的公共議題」。媒介從來都不如自己宣稱的那般客
觀、中立。

三、傳播的公共責任

　　正是因為傳播欠缺客觀中立，所以引發人們對其疑慮。但傳播卻能享
受充份自由，尤其新聞傳播擁有採訪、報導的充份自由，社會普遍願意以
「第四權」的稱號，為傳播媒介「登基加冠」。這是為什麼？

　　這是因為傳播具有雙面性，一方面它確實能夠發揮監督政府或瞭望社
會弊病的功能，扮演守護公共利益的「天使」角色；但另一方面，在極端
商業化下，激烈的傳媒生存與營利競爭，又使它更加不能保持中立、客觀。
一味謀利的傳媒，扮演的是藉由製造社會亂象，汲取獨身利益的「魔鬼」
角色。

　　傳播媒介在社會大系統中，扮演著「魔鬼與天使」兼具的雙面角色，
歸納起來，媒介從來都不純然是一種「公器」，多數的時候，它的傳播訊
息只是一筆商業交易的結果。

　　對此，呈現了兩個問題：一個是傳播自由遭到濫用的問題；一個是傳
播自由被課予公共責任的問題。

　　如果傳播不顧公共責任，那它的傳播自由，就應該被受到限制。傳播
自由與傳播公共責任是同時存在的。

　　濫用傳播自由的行為，可能以公開而明顯的方式侵害到個人權利，或
至關重要的社會利益。傳播界的運用自由，包含在公共責任的深層次問題。
新聞界不僅是在意其是否出現不端的行為，新聞界的作為或不作為，都會

影響普遍的福祉。表達自由也包括「壓抑表達」的自由，對於新聞界來說，這一自由不應該是絕對的自由；那就是遭到濫用的自由[30]。

　　讓傳播媒介承擔公共責任是必要的；這是因為，閱聽消費者不再擁有「不消費的自由」，只能透過傳播機構得到其所需要的東西。這樣看來，對於傳播自由的絕對保護，已不足以延伸達到保護消費者或社會群體的目標。因此，放任傳播普遍自由，是有待商榷的。

　　傳播媒介已經出現商業化、自由化、私有化與全球化的發展潮流，展現出了極端「傳播商品化」的現象，許多電視新聞呈現的只是一齣電視劇而已[31]。但是，傳播學者對於媒體應負擔公共責任這個課題，仍抱持希望[32]。傳播媒介仍然有其公共責任的理想性，這個公共責任的踐履是內部的「媒體自律」和外部的「政策他律」所構成的。

第四節　警察與傳播追求公共利益

一、警察與傳播的目標

影響傳播商業化極端發展的是市場經濟制度，這樣的制度帶給社會全體的是「損益相當」。一方面傳播媒體可以高舉「第四權」，代替民眾監督貪腐與無能的公部門；同時，傳播媒體也以誇張渲染的態度生產公共訊息，製造社會亂象。

從「第四權」的理論觀點來看，民主國家大多「承諾」新聞界應享有一定程度的特權，才能使其確保「獨立」、「公正」與「客觀中立」的運作。這個說法大致沒錯，但是，放在現實環境中來看，是有困難的。新聞媒介有時會有較好的發展環境，有時則「環境惡劣」。這要從傳播政策來加以觀察。

傳播學者 McQuail 提出一個理想：「制定傳播政策的最終目標是追求公共利益」。傳播政策不應追求個人利益，更不應該是政黨的利益。因此，提出透過「傳播獨立、傳播義務與傳播多元發展」的中介目標，來達成「公共利益」最終目標。

McQuail 認為，公共利益的極大化，就是「民主」。這和本文前述民主國家警察公共政策的目標在於維護公共利益，若合符節，殊途而同歸。

在傳播學者的理想概念中，傳播媒體在商業制度下的自由，必須是為民主政治而努力與服務的。透過傳播政策，提供媒介獨立運作、多元呈現，並盡其公共責任義務，來追求最終的公共利益；推到極致，就是鞏固民主。

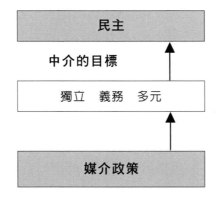

圖 1：傳播政策在達成公共利益為終極目標。來源：（McQuail，2000）

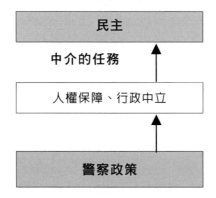

圖 2：警察政策以追求公共利益為最終目標的期許。

警察透過人權保障、行政中立呈現警察公共價值，並視之為中介的任務，最終在追求社會的「公共利益」。推到極致，也就是保護最大公共利益的「民主」。

二、警察與傳播的關係

警察與傳播一直關係密切；官兵捉強盜的刑案社會新聞、CSI（Crime Scene Investigation）犯罪現場的電視影集、警匪鬥智鬥力的電影，這些都是警察與傳播相遇的場域。但，若要從學術的角度介入，就必須選擇可行的途徑，進行具有顯著意義的研究。

針對警察與傳播問題，本書選擇與當前環境關聯性較顯著的題目進行研究，分列於各章中；許多課題都是警察機關不曾重視過的課題。

扮演傳播學術研究者的角色，作者是從警察「外部」（outside）看問題，關注的是傳播如何善用新聞自由，監督警察；傳播又是如何協助警察維護公共秩序。而作者也關心在極度商業運作下的傳播，已淪為製作虛假訊息商業打手的傳媒，不斷出現對警察並不公平對待。

扮演警察教育工作者的角色，作者需要從警察「內部」（inside）看問題，作者想要幫忙警察找出回應傳播問題的較佳策略。

在內、外部間的觀察，警察與傳播二者有一致的終極目標，就是：

保護民主制度
追求公共利益

但顯然，警察與傳播二者所站的位置並不一樣；二者之間的衝突對立關係、互信合作關係，也會在不同的形勢下，更替出現。這在本書的各章中，都會加以探討。

第五節　本書各章介紹

本書共分十二章，一開始由警察與傳播基本概念寫到警察實際應用傳播，並從微觀傳播到鉅觀傳播，依層次開展說明。參考 McQuail 的「傳播金字塔」概念，本書是由底層的警察人際傳播，寫到中層的警察組織傳播，再寫到頂端的警察大眾傳播相關課題。各章主旨略述如下：

第一章緒論，從警察基本職能與傳播基本概念，作開宗明義的鋪陳；並提出警察與傳播二者，殊途同歸；皆以追求「公共利益」，鞏固民主為終極目標。但二者的立場及所處位置，並不相同。

第二章寫「警察的傳播課題」，介紹警察所處的社會傳播環境，一方面是在政治經濟社會中運作的傳播，一方面是傳播在極度商業化運作下，出現警察面臨的諸多待正視的傳播課題。

第三章寫「研究方法」，是藉由傳播符號學理論，提出建立警察形象的啟示，藉由符號學的豐富性，提出對警察形象的基本概念，本章多側重理論性的介紹。

第四章寫「警察傳播素養」，介紹媒介素養教育的主要內容，拓展對傳播媒介的認識。並且希望引起重視，讓全體警察在資訊社會中，經過教學研討，能夠擁有更多媒介識讀的能力；同時舉出媒體報導案例，說明警察刻意迴避媒體是不必要的。

第五章寫「警察人際傳播」，警察人際關係與人際溝通，這是警察傳播的最基本行為，對於警察人際關係的倫理成份，和警察日常公務溝通協調，警察與傳播媒介溝通等介紹。

　　第六章寫「警察公關傳播」，檢討現行警察機關公共關係組織，並進行警察公關的結構與傳播行動分析。本章並提出警察全員公關的概念，不應該僅由上級發動，而是要讓基層樂於從事。

　　第七章寫「警察機關整合行銷傳播」，先介紹公部門公共服務與行銷概念，再說明行銷概念的演進與政策行銷；然後提出警察機關整合行銷傳播運用的建議。警察可以運用工具整合，作有利於警政與警察組織的傳播行銷。

　　第八章寫「警察網路傳播」，先介紹新興傳播科技的出現，是由數位化（digital）與傳播匯流（convergence）引發的。電子化政府與網路中介傳播都成為政府公部門的政策行銷新通路；並建議警察機關也可善用網路中介傳播。

　　第九章寫「警察口語傳播」，側重於警察機關發言人表現的檢討。本章探討了影響警察新聞發言表現的內、外部在因素，並以警察新聞發言人口語傳播具體個案進行分析，最後提出對於警察發言人選訓的建議。

　　第十章寫「警察危機傳播」，介紹危機類型與危機管理的概念，並介紹比較少被警察教育重視的危機傳播與危機溝通策略；最後透過兩組警察傳播危機案例分析，對警察面臨危機時代，提出如何自處的建議。

　　第十一章寫「傳播與警察執法規範」，本章提出了警察與傳播媒體關係的檢討。基於無罪推定，警察對於偵查中的案件內容，依法必須對傳媒保密，並且遵守偵查不公開原則，以保障當事人民眾的權益。但是，傳媒卻以「新聞報導自由」及其它民眾「知情權」為由，向警察刺探應保密的訊息。往往在警察與傳播不對等的關係中，警察忽略了對案件相關人的人權保障，而出現洩漏訊息的事件。本章對此一普遍現象提出了檢討與建議。

　　第十二章寫「展望：警察與傳播相處的機會與挑戰」，辯證警察的終極任務是維護公共利益，傳播的終極理想是維護公共利益。本章的主旨是

找出警察在與傳播相處時的機會與挑戰。關注的是警察如何面對傳播課題，尤其是警察面對傳播媒介時的態度、認知與傳播策略。

本書希望能達到理論與實用兼備的目標，並且希望能在警察教育領域中，呈現出以下三個特別功能：

(1) 喚起警察正視；妥適面對嚴肅的警察傳播課題。

(2) 引發學習動力；提供趣味的警察通識教育教程。

(3) 強化知識能力；傳授探討實用的警察傳播素養。

【注釋】

[1]　章光明，《警察業務分析》，（台北：五南，2000）。

[2]　B.Carl Klockars, *The Idea of Police.* (California:Sage.1985) p.12.

[3]　梅可望，《警察學原理》。（桃園：中央警察大學，2002）。

[4]　李震山主持，《警察職務執行法草案之研究》，（內政部警政署委託研究案，1999）。

[5]　李震山，《德國警察制度》，（高雄：登文書局，1997）pp.63-64.

[6]　章光明、黃啟賓，《現代警政：理論與實務》，（台北：揚智，2003）。

[7]　梅可望，《警察學原理》，（桃園：中央警察大學，2002）。

[8]　吳庚，《行政法之理論與實用》，（台北，三民書局，1999）pp.103-104.

[9]　梅可望，《警察學原理》，（桃園：中央警察大學，2002）。

[10]　朱金池，〈警察組織變革之研究〉，《警察行政學術研討會論文集》，（桃園：中央警察大學行政警察學系，2000）。葉毓蘭、李政峰，〈以信賴為基礎的社區警政作為〉，《警學叢刊》，第 33 卷 3 期，（桃園：中央警察大學警學叢刊社，2002）。張國振，《從犯罪預防理論的角度來看我國警勤制度的改善》，（台中：東海大學公共事務研究所碩士論文，2003）。

[11]　李震山，《警察任務法論》，（高雄：登文書局，1992）pp.49-51.

[12]　M.S.Pike, *The Principles of Policing.* (London : The Macmillan Press Ltd., 1985)

[13]　參考孫文超，《我國警察組織廉正管理》，（台北：台北大學公共行政暨政策研究所碩士論文，2003）。

[14]　T.R.Dye, *Understanding Public Policy.* (New Jersey : Markham. 1978)

[15]　D.H.Rosenbloom, & R.S.Kravchuk, *Public Administration Understanding Management Politics, and Law in the Public Sector.* 5th ed. (McGraw-Hill Companies. 2002)

[16]　C.Hood, "The New Public Management in the 1980s : Variations on a Theme."*Accounting, Organization and Society.* 20 (2/3), 1995 : 93-109.

[17]　林鍾沂、林文斌譯，《公共管理新論》，Owen E. Hughes 原著。（台北：韋伯，1999）。

[18]　M.H.Moore, *Creating Public Value : Strategic Management in Government.* (London : Camdriade, Mass. 1995)

[19]　W.Wilson, "The Study of Administration." In Jay M.Shafritz & Alber C.Hyde , eds. *Classics of Public Administration.* 11-24. (CA : Brooks / Cob Publishing Company. 1992)

[20]　R.Crank, & J.Kuykendall, *Police and Society.* (Los Angeles, CA : Roxbury Publishing Company. 2000) pp27-28.

[21] A.Tversky, & D.Kahneman,"The framing of decisions and the psychology of choice. "*Science*. 211.1981. pp.450-458.

[22] C.Hood, "The New Public Management in the 1980s : Variations on a Theme." *Accounting, Organization and Society.* 20., 1995. (2/3), 93-109.

[23] W.A.Gamson, & A.Modigliani, "Media discourse and public opinion on nuclear power : A construction approach. "*American Journal of Sociology.* 1989. 95 : 1-37., J. W. Tankard, Jr., et al. *Media frames : Approaches to conceptualization and measurement.* Paper presented to the AEJMC convention, Boston, August. 1991, G.Wolfsfeld, *Media and political conflict.* (Cambridge university press. 1991)

[24] G.Tuchman, *Making News : A study in the construction of reality.* (New York : the Free Press. 1978),W.Breed, "Social control in the newsroom."*Social Forces.* 1955.33:326-335.

[25] B.C.Cohen, *The press and foreign policy.* (Princeton, NJ : Princeton University Press. 1963)

[26] Paul. Trowler, *Investigating the media.* (London : Unwin Hyman Limited., 1988)

[27] S.Hall, "Culture, the media and theideological effect. "In J.Curran, M.Gurevitch, & J.Woolacott, (eds.) *Mass communication and society.* (London : Edward Arnold.1979)

[28] D.McQuail, & S.Windahl, *Communication Models : For the Study of Mass Communication.*" (NY : Longman Publishing. 1993)

[29] M.E.McCombs, & D.L.Shaw , "The evolution of agenda-Setting research : Twenty-five years in the marketplace of ideas. *Journal of Communication.* 1993.

[30] 展江等譯，《一個自由而負責的新聞界》，（北京：中國人民大學出版社，2005）p.73。原書是美國新聞自由委員會 The Commission on Freedom of the Press 的調查聽證報告。

[31] 這是傳播學者 John Fiske 的「庶民文化」觀點。參考陳正國譯，《瞭解庶民文化》，（台北：萬象，1993）。

[32] D.McQuail, *Media Performance : Mass Communication and the Public Interest.* (Newbury Park, CA : Sage. 1992)

Chapter 2

警察的傳播課題

第一節 傳播基本形式與傳播的層次

一、傳播的基本形式

人是會使用象徵符號與行動（symbolic action）的動物[1]。人類會製造符號（verbal symbol），並且能加以記憶、傳遞，這使得人類文明之創建，始有可能。傳播（communication）就是透過符號傳遞輸送，並且產出意義的過程。

從傳播的單元區分層次，有三種主要的基本傳播形式，分別是自我傳播、人與人的傳播、透過媒介中介的大眾傳播。這三種傳播形式的基本過程，說明如下：

（一）自我傳播的基本過程

傳播學者 Schramm 認為，個體內自我傳播作用是人類傳播過程中的最基本的單元（intrapersonal communication unit）。每個人在接收到訊息後，

會經過自我內新的詮釋系統，並將此訊息轉換成個人理解的意義，然後再將資訊製成符碼進行另一次傳播[2]。略如下圖所示：

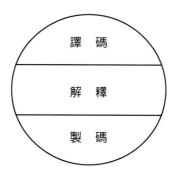

圖1：個體內自我傳播模式

資料來源：W. Schramm,（Ed.）*Mass Communication*.1954

當個體要發出訊息時，他要先製碼（encoding），製成他人能夠理解、有意義的符碼。個體接收訊息後，將此一訊息轉換成個體所能理解的意義（meaning），這個過程，就是解碼（decoding）。在製碼和譯碼之間，還有一個關鍵的解釋者（interpreter）。個體在解釋符碼時採取的角度、觀點、立場未必一致，大致是傾向於個人的信念或經驗來解釋訊息[3]。

完成個體內的自我傳播之後，才能進一步展開對他人的人際傳播。

（二）人際傳播基本過程

最簡單的人際傳播（interpersonal communication）過程模式，是將兩個「個體內傳播」連結在一起所構成的。在人際傳播的過程中，必須先進行個體內傳播，才能完成人際傳播。

　　人際傳播過程中，最重要的部份是彼此透過語文或非語文符號，進行的符號交換。人際傳播的相互溝通過程，溝通者彼此都在進行著製成符碼和符碼還原的工作。依照 Schramm 的見解，在人際傳播中相互溝通的雙方，都是傳播者，並沒有所謂「傳播者」（communicator）和「受播者」（receiver）之分。

　　Schramm 的人際傳播過程，可以下圖表示。

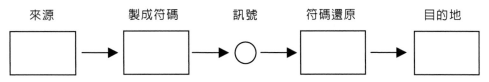

　　　　　　　　來源　　　　　製成符碼　　　　訊號　　　符碼還原　　　目的地

圖 2：製成符碼與還原符碼過程圖

資料來源：W. Schramm（Ed.）Mass Communication.1954

　　要完成人際傳播，就需要彼此雙方能夠從符碼產生意義（symbolic meaning），在人類傳播行為中，如果無法了解對方的符號意義，就難以完成溝通[4]。

（三）大眾傳播的基本過程

　　1948 年，美國政治學家拉斯威爾（Harold D. Lasswell）在他發表了一篇題為《大眾傳播在社會的結構和功能》的論文中指出，大眾傳播具有三項功能：偵測環境（surveillance）、調和社會（correlation）和文化傳衍（transmission）。之後，另一位社會學者 Wright 在這三項功能之外，加上「娛樂」（entertainment）[5]。合成今日傳播學界公認的傳播四項功能。

Lasswell 開啟了人們對於大眾傳播研究的重視；而他首創的傳播模式，更成為介紹大眾傳播過程時的經典。

　　Lasswell 提出著名的一段話做為開始：描述一個傳播行為最便利的公式是回答以下的問題：

　　　　誰 Who
　　　　說什麼 Says what
　　　　經由什麼途徑 in which channel
　　　　對誰 to whom
　　　　產生什麼效果 with what effect

　　自此以後，這段話即以「拉斯威爾公式」見稱，並經常為大家引用。若將這段話轉換成圖解的模式，則會得出如下的圖形[6]：

圖 3：圖拉斯威爾公式與相應的傳播過程元素（Lasswell ,1948）

　　《大眾傳播在社會的結構和功能》一文對傳播學而言，具有重大意義。大致上來說，主要體現在兩個方面：一是從內部結構上，這個傳播經典論著分析了傳播過程的要素；二是從外部功能上，這個傳播經典論著概括了傳播活動的作用[7]。此外，這個麼模式還概括了傳播研究的基本範疇。

　　從 Lasswell 的線性傳播模式（Lasswellian linear model）出發，可以衍生成五項傳播主體、五項傳播研究，可將其圖列如下[8]：

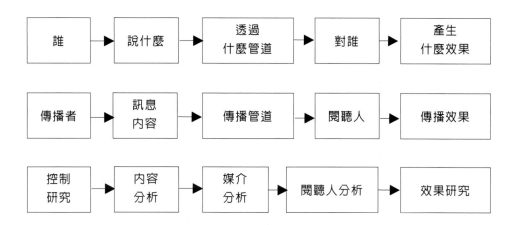

圖 4：從拉斯威爾線性傳播模式到傳播主體、傳播研究

　　以上概念化劃分方式，簡單明瞭，可以使人對大眾傳播產生基本認識。使這個模式深深影響傳播學的思考方向。雖然有後續者在前述模式中加入傳播噪音（noise）、傳播回饋（feed back）等等；但 Lasswell 傳播模式，仍廣受重視。

二、傳播的層次

　　學者 McQuail 建議以一種社會全觀的方式來認識傳播，他以傳播發生的社會組織位置，分別列出層次。根據這個分別層次的原則，形成一個傳播金字塔的形貌，McQuail 認為，從傳播金字塔觀察，傳播可以視為不同層面的社會性傳播過程的一部份。略如下圖所示：

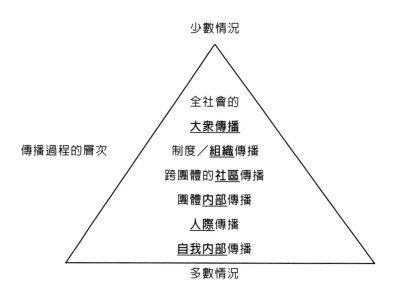

圖 5：McQuail 的傳播金字塔：傳播是一種社會過程

　　傳播金字塔最下面一層，代表的是出現的案例最多，也經常出現；最上層的案例則最少，對個人而言，並不經常出現。

　　最多的情況是「自我內部傳播」，這是每個人都能在個體內進行的。往上一層是「人際傳播」；可能是兩個人，或一些人的相對傳播。再往上一層是「團體內部」的傳播，最多的例子是家庭成員之間的傳播；對警察而言，在單位之中，也屬於團體內部傳播。

　　團體內部的上一層是跨團體或組織的傳播，例如社區傳播。再上一層是制度的、組織的傳播，例如政治體系或是企業組織，包括政府、教育、司法、警政等等。最上層的是在全社會進行的傳播，也就是大眾傳播[9]。

　　不同的傳播層次有其不同的關注焦點，例如組織與制度傳播通常是遵循一定規範與程序進行的；社區傳播關注的是情感認同與合作規範；團體內部關注的是對話模式與情感依附；個人自我傳播則側重個人資訊處理的過程。

　　在社會生活全球化（globalization）發展下，看似簡單的傳播層次，卻開始變得複雜。大眾傳播在全球化的進程中，更扮演了重要的關鍵角色。跨國經濟、跨國政治、跨國體育、跨國娛樂都伴隨跨國傳播而超越了傳播的國家界線。

　　在以往，個人社會互動模式和傳播體系之間的聯繫是強而有力的，現在則逐漸微弱。而人們對於文化和資訊的選擇，以往較為有限，現在則變得更為廣泛。

第二節　傳播理論與研究取徑

一、傳播社會關係與研究取徑

在大眾傳播研究領域中，大致區分為自由多元典範與馬克思主義理論典範，這兩派對於大眾傳播媒介究竟是消極的反映社會真實，抑或是積極的建構社會真實，有完全不同的看法。

源自行為學派的觀點，大多是從多元自由的角度、傳播工具性的角度看待傳播媒介。系統功能論或結構功能論，多將傳播媒介區分出四大功能：宣傳工具、社會化工具、娛樂工具、創新資訊傳遞的工具等，並且認為大眾傳播有益於國家發展。但源自歐陸的批判論者，則認為大眾傳播是統治者手中的「意識形態國家機器」，是一種馴化人民的「支配性」工具。批判學派認為如果傳播媒介不能提供作為「公共論壇」，那麼傳播媒介對於人類文明並無助益；所以要用「懷疑」的態度看待大眾傳播的運作。因為，大眾傳播在資本主義社會，將成為推銷「消費主義」的利器。

把各種傳播理論放在社會運作中觀察，學者 Rosengren 在 1983 年曾經提出一種類似社會學理論圖像，McQuail 在 2000 年時將之表達如下，並出現了四塊研究領域，可供選擇作為傳播研究取徑[10]：

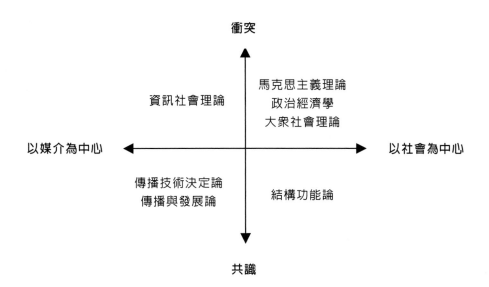

圖6：媒介理論與社會關係的四種取徑與選擇

資料來源：（McQuail , 2000,p.89.）

　　媒介對社會的作用是促成「共識」，抑或引發「衝突」；與以媒介為中心或以社會為中心的出發點有關。而傳播理論的運用，形成四組不同的取徑或選擇。如果以社會為中心，那麼媒介就是「鏡子」的作用，媒介的任務是反映社會真實。如果以媒介為中心，那麼，媒介就是促成社會變遷的動力「引擎」。從上圖中，還可以做進一步的說明：

(一) 如果認為媒介是社會結構下的產物，是反映社會的鏡子，並且媒介的功能在於促進社會整合形成共識；那麼，可以採取「結構功能論」的研究取徑，來解釋傳播的社會運作。

　　自由多元主義主張媒介是反映真實的鏡子，主要源自於主流新聞學所主張的客觀的專業意理，同時，認為大眾傳播媒體是多元社會的產物，是不同社會、政治、經濟力量的角逐場。大眾傳播媒介因此被期許為反映真實的場所，不得有任何的扭曲[11]。

　　功能論的觀點，包括守望環境、將社會各個部份聯繫起來、回應環境及傳遞文化遺產等等。功能論也認為傳播對社會的關係是可以「提供娛樂」和「動員」。這個觀點主張傳播可以支持既有的權威與規範，所以，傳播就成為一個最重要的「社會化」的工具；傳播媒介也是維持社會秩序、保持社會穩定的工具。

(二) 如果認為媒介是社會結構下的產物，是反映社會的鏡子，並且媒介是支配性的工具，存在於衝突不斷的社會中；那麼，可以採取「馬克思主義理論」、「大眾社會理論」、「政治經濟學」的研究取徑。馬克思主義的「鏡子理論者」則認為媒介所反映的是「假意識」（fale consciousn）。因為媒介內容是由統治集團透過政治、經濟手段所控制的。從大眾社會理論來看傳播大眾，就包含有「烏合之眾」的意思，很容易被傳播媒介組織起來成為消費者、市場或者選民。這種觀點認為傳播是單向進行的，要做到反饋（feed back）幾乎是不可能的。

(三) 如果認為媒介是推動社會變遷的引擎，並且媒介的功能在於促進社會整合形成共識；那麼，可以採取「傳播技術決定論」或「傳播與發展論」的研究取徑。國家發展或現代化社會的觀點認為，大眾傳播可以成為「社會發展」的機制。傳播新的技術和知識訣竅、激發個人的「社會流動」動機、散播民主、刺激消費需求、增進經濟發展。對文學、教育、衛生、人口控制等方面提供幫助。

(四) 如果認為媒介是推動社會變遷的引擎，並且媒介是支配性的工具，會形成對整體社會的衝擊；那麼，可以採取「資訊社會理論」的研究取徑。資訊社會理論的觀點認為，新媒介技術導致了資訊社會的形成，「傳播革命」和「資訊社會」好像就在描述我們現在生活的模樣。電腦與行動

電話的普及，也出現以下幾個特徵：互動性與個人化、去大眾化傳播不再有時間的界限。

傳播媒介是個人經驗與社會經驗的「中介」，引發出「媒介真實」與「客觀真實」的差異。傳播媒介可能是社會變遷的引擎，或許只是單純的扮演「社會鏡子」的角色。從不同的研究取徑，會得到不同的解釋。

二、政治傳播研究取徑

警察機關是政治系統的一部份，警察機關的屬性是制度化的政治機構。如果把焦點放在警察如何運用大眾傳播的課題上面，那麼，就不能忽略政治傳播相關理論與研究取徑。

（一）政治傳播管道研究

學者 Nimmo 指出有三種政治傳播的管道（channel），分別是人際傳播、組織傳播及大眾傳播[12]。政治傳播和一般傳播不同之處在於，政治傳播是制度化的、有目的、需要較正式管道與網絡；其唯一或主要的功能是政治需求與政治利益。

政治傳播網絡的建立與發展都與政治制度建立息息相關，因此不管傳播管道是人際、組織或是大眾媒體，這些管道都是用來傳遞政治訊息，這些傳播管道與政治系統之改變與延續直接有關。

（1）人際傳播

Lazarsfield 在《人民的選擇》研究中，發現人際間的傳播管道較大眾傳媒介對影響投票行為上，更具影響力。1950 年代，傳播學者提出的意見領袖、親身影響、兩級傳佈理論，對人際傳播在政治過程中的重要性做了相當深入的探討。雖然隨著傳播科技普及，大眾傳播媒介深入各個角落，但是人際傳播的通路仍然具有不可取代的重要性[13]。

（2）組織傳播

組織因具有科層體制（bureaucracy）的特性，提供研究者研究其內在與外在溝通環境、特質的機會。就內在的組織傳播而言，其正式、與非正式的溝通層面，主要是處理內部資訊流通。而外在的傳播包括組織如何和民意機關、立法機關、公眾、傳播媒體等建立溝通關係。大眾傳播在現代社會中扮演著重要角色，政府與新聞媒體維繫微妙的關係，就是政治傳播研究取徑的顯著題材。

（3）大眾媒體

B.McNair 指出，民主體系中的大眾傳播媒介，一方面扮演政治傳播傳輸者（transmitters）的角色；讓政治組織的訴求、政策計劃與廣告宣傳在媒體上流通。另一方面則要發揮傳送者（sender）的功能；透過報導、社論、評論、分析，將各種政治信息傳達給社會[14]。政治行動者運用傳播媒體將訊息傳播給閱聽大眾，並且須要充分掌握媒體的運作狀況，以便確保其訊息被報導[15]。

（二）政治傳播與閱聽人研究

　　政治傳播的目的在於告知（inform）與勸服（persuade）。告知與勸服的對象，就是閱聽眾（audience）。如果沒有閱聽眾，任何的政治訊息都將毫無意義。

　　並不是每一個政治傳播訊息訴求的的對象都會對政治訊息感到興趣，Milbrath & Goel 從政治參與的角度將民眾區分為積極者、中介者、旁觀者與無動於衷者四種。積極者熱心政治活動，積極參與。中介者則介入政黨政治，例如政黨黨員。旁觀者屬大眾中人口最多的一群，偶而參與政治討論與投票。無動於衷者幾乎不參與任何政治活動[16]。在研究民意時，應將公眾意見、大眾意見與流行意見區別開來；因為民眾會因不同事件、不同興趣及不同的關心程度，對政治訊息做出不同的反應[17]。

　　早期大眾傳播研究視閱聽眾為烏合之眾（mass），是消極、冷漠、容易受情感煽動的一群人。但愈來愈多研究證據顯示，閱聽眾是有主動性，以目標取向，選擇滿足自己需要的訊息內容。特別是進入網路傳播時代，上網的網友不僅是閱聽眾，也扮演傳播者的角色；這種趨勢打破了以往傳播者與受播者角色與功能的差異性。

（三）政治傳播效果研究

　　傳播研究是以效果為主要範疇，早期有媒介萬能論，如皮下注射說、宣傳研究、刺激──反應模式等。以及之後出現的親身影響、兩級傳佈、創新傳佈等理論。到了七〇年代，因議題設定理論、沈默螺旋理論的出現，而再度重視大眾媒體的作用，這些經典研究，不少都與政治傳播有密切關

係。其中多數的政治傳播效果研究偏向於政治社會化、政治參與、投票行為、議題建立和政策制定等。普遍認為「媒介會產生政治效果」；但是效果如何產生，則受到不同因素的制約[18]。

　　警察機關依法要執行的大眾傳播任務，包括新聞記者會、提供新聞訊息、宣導新法規、新制度。更多的時候要設法宣揚警察的績效與為民服務的形象。警察機關的大眾傳播任務是制度化的，有目的，需要較正式管道與傳播通絡。上述政治傳播的研究取徑，頗值警察機關參考。

第三節　批判理論與另類研究取徑

　　批判理論及其另類研究取徑日益受到重視。批判理論想要建構的是一種能夠聯繫哲學批判、政治詮釋的知識體系。批判理論認為社會乃是人從勞動實踐中發展出來的；如果把社會當做獨立實體的研究對象，理論與實踐就分開了。惟有將社會確認為實踐的產物，人的主觀創造性才能受到肯定[19]。基於這個前提，批判理論主張尋求超越當代社會結構的實踐方案，以求引導出更合宜及人性的社會。批判理論並且反對將社會現狀，視為合理的安排。

一、法蘭克福學派與批判理論

　　法蘭克福學派（The Frankfurt School）是批判學派的先驅，M. Horkheimer 及 T. Adorno 都是代表人物。他們的出發點是對所謂的大眾社會（mass society）感到憂慮，而提出批判與省思。由於工業化與都市化發展，使得大眾社會變成一個由異化的、原子化個體所組成的社會。這樣的社會由於缺乏連帶關係，使得孤立的個體容易受到媒體訊息的影響與左右[20]。批判學派匯合馬克思的觀點，認為媒介阻礙了無產階級創建政治意識的能力，也因此排拒了社會變遷的可能性；最終，媒體所表達的是一種主控的意識型態，藉由文化工業的實踐操縱閱聽人，並且限制了公眾意見辯論的範圍。

　　批判學派的 H. Marcuse 認為科技並不中立，例如電視便提供了威權主義政治社會化（political socialization）的手段。特別是科技常有「中性」的

表現，無形中就侵略及剝奪了行動者的自由，其結果是造成單面向的社會（one-dimensional society），其中的個體喪失了對社會批判性或否定性的思考能力[21]。單面向的社會戕害民智，應該予以揭發。

Jürgen Habermas 讓批判理論進入新的階段，在他的《公共領域的轉型》著作中，他具體的描繪了公共領域的轉型。他認為，存在於國家與公眾之間，且為大眾媒介運作的場域已經逐漸被組織化為資產階級的利益。許多事例顯示，媒體的主要功能逐漸失去由個體理性所支配的場域，而轉換為完全受到政治權力的支配場域。除非新聞媒體充份作為私人意見轉化到公眾意見的一個中介，在這樣的領域中，公眾可以自由進出、自由討論、平等參與，由此而建立一個集體理性的思辯空間，以影響政府政策並批評政府[22]。

雖然一些自由主義的學者認為能藉著爭辯意見的資訊傳播，而達致社會共識；但實際上，某一特定階級或團體可能會在此一資訊傳播的過程中，操縱媒體的內容。社會菁英能夠將其本身的利益普遍化，因為他們控制了文化的生產過程。媒體可能會出現一種能夠提供正確資訊且能促進不同辯論觀點的印象，藉由將論述內容限制在一些所謂「合法」的範圍內，使論述內容因而無法挑戰既有的社會權力結構，如此一來，媒體就可能運作出一種建構的社會共識形式，而這僅有利於社會菁英與統治接層而已[23]。因此，現代傳播媒體的發展史，不僅是一個逐漸併入資本主義體系的經濟史，也一個所有權愈趨集中的政治史。

與上述論點相關的是，「大眾媒體已經成為一個限制公民權朝向民主開展的一項控制機制，媒體成為資訊文化脈絡下的一部分，且與政府體制有著緊密的聯繫」。因此，媒介已被政經菁英所整合，且通常採取支持資本主義體制的論述觀點。媒體的合併聯合，非但不能成為大眾控制政治的工具，反而淪為主流經濟勢力和財團欲以資訊來影響國家政策的工具。

前述論點描述的狀況，在 E. Herman 和 N.Chomsky 兩人對於美國媒體的分析中，可以得到證實。他們運用分析模型，分析當代傳媒出現的外力

干預現象，發現了三個主要問題。首先是所有權的集中；其次是廣告；再者是新聞產製過程中，官方主導的消息來源如政府官員、企業人士、以及受資助的學者專家們。在以上種種控制機制之下，言論自由其實是沒有用的；即使有，也是關照資產階級的利益而已[24]。

除了上述法蘭克福派批判理論此外，還有兩位歐洲學者，為批判的另類傳播理論，提供了豐富且受到重視的論述。一位是義大利共產黨領袖 Antonio Gramsci，他在坐獄時寫出《獄中札記》，提出文化霸權（hegemony）概念；另一位則是法國新馬克思主義代表人物 Louis Althusser，他對於意識型態結構與國家機器（State Apparatuses）的分析，受到普遍重視。

二、A. Gramsci 的文化霸權理論

文化霸權的概念最早是 1883 至 1884 年由俄國馬克思主義者 George Plekhanov 所提出。它曾經被當作是推翻沙皇制度的策略的一部份而發展起來。這個術語涉及到無產階級和其政治上的代表在聯合其他團體，包括若干資產階級的批評家、農民和想推翻沙皇警察國家的知識份子所應該給予的「文化霸權」的領導[25]。

列寧在這種背景下，寫出了《怎麼辦？》（What is to be done？）的文章；文中提到工人的政治教育問題。他寫道：「我們無論怎樣努力來解決『賦予經濟鬥爭本身以政治性質』的任務，也永遠不能在這個任務範圍內把工人的政治意識發展出來，因為這個範圍本身就是很狹隘的」[26]。因此，「社會民主黨人為了向工人灌輸政治知識，就應當到居民的一切階級中去。而這應當是以理論家的身份、宣傳員的身份、鼓勵員的身份、組織者的身份到居民的一切階級中去」[27]。列寧在此所討論文化霸權，是主張要佔領文化的與意

識型態的陣地，實施霸權控制。列寧上述想法，到了義大利共產黨人 Gramsci 的手上，更完善了「文化霸權」的理論體系。

A. Gramsci 主張革命不單是一個政治機會的問題，而且還必然包含著文化技術條件。他認為，無產階級不能單靠等待革命時代的到來，而應當首先從社會、生產、文化教育、權力關係等各方面，廣泛地去破壞資產階級在意識型態上的領導權[28]。文化霸權的概念也成為傳播政治經濟學（political economy）、文化研究（culture study）的重要工具，也是用來批判「資本主義意識型態」的跨國媒介集團，及其所進行的「文化侵略」的常用工具。

「霸權」是在社會中製造「常識」和「理所當然」的過程，這個概念在西方學術界獲得顯著地位，主要是通過 Gramsci 以霸權為核心的著作所建構起來的知識體系；主要觀點在於運用文化霸權所進行的「社會控制」。而這個社會的控制，更多地是建立在同意（consent）之上，而不是建立在對身體的壓制上。

霸權的概念定位於意識型態（ideology）和價值觀（values）兩者之間。

意識型態主要指的是對社會現實進行蓄意扭曲或錯誤再現來發展特定利益，維護權力體系；而價值觀則是一些共同遵守的社會規範，聯繫著社會上身份、階層各異的人群。霸權不同於價值觀，它是因一定政治目的而形成的；但它也不同於意識型態，它並不反映對形象和訊息所做的工具性扭曲。

霸權是形象和信息持續成形的過程，它繪製了一幅常識的「地圖」，上面標著社會的、文化的坐標，指定著社會生活的「本來」面目，足以充分說服大多數人。因此，霸權比意識型態更有力，它不是單單依靠階級權力強加於人，而是在社會中，從社會關係交織成的動態的權力中有機地生長出來的[29]。文化霸權進入 21 世紀還是新馬克思主義的一個重要論述，可以用來檢視傳播媒介在市場經濟和國家主導的傳媒集團化發展後，政權意圖掌握文化霸權的鑿痕。

三、Althusser 的意識型態國家機器

　　L. Althusser 在馬克思傳統的「下層——上層」的二分結構模型之外，加入「社會型構」（social formation）的概念。他認為社會型構包括三個部分：經濟結構、政治結構與意識型態結構。雖然經濟結構仍然是組織社會原則的最終決定因素，但在某一特定的歷史時期，經濟結構不必然會扮演支配的角色；例如在封建社會中，政治結構即為主導當時社會發展的主要因素[30]。

　　Althusser 企圖把馬克思主義從一個工人階級的意識型態轉變為結構的科學，亦即轉變為沒有革命主角的革命理論。他重新估量上下層建築之間關係。依他的看法，意識型態與政治不再是經濟基礎的反映，而是經濟存在的條件。他也認為統治階級是通過所謂的「意識型態的國家機器」（ideological state apparatuses，ISA）諸如學校、家庭、教堂、傳媒；和「鎮壓的國家機器」（repressive state apparatuses，RSA）諸如軍隊和警察，國家就是通過這二種力量進行統治。

　　當政權藉由 ISA 便足以控制人民時，RSA 的作用並不明顯，是隱性的；但若 ISA 已無法控制時，軍隊、警察便會出動鎮壓人民。

　　Althusser 認為，整個資本主義的再生產系統，是藉由意識型態的運作而得以確保。意識型態是一個具體的社會過程，有其具體的制度與機構，這些制度或機構被稱為「意識型態的國家機器」（ideological state apparatus），包括家庭、學校、教會與媒體，這些機構以一種強調「資本主義是很自然的且不可避免」的方式，再製了意識型態。如此一來，媒體作為一個意識型態機器，呈現其對於真實情境的想像圖畫，賦予外在世界的意義，並藉此藏匿其剝削的本質。

　　Althusser 認為，媒體使公民誤認自己身處一個自由且未受差別待遇的社會位置。如同 Tont Bennett：「簡單的說，如果資本主義想要繼續維持

下去話，就必須使社會上的個體心甘情願地接受他們社會階級結構，以及個體在此一社會結構中其所處階級位置；資本主義也必須設法使個體去過一種『在實質上來說是一種』被剝削與被壓迫的生活，但個體本身並不認為他們自己是身處於被剝削與被壓迫的位置」[31]。

四、傳播政治經濟學的觀點

　　傳播政治經濟學對於國家與傳媒的關係，有諸多著墨。Peter Golding & Graham Murdock 兩人同意馬克思所預測的，「獨佔經濟體制終將來臨」。他們兩人以許多的例子來顯示，由於所媒介有權集中在少數人的情況愈來愈明顯，因此產生一種企業集團聯合壟斷的媒介帝國，新形式的媒介帝國已經逐漸開展[32]。

　　政治經濟學者 Vincent Mosco 從國家機器的行動反應提出觀察說明。他認為，當代的國家機器不僅對企業及產業結構的變遷做出了反應，而且還對科技和服務的變遷做出了反應。他認為「國家機器不只是做出反應，而且還以積極的法律、規範和政策指導促進了這些變遷的發生」。政治經濟學使人們注意到國家作為構成的角色，而不只是注意國家面對傳播產業的反應角色。政治經濟學應在不喪失物質實踐意義的前提下，完成從政策行動的認知到政治經濟學認知的轉變，以便解釋國家的角色。並且應該將國家與媒介的關係，放置在更寬廣的政治經濟學構架中，接受觀察與批評[33]。

　　從空間控制與社會結構化過程而言，E.M.Wood 提出政治經濟學的重要性，他認為，國家間形成的聯盟既受到資本積累的經濟驅動，又受到空間控制的政治驅動的影響，這個空間正是資本積累流動的空間。事實上，對經濟和政治的劃分只是分析上的，它造成的混淆與迷惑多於它的啟示，政治經濟學強調不該扭曲複雜的社會過程，不該把這個過程簡單劃分為經

濟的、政治的[34]。這是在考察國家政策制定傳播規範（regulation）時經常碰到的困惑。

　　關於政府為什麼會對傳播媒介有規範（regulation）的解釋有很多，涉及的範圍也很廣，包括有人說這是自然壟斷狀態的存在，有人說這是產業界對政治機器施加的壓力，也有人說是來自市民團體的公共利益的壓力推動等等。每種定義都傾向於把規範當成政府對其所認識到的問題的反應，結果，政策制定者與學術分析家在重新考察產業規範時往往只檢驗政府的實踐，辯論的問題是需要更多還是更少的規範。因此，關於國家在傳播產業中的角色的辯論經常變成在規範與解釋規範之間的選擇[35]。

　　因此，Alain Lipietz 視政治經濟學把整個社會領域（包括產業活動的類型）視為一種規範形式。例如，社會領域主要受產業決策的影響，而不是受國家介入的影響，這可以說是具有一種市場規範形式的特徵，它和國家規範相對立，後者指的是國家扮演了影響社會領域的主要角色。從政治經濟學的角度看，關於是否解除規範的政策辯論並不實際，因為解除規範根本不是規範的替代性選擇。其實，這可以歸結為在一堆形式中進行選擇，包括市場、國家或者兩者之外的其他利益形式。消除政府的規範並不是解除規範，而更可能的是擴展市場規範[36]。關於結構化、空間化和商品化，Vincent Mosco 將其描述為四個過程加以分析。

　　他認為當前的國家建構活動起自空間化和商品化，而總括其過程如下：

（一）商業化（commercialization）

　　國家的規範形式取消了公共利益、公共服務及相關標準（如普及性），而採取市場標準，建立市場規範。為商業化辯護的人聲稱，商業化並不否

定公共服務的目標，它甚至有可能更好地達成公共服務的目標，如普及服務[37]。反對商業化的人則認為，商業化是轉化傳播流通空間的手段，在一個資源有限的世界中，這必然有利於某個使用者階級而不利於其他階級，只有依賴經濟的「垂滴」（tickle down）才能克服階級分化[38]。

（二）自由化（liberalization）

國家介入來增加市場參與者數量的過程，典型的做法是引進競爭，或減少引進競爭者的困難，使更多具有競爭力的傳播服務提供者進步市場。這通常等於是在國家壟斷或私人壟斷的市場中引進一個私營競爭者。自由化和商業化不同，對於傳播產業來說，商業化就是使所有的商業實踐都符合商業標準，無論是否有競爭存在；自由化的具體目標則在於提高市場競爭程度[39]。

（三）私有化（privatization）

國家介入而賣掉國有企業，例如公共廣播電視機構或國營電話公司被出售的過程。私有化有多種形式，根據出售的國營股份比率、外國企業所有權允許的程度、分期付款期限的長度來決定。國家在私有化之後，是否採取特殊形式繼續介入該產業，例如設置規範機關等等，都是值得觀察的過程。

（四）國際化（internationalization）

　　國家本身也在創造自己的團隊協定或策略聯盟，從而進入了不同程度的國際化。全球化也造成了特殊的國家組織，如世界貿易組織、世界銀行、國際貨幣基金組織等；雖然它們在全球政治經濟過程中並不是新角色，但在處理發達國家與其他發展國家之間的關係時，其地位已日漸重要[40]。

第四節　傳播機構市場運作與傳播商業化

一、傳播機構市場運作

　　傳播媒介極端商業化發展，是怎麼形成的？如果傳播是十足的商品，又為何能夠擁有監督政府的「第四權」呢？

　　依據 McQuail 的見解，傳媒機構的活動既是經濟的活動也是政治的活動，它非常依賴於不斷變化的傳播技術[41]。傳媒在政治、經濟和技術三種壓力下運作，其情況略如下圖所示。

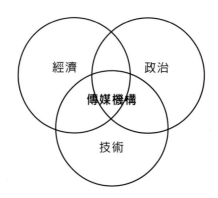

圖 7：傳媒機構處於經濟、政治與技術重疊影響的環境結構中運作

資料來源：（McQuail , 2000：156）

　　當代民主制度與資本主義自由經濟制度是共存的孿生體，傳播自由發展下，傳播媒介無可避免的進入自由市場經營與競爭。現在的情況是，已經出現惡性競爭導致不正常的後果，似乎難以糾正改善。

在大多數的時候，傳媒以刺激消費方式，向社會大眾提供聳動、誇張而且不負責任的訊息。在少數的時候，傳媒扮演起公共責任的角色。這讓傳媒可以隨興遊走，在「訊息商品」與「社會公器」之間交替變換；這是傳播媒體在當代社會具有的生存優勢的事實。

二、傳播商品化的形成

政治經濟學家以媒體內容思考傳播商品化問題，傳播內容是將訊息從一筆筆的資料到具有體系的思想的製作過程，然後再轉化為可在市場買賣的商品。以報紙記者為例，他們的工作就是運用專業技能，生產具有使用價值的新聞，雖然其實用性的程度高低有別，但都已經成為商品。

（一）傳播市場的形成

資本主義社會的新聞始有許多的過程，其中包括了商品化，也就是撰寫新聞的人成為薪資勞動者，他們賣出其勞動力（撰稿能力）以換取薪資。資本則將這個勞動力轉換成新聞稿或專欄，這些新聞與專欄就與其他文稿及廣告，組合成為整套的產品。資本就把這套產品放到市場中兜售，如果成功，它就賺取了利潤，然後資本可以將剩餘價值投資於擴充報紙的規模，或者投資在任何其他渴望帶來更多資本的事業。馬克思主義政治經濟學認為，這整個過程就實現了剩餘價值，因為資本控制生產工具，如印刷廠房、編輯室等，使得資本能過從勞動者身上得到比付出者還多的東西[42]。

根據若干不同類型的「市場」，可能有助於對多樣性的理解。Picard 認為，市場由同樣的消費者群眾，提供同樣好處或服務，或提供幾乎可替換的商品或服務的銷售者們所組成的[43]。市場可以根據地點、人、收入類

型以及產品或服務的性質加以界定。不同的傳播媒介，在不同的地理環境、社會環境中，會呈現不同的傳媒市場。

傳媒市場基本上可以劃分成兩個市場，一是消費者市場（consumer market）；一是廣告市場（advertising market）。消費市場供應傳媒產品和服務，廣告市場則以出售廣告方式，以接近受眾的形式運作。

依靠兩種不同的收入來源，是傳媒經濟的特徵，具有深遠的意義。在第一種消費者市場中還存在著另一條分界線，即存在著供應像書籍、錄音帶、錄影帶、報紙這樣「一次性」產品的市場；傳媒商品直接賣給消費者。另一種「連續性」的消費市場，像是收取月租金的有線電視系統，或按次付費的衛星電視鎖碼頻道，都是連續性的傳媒消費市場。

傳媒需要依賴廣告作為收入來源，傳媒內容就越難以獨立於廣告客戶利益或政治利益之外。要看誰來支付廣告費，傳媒就必須受其影響。這同時階示了傳媒訊息的可靠性，讓人質疑。另一個問題是傳播媒體籌措資金的問題，除了廣告收入的支持，傳媒與金融機構的借貸關係，也能成為政府控管傳媒的手段。政府不能明目張膽的干涉傳播媒體，卻可運用各種理由讓借貸銀行去為制約媒體。因為，政府對所有的銀行都有特別的管理關係。

對傳播市場表現（market performance）的評估，有不同的標準和方法。廣告投入與否的評估，是根據發行量、讀者數、收視率、分層分析和影響程度作出的評價。這些吸引廣告客戶，擴展廣告收入的標準作業，已經十分成熟[44]。明確的說，消費者市場會影響廣告市場。傳媒商品在消費者市場的銷售情況，會影響廣告市場的銷售情況。例如，報紙銷售量的增加，可能會導致更高的廣告價格，在電視媒體也是如此，其收視率愈高，則廣告售價會相對愈高。

傳播媒介商品化的問題已是不變的事實，警察在面對傳播問題時，不能還指望傳媒「只是」社會公器而已。警察也找不到充份理由，要求傳播媒體完全配合警察所需；這是列舉警察傳播問題之前，應該建立的基本概念。

第五節　警察面臨的傳播課題

傳播媒體發展出「多數的時候在牟取經濟利益，少數時候顧及公共利益」的運作模式，其宗旨就是營利。商業化傳媒在牟利的事實前提下，從未曾放棄其在公共利益前提下，所擁有的「第四權」。商業化發展的傳播媒介，在「第四權」掩護下，出現了更多被製造出來的虛假訊息。這使得警察在面對傳媒時的處境，益加艱難。但警察面臨的傳播課題不只於此，範圍還可能擴大。

從傳播活動社會性層次來看，警察面臨的傳播課題包括：包括人際傳播與公務溝通、警察團體內傳播、警察社區傳播、警察組織傳播、警察大眾傳播等。

從傳播媒介社會行為的角度來看，警察的傳播課題包括：

傳播行銷的課題：例如警政宣導、政令傳達、資訊公開等。
傳播危機的課題：包括危機預防、危機處理中的媒體關係

若將警察與傳播媒體相處的關係分為區分為對立關係、合作關係；並且分列為以警察任務為主，或以媒體需求為主，則出現以下的圖列，可以清楚分別警察面臨的傳播課題。

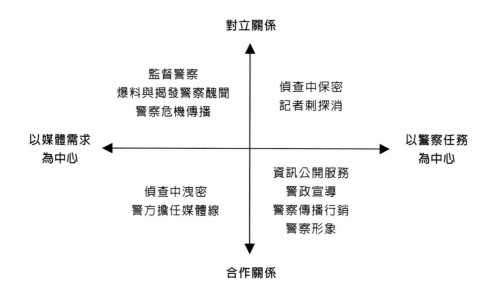

圖 8：警察與傳播媒體相處的關係課題

解讀上圖，警察面臨的傳播課題，可略述如下：

(一) 以警察任務為中心，警察與傳播媒體彼此之間存在的是合作關係，那
　　麼，警察出現的傳播課題至少有：

　　(1) 警政資訊透過傳播媒體公開；這是法律規範的警察服務事項。

　　(2) 警政宣導；需要製作廣告物、宣傳品或舉辦記者會等。

　　(3) 警察傳播行銷；將組織工作、政令、警察故事，透過公共關係
　　　　運作。

　　(4) 警察形象；將警察好人好事提供給傳媒，透過傳媒報導宣揚。

(二) 以警察任務為中心，警察與傳播媒體彼此之間存在的是對立關係，那
　　麼，警察出現的傳播課題至少有：

　　(1) 偵查中保密；警察嚴守偵查不公開原則。

　　(2) 應付記者刺探消息；警察以公關手段，應付並不使記者心存不滿。

(三) 以傳播媒體需求為中心，警察與傳播媒體彼此之間存在的是合作關係，那麼，警察面臨的傳播課題至少有：

　(1) 偵查中洩密；記者可能以暗示方式，威脅利誘警察洩密。

　(2) 警方擔任媒體線民；警察可能為討好記者，暗中擔任媒體線民。

(四) 以傳播媒體需求為中心，警察與傳播媒體彼此之間存在的是對立關係，那麼，警察出現的傳播課題至少有：

　(1) 監督警察；媒體以第四權角色，監督與評價警政良窳。

　(2) 爆料與揭發警察醜聞；使警察內部處於失面子的窘狀。

　(3) 警察危機傳播；長期持續對警察的指責或質疑，形成了警察危機傳播。

　　以上列出的警察傳播課題，各有其重要性；也有其解決的先後次序。從警察內部來看，這些問題都必須一一加以解決或改善，警察應採取何種策略來面對這些課題？本書以後各章，將分別詳述。

【注釋】

[1] 這是 Kenneth Burke 對人的本質的見解。引自 S.K.Foss, et. al. *Contemporary Perspectives on Rhetoric.* (Illinois : Waveland. 1991) p.198.

[2] W.Schramm, "How communication works." In W.Schramm, & D.F.Roberts, (eds.) *The process and effects of mass communication.* (Urban : University of Illinois Press. 1954)。林東泰,《大眾傳播理論》,(台北:師大書苑,2002)pp.69-70.

[3] 林東泰,《大眾傳播理論》,(台北:師大書苑,2002)p.71.

[4] 林東泰,《大眾傳播理論》,(台北:師大書苑,2002)pp.69-76.

[5] C.R.Wright, *Mass Communication : A Sociological Perspective.* (N. Y. : Rondom House Inc. 1986)

[6] 楊志弘、莫季庸譯,《傳播模式》,(台北:正中書局,1988)pp.17-18.

[7] 李彬,《傳播學引論》,(北京:新華出版社,1998)pp.17-18.

[8] 林東泰,《大眾傳播理論》,(台北:師大書苑,2002)p.104.

[9] D.McQuail, *McQuail's Mass Communication.* 4th Edition. (London : Sage. 2000) p.10.

[10] D.McQuail, *McQuail's Mass Communication.* 4th Edition. (London:Sage. 2000) p.89.

[11] J.M.Curran, M.Gurevitch, & J.Woollacott, "The study of the media : Theoretical approaches. "In M.Gurevitch, T.Bennett, J.Curran, & J.Woollacott, (Eds.) *Culture, society and the media.* (New York : Methuen & Co. Ltd. 1984)

[12] D.Nimmo, *Political Communication and Public Opinion in American.* (Santa Monica : Goodyear. 1978)

[13] F.P.Lazarsfeld, B.Berelson, & H.Guadet, *The People's Choice : How the Voter Make up his Mind in President Campaign.* (NY : Columbia University Press. 1944)

[14] B.McNair, *An Introduction to Political Communication.* (Sage Publication. 1977)

[15] 彭懷恩,《政治傳播與溝通》,(台北:風雲論壇出版社,2002)p.15.

[16] L.W.Milbrath, & M.Goel, *Political Participation.* (Rand McNally, 1977)

[17] D.Nimmo, *Political Communication and Public Opinion in American.* (Santa Monica : Goodyear. 1978)

[18] 彭懷恩,《政治傳播與溝通》,(台北:風雲論壇出版社,2002:16-17.)

[19] M.Horkheimer, *The Eclipse of Reason.* (New York : Oxford University Press. 1947)。 Jurgen Habermas, *Legitimation Crisis.* Trans by Thomas McCarthy. (Boston : Beacon Press. 1973)

[20] T.Adorno, & M.Horkheimer, "The Culture Industry : Enlightenment as Mass Deception. "In *The Dialectic of Enlightenment*. (New York : Herder and Herder. 1972)

[21] H.Marcuse, *One-Dimensional Man.* (London : Routledge and Kegan Paul. 1964)

[22] Jürgen Habermas, *The Structural Transformation of the Public Spheres*. Trans. by T. Burger, & F. Lawrence, (London : Cambridge Press. 1989)

[23] Jürgen Habermas, *Legitimation Crisis*. Trans. by Thomas McCarthy, (Boston : Beacon Press, 1973)

[24] E.Herman, & N.Chomsky, *Manufacturing Consent : The Political Economy of Mass Media.* (New York : Pantheon. 1988)

[25] P.Anderson, "The Antinomies of Antonio Gramsci." *New Left Review*. No.100, November (1976-1977) p.15.

[26] V.I.Lenin, *What is to be done?* (Moscow : Foreign Language Publishing House. 1961) p.132.

[27] 參考田心喻譯,《文化霸權》,（台北：遠流出版社，1991）p.33.

[28] 熊自健,《義大利共產黨的歷史道路》,（台北：台灣商務印書館，1989）pp.44-45.

[29] 胡正榮等譯,《傳播政治經濟學》,Vincent Mosco 原著,（北京：華夏出版社，2000）p.234.

[30] L.Althusser, "Ideology and Ideological State Apparatuses. "In *Lenin and Philosophy and Other Essays*. (London : New Left Books. 1971)

[31] 意識型態,以阿圖塞的話來說,是個人對於其所處真實環境的一種「想像關係」(the imaginary of relationships) 它並非是統治階級的一種武力強制支配,反而是一種威力強大的文化影響力,以和諧一致的方式來詮釋我們對真實世界的經驗。參見彭懷恩,《政治傳播與溝通》,（台北：風雲論壇出版社，2002）p.39.

[32] P.Golding, & G.Murdock, "Culture, Communication and Political Economy. "In J.Curran, & M.Gurevitch, eds. *Mass Media and Society*. 15-32 (London : Edward Arnold. 1991)

[33] 胡正榮等譯,《傳播政治經濟學》,Vincent Mosco 原著,（北京：華夏出版社，2000）p.194。

[34] E.M.Wood, "The Separation of the Economic and the Political in Capitalism. "*New Left Review*. No.127. (1981) pp.66-95.

[35] 胡正榮等譯,《傳播政治經濟學》,Vincent Mosco 原著,（北京：華夏出版社，2000）p.195.

[36] A.Lipietz, "Reflection on a Tale : The Marxist Foundations of the Concepts of Regulation and Accumulation. "*Studies in Political Economy*. Vol. 26. (1988) pp.7-36.

[37] E.M.Noam, "The Public Telecommunications Network : A Concept in Transition. "*Journal of Communication*. Vol.37 No.1. (1987) pp.30-48.

[38] Manuel Castells, *The Informational City : Information Technology, Economic Restructuring, and the Urban–Regional Process*. (Oxford : Blackwell. 1989)

39 B.M.Owen, & S.S.Wildman, *Video Economic*. (Cambridge, MA : Harvard University Press. 1992)

40 胡正榮等譯,《傳播政治經濟學》,Vincent Mosco 原著,(北京:華夏出版社,2000) p.197.

41 關於傳媒工業當前的動力（dynamic），尤其是關於發展、多樣化和建立在新濟術和新經濟的機會上出現的動力，也存在著相應的理論。參考 D.McQuail, *McQuail's Mass Communication*. 4th Edition. (London : Sage. 2000) pp.154-155.

42 D.McQuail, *McQuail's Mass Communication*. 4th Edition. (London : Sage. 2000) pp.243-299.

43 R.G. Picard, *Media Economics : Concepts and Issues*. (Newbury Park : Sage. 1989)

44 D.McQuail, *McQuail's Mass Communication*. 4th Edition. (London : Sage. 2000) pp.243-299.

Chapter 3

基礎觀念：
警察形象與傳播符號學關係的建立

第一節　警察形象與傳播符號學研究

一、傳播媒介與警察形象

　　警察不是記者，記者也不應該是警察，但台灣的記者常把自己當做警察。台灣電視媒體機構廣泛運用 SNG（Satellite News Gathering）後，經常會有記者把自己當成了警察，並且融入新聞報導中。例如，隨手都可以發現的案例是電視新聞播出：「經過警方和記者（報導者自己）的追蹤，終於發現黑心素食產品的工廠就隱藏在這個郊區……」；也有一個案例是：「警方在現場苦勸後，嫌犯仍不願意交出手中的煤氣筒和打火機，準備一旦警方攻堅就要點燃煤氣筒；在對峙的警急情況下，經過記者的苦口婆心勸解，終於說服了嫌犯走出來，束手就擒」。所有現場的分分秒秒，透過衛星直接傳輸，觀眾可以幾乎是同時看到記者所導演的「事件」，警察則成為新聞事件中的「演員」[1]。

　　這些情況讓警察與大眾傳播之間的關係顯得複雜而不確定。在台灣這樣高度競爭的新聞傳播市場中，警察往往無可奈何的「默許」SNG 記者出

現在警察辦案的現場；警察在不願得罪記者又不想讓記者「越界」的邊沿，維繫「警察與大眾傳播」之間的「正式」或「非正式」的關係。然而，長期以來這類介於正式與非正式的關係，卻很少讓警察佔到便宜；即使警察與記者私下關係不錯，即使警察有意藉「餵」新聞來「討好」記者「建立關係」；但是警察負面報導仍然層出不窮。這其中主要原因是新聞傳播機構基於吸引讀者與市場的內部運作原因造成的，但被聳動標題或誇大渲染的負面新聞傷害之後，被傷害的當事人與警察全體，似乎鮮有能力反擊。

　　如果任令少數大眾傳播對警察長期進行負面報導，當然損害到警察形象，而且不利於警政的推動。這使得警界高層也相當重視這個問題。「警察形象」一直都是警察學實務研究的重點課題之一，也累積了不少研究的成果；但檢視這些研究可以發現，這些研究都採用同一類的研究方法。本章將對符號學、傳播符號學的基本概念及研究方法，做一簡介；試圖為警察與大眾傳播相關研究提供另一種選擇途徑。

二、警察形象的研究方法與途徑

　　來自於警察內部或警察學術對於警察形象的研究方法，有一個共同點，幾乎全部都是採用廣義的「社會科學實證研究」方法。這類研究方法採用問卷、訪談、觀察等手段進行，以取得樣本數據為目的，然後進行量化的科學分析。迄今尚未發現有人採用類似文本分析、文化研究等研究方法進行警察形象的相關研究，更沒有使用「傳播符號學」的研究方法[2]。

　　台灣「警察形象」研究有些是以社會科學實證研究方法完成的碩博士論文，例如民國 73 年中央警察大學警政研究所林煥木的碩士論文《警察形象決定因素暨評估群體特性之研究：台北市實證分析》、民國 76 年輔仁大學大眾傳播研究所邱炳進的碩士論文《公共宣導與形象塑造之研究：警察學校專五期、甲種班 119 期招生宣導效果案例》；近年的如民國 89 年中央

警察大學行政警察研究所張舜南的碩士論文《台北市社區警政宣導成效之研究》。民國 91 年中國文化大學國際企業管理研究所林崇陽的碩士論文《警察人員對警察品牌形象認知之研究》。又如民國 92 年台北大學公共行政暨政策學系碩士在職專班有兩篇警察形象研究論文，如王淑慧的《警察形象行銷之研究——以台北市政府警察局為例》和廖振榮的《我國警察形象管理制度之研究》等等，都是採用的實證研究方法；或近似於 John Fiske 所稱的「過程學派」研究方法。

　　參照 John Fiske 對大眾傳播研究方法的分類來看，國內現有的警察與大眾傳播相關研究顯然「缺了一角」。Fiske 所說的大眾傳播兩個派別，一派是過程學派（process school），此派認為傳播就是資訊的傳遞、是一種行為的研究；它視傳播為影響他人行為或心理狀態的過程，關注媒介如何編碼受眾如何解碼。另一派認為傳播是意義的生產與交換，而傳播是一種產品，被稱為符號學派（semiotic school），它關注的是資訊與文本如何與人們互動並產生意義，即文本（text）的文化功能，主要研究方法是符號學。過程學派視傳播為人們互相影響彼此行為、心理狀態的社會互動過程。符號學則將社會互動視為是建構個體成為社會文化成員的過程[3]。

　　採用實證方法進行警察形象研究具有相當的貢獻；但是採用符號學研究方法，更可更豐富相關的領域。

三、傳播符號學研究方法與研究途徑

　　符號學和大眾傳播學都是獨立的學門，二者聯結成為「傳播符號學」別具意義，也是勢所必然。傳播學者對此一聯結所關注的焦點在於「意義與傳播」（signification and communication）的先後連結發生。一個意義不明的傳播會使人困惑；同樣的，沒有符號，人類又如何傳播？

義大利符號學者艾柯（Umberto Eco）對此也有一個說法，在其著作《一個符號學理論》（*A Theory of Semiotics*, 1976）中提出一個基本的傳播模式。他認為傳播過程可以定義為信號（signal）通過的過程。其通路運作從來源經過傳送器（transmitter），沿著媒介途徑，到達目的。假如這是一個從機器到機器的傳播過程，則信號並沒有表示意義（to signity）的力量，機器只是不斷的傳送信號訊息而已。但是，相反的，當傳播過程中接受訊息的一方是一個人時，就會發生一個「表意」的過程。這意味著信號的功能不僅僅是刺激而已，更重要的是在接收人（destination 或 addressee）喚起解釋的反應。不過，惟有語碼（code）的存在，此一表意過程才有可能發生。略如下圖所示：

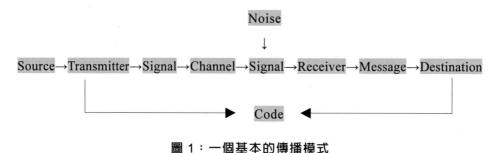

圖 1：一個基本的傳播模式

資料來源：（Eco, 1976:33）

在上述艾柯的傳播模式中，訊息來源實際上可能是說話者心中的想法、衝動，或者是一個實際事件或事件狀況。傳送器（由來源操縱）則是指任何具有能力傳送信號者，如聲音、電燈、電腦、打字機等；信號則如音素、圖畫式符號、電擊等；傳送器沿著物理管道（physical channel）傳送信號。管道是指諸如電波、光波、聲波等。在沿著管道傳送的過程中，信號可能遭遇噪音干擾，阻礙接收。然後，信號為接收器接收，成為有條理，能夠為接收者了解的訊息。人類的感官接收器如眼睛、耳朵；物理接收器如擴大器等，都是執行接收信號的接收器。在整個傳播過程中，語碼

為來源和接收者共同認知，表意過程才能發生[4]。可以說，就人類傳播行為而言，其實就是表達意義的行為。意義和傳播的關係密不可分，而符號學正是研究媒介表意過程及其基本的原則。

依據艾柯的說法，語碼是一個意義系統（a system of signification），在一個基本語碼規則的基礎上，一個實際出現於訊息接受者理解中的物件代表了另一事物時，就有了意義的存在。語碼可以預見在「代表」及其相關物之間既存（established）的對應關係。也就是說「語碼」的意義系統是自主的符號建構（an autonomus semiotic construct），抽象並且獨立存在。只要接受訊息的一方是人類，或是人與人之間的傳播行為，則必定會以意義系統為必要的傳播條件[5]。

符號學研究可以用於傳播的任何事物，諸如文字、影象、交通號誌等等，作為一種研究方法，符號學和傳統的批評方法也存在著極大差異[6]。傳統的批評方法著重美學事物與文本內在意義的詮釋（how meaning is created）；而符號學探討的卻是意義是如何創造的，而不只是探討意義是什麼而已（what the meaning is）。

許多媒介內容看起來是屬於相似的類型；但符號學卻假定了一個全新的文化知識，以及這種知識所涉及的特定文類（genre）。根據 Burgelin 的說法，大眾媒介顯然並不完全靠自己的力量構塑出一種文化。媒介內容不過是整個文化系統中的一小部份而已；換言之，媒介必然屬於這個文化系統。除了訊息從其元素中提供意義之外，沒有任何人，也沒有任何事物可以決定其意義[7]。

四、傳播符號學的運用

除了上述說明以外，符號學所研究的範疇相當廣，它所涉獵的對象包括了各種溝通的符號，如文字、影像、交通號誌、花朵、音樂，甚至醫學上的病徵等等。符號學所要研究的是如何利用符號來溝通的

方法，以及那些主導符號使用的規則。以符號學為工具，進行文化上的研究，嘗試能夠突破傳統研究。符號學發展出一套專門的語彙來描述符號及其功能。通常這套語彙對新加入的研究者來說，帶有科學主義的色彩。符號學的專門術語，和比較媒體不同層面中意義建構的企圖，使研究者能更加精確地描述文化傳播的運作，且擴大對文化成規的認知[8]。傳播學者 D. McQuailu 也推薦符號學的研究方法。

McQuailu 的以比較保守的說法指出：「符號學可以視為一種研究方法，或至少可作為一種研究途徑」。這個途徑可以協助建立媒介內容的文化意義（cultural meaning）。它可以提供一種描述內容的方法，並且不僅只是一般人對「第一層次」（first level）意義的理解而已，它可有助於指認出符號製作者隱藏在文本表面之下的意義。而對於「文化意義」的評估研究時，更有助於揭露媒介內容中所潛藏的意識形態與「偏見」時，特別有用[9]。這對於從符號到意義到探索警察形象都是值得一試的研究方法。

總體觀之，符號學在 20 世紀的發展歷程中，由於地區和文化的差異形成了一些不同的派別與研究方向；無論這些派別源頭如何，無疑都受到肇始於索緒爾（Ferdinand de Saussure）語言學理論的符號學所影響。索緒爾為人熟知的是他界定了「符號的概念」，從而為符號學奠下基礎。大約與他同期的皮爾斯（Charles Sanders Peirce）則提出帶有科學主義傾向的邏輯符號學；且最為人熟知的是他對「符號的分類」。法國結構主義羅蘭巴特（Roland Barthes）師承索緒爾，開創符號學廣闊新境界，並且建立了「符號二層表意」的系統分析路徑。此外，還有雅各遜（Raman Jakobson）則對於「符號的轉喻和隱喻」進行系統的分析，為符號學建立了豐富的分析概念。以下，一方面對於上述四位學者做簡單介紹，同時也介紹他們為符號學領域所建構的基本概念。

第二節　索緒爾和符號的概念

　　瑞士語言學家索緒爾（Ferdinand de Saussure，1857-1913）是瑞士語言學家，也是歐洲結構語言學奠基人。他留下來的《普通語言學論稿》是從他在日內瓦大學任教時學生的筆記本及他自己的一些筆記彙集而成，於1916年出版。1959年由 Wade Baskin 譯為英文出版，對學術界影響日增。源自歐洲的結構主義，也是直接或間接衍變自索緒爾的結構語言學。

一、符號學的開創

　　索緒爾的《普通語言學論稿》是語言學的著作，但他卻預告了符號學的誕生（他用 semiology 而不用 semiotics）。他指出：「語言是一個由表達意念的符號群所構成的系統，因此，可以與書寫的系統相比較；可以與聾啞人所用的手語相比較；可以與象徵性的禮儀、表示禮節的規矩、軍事的暗號等等相比較。然而，它是所有這些系統裡最為重要的」[10]。

　　索緒爾界定一個符號（sign）是兩個互賴、互動的構成面即符號具（signifier，所指）和符號義（signified，能指）所構成。就語言符號來說，符號具是一個音象（sound-image），而符號義是一個概念（concept）。如「樹」這一語言符號是由其音象（樹之音）與其概念（樹之概念）所構成。索緒爾指出：「一個語彙並不能僅認作是某一符號具與符號義的聯合，因為這樣地界定一個語彙，將會把這語彙孤離於其所賴的系統。」索緒爾認為語彙的界定關鑑是其「關聯」與「系統」模式。因為一個概念並不先存，而是在語言行為裡、在連續區分行為裡而界定。

此外，索緒爾還指出，符號具和符號義之間並沒有內在的關聯（natural bond or internal relation , or motivatedness），是武斷（arbitrary）而靠約定俗成（convention）而組合在一起的。例如「樹」這一個符號，其音與義並沒有內在的關聯，本是武斷，但卻因俗成的力量而組合在一起[11]。語言是用聲音表達思想的符號系統，語言符號連結的不是事物和名稱，而是概念和音響形式。如此這般的能指和如此這般的所指結合而成一個符號，是任意的。任意性原則的意思是說，漢語用「馬」（ㄇㄚˇ）這個聲音來指馬這個概念，英語卻用「horse」（hõs）這個聲音來指這個概念。

索緒爾對於符號概念的界定可如下圖所示：

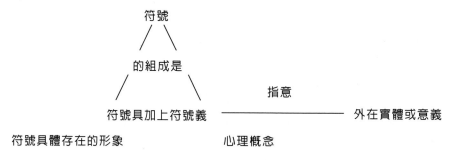

圖 2：索緒爾的意義的元素

資料來源：（張錦華譯，2004：66）

二、表義二軸說

索緒爾的「表義二軸說」是對於符號學影想最深遠，也是最為核心的部份。他指出表義過程有賴於兩條軸的作用，即毗鄰軸（syntagmatic axis）與系譜軸（paradigmatic axis）。毗鄰軸是講出來的有效的一串語音，是由水平連續性所支持（故此軸亦稱說水平軸，系譜軸又稱垂直軸）。語義的

表出不僅有賴於這實在出現的水平軸，也要依賴隱藏著被聯想到的系譜軸，這樣才能全面的表達與被接收到表達的意義[12]。

　　毗鄰軸的連續組合也被稱為「橫組合」，這是一種表面的言語符號群的組合，是基於語言的意義要素之間的「鄰接關係」而決定。當一個符號從系譜中被選出來之後，再與其它符號結合，這樣便成為「橫組合」，這種組合依於某種規則或慣例而形成，符號的意義要看它和其它符號的互動關係來決定。

　　以下圖為例，烏鴉、老鷹、貓頭鷹、白鴿和白鷺鷥等都是同一個鳥類或飛禽系譜中的要素或單元，而其中「白鴿」在橫組合中可以被當作「和平」、「警徽」、「警察」來看待[13]。

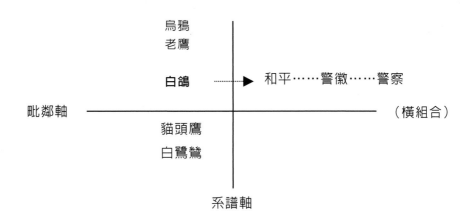

圖 3：索緒爾的表義二軸示意

資料來源：（參考黃新生，2002：69）

　　索緒爾在構想符號學的時候，將語言學從屬於符號學的範疇，但他認為，語言學可以成為符號學的標準模式，因為在語言中符號的任意性和約定俗成的性質表現得最明顯。結構主義的符號學基本上就是沿著索緒爾的思路發展起來的，它的核心是結構主義的語言學。結構主義符號

學將可以意指的符號看成非自然的產物，也就是說，符號的意義和價值與其物質層面沒有多少必然的聯繫。符號是任意的，它的存在並不取決於它自身的某種自然屬性，而是取決於它與其他符號的對立和差別，即一種關係。因此，任何符號都不是獨立存在的，都從屬於受一定慣例支配的符號系統。而符號學的研究物件正是符號系統的構成及其慣例[14]。

第三節　皮爾斯和符號的分類

皮爾斯（Charles Sanders Peirce，1893-1914）是現代理論符號學的奠基人之一，也是符號學中的科學主義傾向的開啟者。如果說索緒爾的符號觀是語言學方向的，那麼，皮爾斯的符號觀則是邏輯學方向的。他的符號觀對符號學研究中科學主義的傾向有著重要影響。與索緒爾側重於對符號的社會功能的探索不同，皮爾斯是第一位著重於研究符號自身邏輯結構的哲學家。

皮爾斯原研究化學，其後轉於邏輯數理與哲學，根據 Max Fisch 的看法，皮爾斯於 1865 到 69 年間舖下他最初有關於符號學的基礎理論，再相隔 40 多年的晚年再度發展而達到高潮，而於 1903 到 1911 年期間所寫的最為豐富。在他的著作中，他並沒有真正的勾劃出一個符號學的系統，只是他的著作隨處都有符號學相關的討論，他本人則只承認是符號學的催生階段的拓荒者而已。

一、符號的三個主體

皮爾斯對符號所作的描述是相當複雜的、是形式的（formal）、是關係的（relational），涉及一個符號之成立所依賴的各個要素。綜合皮爾斯對於符號所作之描述，一個符號之所以成立主要是依賴三個活動主體，即符號（sign）、符號之對象（object）及作用於符號與其對象間的「居間調停符號」（interpretant）；這三個主體的關係是相連互動的，不能簡化為幾個雙邊的互動。依據皮爾斯的說法是「符號乃是指任何一個物件與第二

個物件（此即其對象）藉某一品質（quality）如此地相關聯著，以致帶出第三個物件（此即居中調停符號），並使其與這同一的對象進入某種關聯，並同時以同樣的方式帶出第四個物件並使其與這對象進入某種關聯，如此地以至於無限」。「由此，而出現的表意行為（semiosis）乃是一個活動，一個影響運作，涵攝著以上三個主體的相互運作」[15]

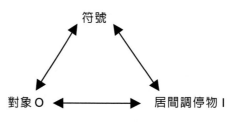

圖4：皮爾斯符號表意的系統

　　皮爾斯將符號分為三類肖象（icon）、指標（index）和象徵（symbol）。這三者之間，皮爾斯認為符號學研究的重點在 symbol，因為在象徵符號這裏，能指與所指的關係更加約定俗成，符號學關心的就是這個意義發生聯繫的過程，也就是「能指」與「所指」間如何產生聯繫。

二、肖象、指標、象徵

　　肖象性符號（iconic sign）：由其動態客體本身所蘊含的特質所決定之符號，肖象性符號藉由相似性或類似性來代表客體；符號和釋義間的關係取決於貌似，譬如照片、圖表等都是。

　　指標性符號（indexical sign）：由其動態客體的實質存在和符號的關鍵所決定者，指示性符號中的符號和釋義間，有著一因果性、實質存在性的連帶關係，譬如煙是火的指標性符號。這些分類並不是截然區分或互斥的，一個符號可能包括了不同類別的屬性。

　　象徵性符號（symbolic sign）：表示由符號和釋義間，既不相似，也無直接關係，完全是出於約定俗成所組合，例如「文字」就是一種象徵性符號。若以以下這則交通號誌為例，亦可作一說明。

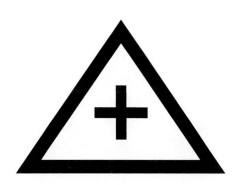

圖 5：一個象徵性符號的例子

　　以上這則交通號誌是十字路口的「岔路」指標，三角形外框是一個象徵性符號，在交通規則裡，它表示「警告」，中間的十字則混合了肖象性與象徵性；其具有肖象性是因為它的形狀模擬了它所指涉的物件（十字路口）；另一方面，在約定俗成的規則裡，它讓人感知到的是十字路口的交通警告標誌，而不會將其認為是「教堂」或者「醫院」。在生活實際狀態中，這整個符號是一個指標，告訴人們：「前面有個十字路口」。當這個指標印在交通規則手冊裡，它便失去了指標的作用，因為它和所指涉的物體間失去了物理上或空間上的關聯[16]。

第四節　羅蘭巴特和符號的二層表意

法國結構主義學者羅蘭巴特（Roland Barthes，1915-1980）的結構主義及符號學皆導源於索緒爾的結構語言學。不過，僅用結構主義與符號學來描述巴特對符號學的影響是不足的。他本身一直保持著文化社會透視的關注，他也運用歷史辯證、心理分析激盪出他複雜的透視觀點與創見。

一、符號學是超語言學

巴特追隨索緒爾傳統，用 semiology 來指稱符號學。他將符號學的研究範圍擴大，以語言以外的各種符號系統作為符號學的正規範疇；如圖象、姿勢、樂音、習俗禮儀等，這些系統在巴特看來，都是表意系統[17]。這些系統對於「自然語」而言，是「二度語言」（second-order language），語自然語有所不同。在這些表意系統中，其最基本的單位不再是語音層上的基本單元，而是本身就含有意義，指向某些客體，是構成其論述全體的各個必義單元。符號學也可以是「超語言學」（trans-linguistics），是研究超乎語言以外的物件，例如神話、敘事體等任何文化素材；只要這些素材經由表達而表達了出來就可以了[18]。

巴特首創意義分析的系統模式，經由這個模式，「意義」溝通和互動的觀念得以分析。而巴特理論的核心就是「符號」含有兩個層次的意義。

　　索緒爾分析的應該是符號的第一個層次的意義，它描述了符號中的符號具、符號義之間，以及符號和它所指涉的外在事物之間的關係。巴特稱這個層次為明示義（denotation），即符號本身所外延的意義；第二層次是屬於內涵的意義，表達第二層意義的方式有三種，即隱含義（connotation）、迷思（myths）與象徵（symbolic），第二層意義即隱含於其表徵下的意義；也是符號在其所依託的社會文化背景之中引申的意義，這是在第一層意義的基礎上產生的，穩定程度相對較低。巴特並沒有針對象徵（symbolic）發展出系統的性的解釋，而對於隱含義（connotation）和迷思（myths）則發展成一套闡釋的系統。

二、符號的二層表意

　　巴特對於第二層意義中的「隱含義」的界定，認為是說明符號與使用者的感覺與情感，及其文化價值觀的互動所產生的意義；屬於意義建構的主觀層面，或至少是相對主觀的。例如在階層化的社會中軍警所穿著的制服上，所標示的官階符號，強調的是階層的差距，就隱含了對下級具有領導階級的地位。軍警層級的符號、設計即隱含了層級的高低。他們經常以黃金、彩帶或桂冠、花環來代表，愈多者階層愈高。

　　巴特界定的迷思，則認為是一種文化思考式物的方式，是一種概念化事物，也是一連串相關的理解事物的方式。例如，他認為英國警察就有以下幾種傳統的迷思：友善、安全、不具攻擊性、不帶配槍等。英國警方習慣的攝影手法經常以一個胖胖的警察拍拍小女孩的頭，就是依據第二層次意義的迷思而處理的，而其依據則是普遍存於文化中有關於警察的迷思[19]。

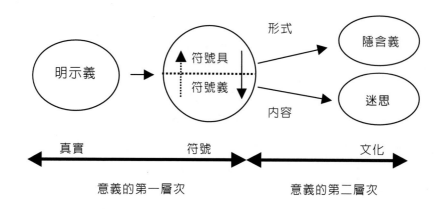

圖 6：巴特意義符號的兩個層次

資料來源：（參考 John Fiske ,1990 .張錦華譯，頁 119。）

　　羅蘭巴特在《符號學原理》中，按索緒爾提出的命題，將對符號和符號系統的討論抽象為四組二元對立的概念：語言和言語、能指和所指、組合與系統、外延與內涵。這種二元對立的分析方法，也可以說是結構主義符號學的一種基本的方法論[20]。

第五節　雅各遜和符號的轉喻及隱喻

雅各遜（Raman Jakobson，1896～1982），是布拉格學派的宿將，也是結構主義思潮的先驅。1941 年以猶太人而流亡美國，先執教於哥倫比亞大學（1943～1949），後受聘於哈佛大學（1949～1967）。生前曾為 9 家科學院的院士，得過 25 個榮譽博士學位，著作超過 500 種[21]。

一、轉喻與隱喻的概念

雅各森的語言學研究涉及廣泛，其中最有意義同時對傳播學也最有啟發的，當屬有關隱喻（metaphor）與轉喻（metonymy）二元對立的思想。這一思想追根溯源還是來自於 Saussure 關於橫組合與縱組合二元對立的觀點，即語言系統的活動是在兩個坐標軸上進行的；一是橫向的句段；二是縱向的聯想關係。

轉喻是聯結同一層面的意義，隱喻則可視為是某一層面的事實特質移轉至另一層面上，用雅各遜的說法，他認為轉喻是小說中主要的表現手法，而隱喻則是詩中常見的。現實的再現必定包含了轉喻，這是因為，我們選擇了現實事物的某一部份來替帶全部。

雅各森認為，隱喻與轉喻的二元對立不僅限於語言，而是遍及各種生活領域和精神現象。隱喻（metaphor）幾乎涵蓋所有言詞的象徵，是透過類似關係（similarity）某一符號被另一符號「替代」。意指用一個意符代替被壓抑的另一個意符。兩樣東西具有相似點，並以此做抽象式的比喻。例如：以火代表熱情。廣告產品常以某件事或物當作隱喻。轉喻（metonymy）是透

過鄰接關係（contiguity）某一符號與另一符號「連結」；使一個意符代替另一個不在的意符；例如，以帆代表船，就是以部份代替整體。即是以具體表達抽象的事物。又例如：以白宮代替美國的政權。同時轉喻的選擇具有關鍵性的影響力，因為透過這些選擇我們建構事實中未知的剩餘部份[22]。

在日本電視劇的對話中，有一種說法是：「被白色機車逮捕」，這並不是說白色機車逮捕人，而是說騎著白色警用機車的警察逮捕人，這是鄰接警察的白色機車，轉喻為用以指稱警察。同樣的，日本電視劇習慣將刑警、偵探稱為「狗」，那是因為刑警、偵探等像狗一樣「嗅」出犯人的蹤跡，像狗一樣迅捷而悄悄的行動。刑警和狗根本沒有鄰接性，二者間的隱喻只是基於類似性的修辭而已[23]。我國官方宣導警察正面形象時，習慣用「警察是人民的褓姆」，但「警察」和「褓姆」之間沒有鄰接性，也是一種隱喻手法。

轉喻是傳遞事實的有力方式，因為其具有指標的作用；轉喻是它所代表的事物其中的一部份。轉喻和「自然」指標，如煙之於火，不同的地方，是轉喻包含了一種高度任意的選擇。但選擇的任意性通常是被掩飾的，或至少是為人所忽略的。因此，轉喻表面上看起來也像自然的指標，也因此被賦予真實的地位，而不被質疑。但所有的電視新聞畫面都是轉喻，也都含有任意性選擇的成份。其選擇的根據即大眾傳媒所謂的「新聞價值」。

1968 年 10 月 27 日，倫敦街頭進行了約五個小時的反越戰和平示威遊行，整個遊行平靜地結束，只是在美國使館附近發生了衝突，極少數人受傷。然而，英國媒體的報導與實際情況大相逕庭，媒體無一例外地將報導焦點放在美國使館附近發生的極個別衝突上；將一次和平示威遊行描繪成一次暴力事件。萊斯特大學大眾傳播研究中心三位學者抓住這次機會進行調查，寫成《示威遊行與傳播：個案研究》一書，書中認為記者選擇了遊行事件中的衝突為報導重點，而捨棄了大部分遊行過程，造成了不公正的報導。這並非記者有意掩蓋和歪曲事實真相，而是追求衝突性和變動性的新聞價值取向決定了他們從事新聞報導時的定勢。符號學中的「轉喻」就

是部分代替整體；就上例而言，媒體以極個別的衝突代替整個遊行事件，是一種「轉喻」，把「遊行」這個符號的意義轉到「衝突」這個符號上，「衝突」所體現出的意義就成了「遊行」的意義。很明顯，這是一種新聞選擇。媒體進行新聞選擇，可能出於新聞價值，也可能出於媒體自身的價值立場和社會文化環境，但是無論出於何種原因，經過事實取捨後所表現出來的「媒介真實」，跟社會真實是有差別的[24]。

二、傳媒運用轉喻與隱喻表現立場

符號學用「轉喻」這一概念說明一種符號的意義如何代替另一種符號的意義，所有新聞報導都經過選擇、都是轉喻，轉喻使得受眾接受了媒介所要傳播的觀點和意見，想當然地以為媒介真實就是社會真實，雖然「衝突」不是「遊行」，但是受眾被符號選擇時的意義轉換迷惑住了，想當然地認為「衝突」就是「遊行」。媒介在運用轉喻手法時要進行選擇，選擇的結果正是媒介意圖的體現。對媒介轉喻手法的分析能使我們清楚地看到新聞背後的事實。

隱喻和轉喻常結合起來使用，它們都是傳播者人為地聯結符號意義，形成了不被置疑、想當然的「媒介真實」，這樣，媒介的立場和觀點就容易在受眾頭腦中成為他們的立場和觀點。媒介正是用這些方法，不僅影響受眾，也影響現實生活。隱喻和轉喻所蘊含的，正是符號的隱含義，或者說，符號的隱含義通過隱喻和轉喻手法表現為符號的深層意義和潛在意義；揭示隱喻和轉喻，正是為了揭示言外之意。這種隱含義來自社會的文化觀念、心理結構、意識形態，這正是符號產生所依託的環境。用索緒爾的概念來說，隱喻從本質上講一般是「聯想式的」，它探討語言的「垂直」關係，而轉喻從本質上講一般是「橫向組合的」，它探討語言的「平面的」關係，即句段或組合的關係[25]。

第六節　警察形象的傳播符號學研究途徑

　　符號學的研究在其它各領域中還有不少代表性人物，顯示這個學門的豐富性，足以提供警察形象研究方法論的參考與途徑。符號學其他著名的代表人物例如德國學者卡希勒 ErnstCassirer（1874-1945）的符號哲學觀與符號美學；被視為符號敘事學（Narratology）概念開創的俄國普洛普（Vladimir Jakovleoic Propp）；結構主義李維史陀 Levi strauss 對神話語言的命題；坎伯 Joseph Campbell 從心理學之角度提出，神話是人類普遍共通情感隱喻形式的展現，其種隱含著一套價值系統，具指導人類行為之作用；布希亞（J.Baudrillard）以符號的觀點來看待商品化的社會以及在巴特的基礎上，發展出符號的意義分為三個層次：明示義（denotation）、迷失（myths）與意識形態（ideology）的 Fiske & Hartley 等，都對符號學提出了貢獻。值得一提的是以意識形態作為閱聽人解讀符號的英國文化研究學者賀爾（Stuart Hall）的創見。

　　英國文化研究學者賀爾（Stuart Hall）認為：意識形態藉由符號表現，而符號（傳播者）的意義來自於閱聽人（受播者）的解讀。並且可以分為以下三種模式[26]：

(1) 主控式解讀（dominant - hegemonic decoding）：即閱聽人依照傳播者期望的方式加以理解，符合霸權主控的利益，或者說符合傳播者偏好的意涵。也稱為「優勢解讀」，優勢所指的是傳播者。

(2) 協商式解讀（negotiated decoding）：即閱聽人的解讀，混合了一部分符合主控意識，一部分反對主控意識的成分。

(3) 反對式解讀（oppositional decoding）：即閱聽人徹底解構偏
　　好意涵，並以不同解讀符碼對其重新加以解釋。也稱為「對
　　立解讀」。

賀爾的概念對於建立警察形象的政令文宣，其文本創意與製作，具有
極大的啟發性。

不過，如任何學科一樣，符號學也有其限制性；有論者認為，符號學
的研究成果不能受到「科學的客觀檢驗」，既不能證實也不能證偽。對此，
符號學方法也對量化研究也所回應。符號學的辯解是「量化研究只能向我
們提供資料，卻不能說明資料間的聯繫是什麼、資料的內涵是什麼」。對
符號學另一個批評是「符號學式的解讀是基於研究者自己的立場進行的，
往往會忽略受眾的認知和觀點，可能產生以偏概全的缺陷」[27]。

作為一種方法的符號學，跟傳播學既有交叉又有獨立，如果要探討符
號學方法在傳播研究中的應用。解決與突破符號學方法的局限可能在於多
種研究方法配合使用。固然量化方法能提供資料，似乎建立了研究者的客
觀標準，但它也被批評為「只看到了表面、沒有深度」等。因此，採用多
種研究方法來作為互補，應是解決的方法。

羅蘭巴特在《符號學原理》中寫道：可以肯定的是，大眾傳播的發展
在今日使人們空前地關注意指的廣泛領域，而與此同時，語言學、資訊學、
形式邏輯以及結構人類學等學科所取得的成就，又為語義分析提供了新的
手段。符號學在些種情勢下呼之欲出，就不再是幾個學者的異想天開，而
是現代社會的歷史要求[28]。持這種想法的並不只有巴特一人，結構主義的
先驅雅各森明確指出：「如果符號學學科的圓周是包含語言學在內的最近
的一個圓周，那麼下一圈較大的同心圓就是通信學科的總體了」。這裏所
謂的通信學科（communication），實際上就是大眾傳播學[29]。

從學科背景的角度說，大眾傳播研究向來有美國學派（或稱傳播學派）
和歐洲學派（或稱批判學派）之分。由於研究目的和研究方法的不同，兩
者之間存在著鮮明的區別。但是，觀察參與符號學的討論學者，卻包括了

兩個學派的重要學者[30]。他們的豐富研究成果,恰也為塑造或改善警察在大眾傳播媒體中的形象,提供了更多元的研究途逕。

【注釋】

1　所有的畫面都有強大說服力，即時的畫面甚至可能改變歷史。社會新聞已是電視台收視率的最佳保證，警察的形象和新聞有關，與 SNG 更有關。參考彭芸，〈SNG 現場直播與警察，大眾傳播的世紀〉，《警光雜誌》第 573 期。（台北：警光雜誌社，2004）。

2　實證研究方法中也可區分為質化研究（qualitative research）與量化研究（quantitive research），參考 R.D.Wimmer, & J.R.Dominick, *Mass media Research.* (CA : Wadsworth. 1994)。

3　參考張錦華等譯，《傳播符號學理論》，（台北：遠流，2004）pp.13-17。John Fiske 原著。

4　U.Eco, *A Theory of Semiotics.* (Bloomington : Indiana Univ. Press. 1976) p.33.

5　U.Eco, *A Theory of Semiotics.* (Bloomington : Indiana Univ. Press. 1976) pp.8-9.

6　A.Gora, A. Jardine, & L. Roudiez, (Trans.) *Design In Language.* (New York : Columbia Univs. Press. 1980)

7　O.Burgelin, "Structural analysis and mass communication. "In D.McQuail, (ed.) *Sociology of Mass Communications.* (Harmondsworth : Penguin. 1972) pp.313-28 .

8　參考李天鐸譯，《電視與當代批評理論》，（台北：遠流，1993）。原著 Robert C. Allen 編。

9　D.McQuail, *McQuail's Mass Communication.* 4th Edition. (London : Sage. 2000) pp.303 -331.

10　古添洪，《記號詩學》，（台北：東大圖書，1984）p.32.

11　古添洪，《記號詩學》，（台北：東大圖書，1984）p.36.

12　古添洪，《記號詩學》，（台北：東大圖書，1984）p.38.

13　參考黃新生，《媒介批評》，（台北：五南，2002）p.69.

14　丁和根，〈論大眾傳播研究的符號學方法〉，參考「中華傳媒網」http://academic.mediachina.net/ xsjd_view.jsp?id=1584

15　D.Greenlee, *Peirce's Concept of Signs.* (The Hague : Mouton. 1973) p.24..轉引自古添洪，《記號詩學》，（台北：東大圖書，1984）p.60.

16　參考張錦華譯，《傳播符號學理論》，（台北：遠流，2004）pp.70-71.

17　R.Barthes, *Mythologies*. Trans. by Annette Lavers. (New York : Hill & Wang. 1972)

18　古添洪，《記號詩學》，（台北：東大圖書，1984）pp.140-141.

19　參考張錦華譯，《傳播符號學理論》，（台北：遠流，2004）p.117.

20 R.Barthes, *Elements of Semiology*. Trans. By R.Howard, (New York : Hill & Wang. 1964)

21 參考李彬，〈語言符號交流：談布拉格學派的傳播思想〉。資料來源：http://academic. mediachina. net/xsqk_view.jsp?id=300

22 N.Winfried, *Handbook of Semiotics*. (Indianapolis : Indiana University press. 1995) pp.79-134.

23 星野克美等著，《記號化社會の消費》，黃恆正譯，《符號社會的消費》，（台北： 遠流，1991）pp.38-39.

24 參考陳陽，〈符號學方法在大眾傳播中的應用〉，資料來源：中華傳播網 http://acade mic.mediachina. net/xsqk_view.jsp?id=74

25 劉潤清，《西方語言學流派》，（北京：外語教學與研究出版社，1995）pp.76-79.

26 參考林東泰，《大眾傳播理論》，（台北：師大書苑，2002）pp.502-506.

27 參考陳陽，〈符號學方法在大眾傳播中的應用〉，資料來源：中華傳播網 http://acade mic. mediachina.net/xsqk_view.jsp?id=74

28 羅蘭巴特，《符號學原理》，（北京：三聯書店，1999）p.1-2.

29 李彬，〈從片段到體系：西方符號學研究一瞥〉，《國際新聞界》1999 年第 6 期。

30 歐陸的符號學或結構主義符號學略如本文所述；而來自美國的芝加哥學派（The Chicago School）有以「符號互動論」（Symbolic Interactionism）探討社會學習、意 義與行動的學者，且深受行為學派所重視。代表文獻與學者如米德（George Herbert Mead）的著作《心靈、自我與社會》（*Mind, Self and Socuety*）、布魯默（Herbert Blumer）的著作《符號互動：透視和方法》（*Symbolic Interactionism : Perspective and Method*）。可參考 S.W. Litlejohn 著，程之行譯，《傳播理論》，（台北：遠流， 1993）pp.93-99.

Chapter 4

傳播素養：
警察對媒介識讀能力的培養

第一節　資訊社會的警察傳播素養

　　現代社會正在從工業社會跨入資訊社會，現代警察也是在這樣的社會環境中執行工作。本章處理三個關鍵名詞：資訊社會（information society）、警察教育（police education）和媒介識讀能力（media literacy）。並且舉出數則台灣社會發生的案例，來探索警察與大眾傳播之間既對立、又互賴的緊密關係。而最後想要提出的是警察媒介素養，或稱「媒介識讀能力」的重要性。

一、警政宣導的盲點

　　在資訊社會或後現代社會中，閱聽人的心理圖像發生了改變，大眾傳播環境也朝著影像傳播或視覺傳達的向變異。資訊社會是從單純的口語傳播社會跨入視覺傳播社會。與此同時，面臨媒體零細化、近似文盲的閱聽人出現及閱聽人的認知遠勝於客觀事實的現象[1]。這樣的變異使得長期以來

習於採用「專制型」、「單向傳播」的警政宣導出現了盲點，造成警政宣傳的效果十分有限[2]。警政宣導盲點包括：

(1) 對民眾提供支配型的訊息告知，效果不彰。
(2) 以警察為中心的單向不對稱溝通，效果不彰。
(3) 不重視宣導效果研究追蹤。
(4) 警界受上級制約，缺乏受過良好訓練的公共關係人員。

　　台灣的大眾傳播媒體在市場經濟的運作之下，鼓勵民眾針對於警紀問題「爆料」。在長期粉飾太平的警民關係背後，事實上警民關係仍然是緊張的。其中以警察為了「拼績效」，大量浮濫的交通罰單最為詬病，民怨最深。心懷不滿的民眾自然非常樂意拍攝警察出糗的畫面，交給大眾傳播媒體「爆料」[3]。這些屢見不鮮的「爆料」素材又與影視科技器材的普遍使用有關。

二、資訊工具普及挑戰警察形象

　　資訊社會的表徵之一，就是個人化電子傳播工具普遍化；包括通信、通訊、攝影、儲存、複製影音的工具，大量普及為個人隨身工具。台灣電視新聞，經常出現民眾投訴警察的「爆料」新聞，都是民眾以隨身攜帶的數位相機、照相手機或 D.V.攝影機，遇到機會拍下來的。包括警察執勤打瞌睡，警察服裝不整等，就由個人傳播轉換為大眾傳播的內容。民眾與媒體攜手合作，讓警察出糗。警察更加敵視或更加恐懼大眾傳播媒體而已；也造成警民關係的緊張。
　　層出不窮的警察負面形象新聞，固然是大眾傳播媒體的「賣點」之一，也是閱聽人茶餘飯後的話題；卻也正是警察揮之不去的困擾。這個困擾，

也形成警察學校教室裡的困惑。有學生問老師：「為什麼媒體不肯保護警察？」、「為什麼媒體喜歡找警察麻煩？」、「為什麼警察怕記者？」

　　但媒體沒有這麼可怕；在某些情況下，人們也可以看到警察與媒體彼此合作無間的互動。警察機關透過大眾傳播媒體，尤其是電視新聞在短時間、高頻率、大量播送警察機關提供的社會案件影音訊息，讓「汐止殺警奪槍案」、「千面人毒蠻牛案」都在短時間內偵破，這是大眾傳播媒體配合警方辦案，也是警方與媒體互賴合作的結果。學生又問老師：「要怎樣和媒體打交道才能讓傳播媒體聽警察的？」因為，警察和大眾傳播還有更多的時候，需要彼此合作。

　　教室裡學生的問題，包含著似是而非的困惑，凸顯出警察養成教育的缺憾與不足。這個課題也涉及兩個探討面向；一個是「從警察內部看大眾傳播問題」，這涉及到警察作為發訊者的警政宣導、警察記者會的傳播效果探討。另一個是「從警察外部看大眾傳播與警察關係」，這涉及到警察作為一個行動者（agent），警察的正面、負面作為，與其必須受到的社會評價及輿論第四權的監督。在資訊社會裡，出現了對警察形象更嚴格的挑戰。

第二節　資訊社會的形成與其中的素養教育

一、資訊社會的形貌及其形成

資訊社會是一個什麼樣的形貌？

在 90 年代初期就有學者提出，對於運用當代資訊科技和多元化媒體形式傳達訊息的現代公民而言，傳統的識讀觀點已經不再適用。因此，呼籲要針對當代世界的識字者（literate person）重新定義。並主張應該延伸識讀的概念，將視訊識讀和電腦識讀一併納入[4]。而以非線性的電子鍊結方式聯結文字、圖像、影像、及聲音，透過多元化的路徑的超文本（hypertext）出現後，已將網網相連的資訊提供給使用者[5]，就是資訊社會的顯著特徵，也公民也應具備處理新文本的能力。而資訊社會是怎麼形成的呢？

1960 年代之後，工業社會已進入一個新狀態，跟一百多年前歐洲社會由農業社會轉變成工業社會一樣鉅大。許多學者都探討這個社會變遷的走向與新形式，並且給予不同的關注點，也因此對此一社會變遷後的社會形貌，也有了不同的稱呼[6]。

一般咸信，所謂資訊社會應該是一種泛稱，而如 Daniel Bell、M.Foucault 以及 Anthony Giddens 等許多學者都曾經為資訊社會作過註解[7]。

D.Bell 強調系統性與理論性的知識在工業社會資源上具有結構性的重要性；並且認為，基於先進技術的要求與計畫的需要，權力將逐漸移轉給技術結構的人，而社會／技術系統必將合流。產業革命將人類文明由農業社會推進至工業社會，而資訊與通信科技的發展，正在將人類文

明更進一步帶入後工業的資訊社會。經濟和社會學者主張後工業社會的特徵在於資訊成為生產、消費及交易的主要目的物，社會活動因而也集中在資訊的創造、處理和傳播[8]。但廣泛的資訊處理過程也衍生出對於國家監視人民的批判。

M.Foucault 在其闡釋訓育機構權力形式時，運用了圓形監獄（panopticon）這個名詞來形容國家搜羅資訊以遂其對於人民的監視及完成訓育。他認為圓形監獄的效果是無時不在的，此種設計使得權力可以無人化（disindividualized）存在與運行；並且，此種權力是衍生的，而非壓迫的。換言之，國家可以對人民進行永遠的觀察與監視，而不會遭致反抗。不過，傅柯反對決定性因果邏輯的權力研究，認為在地性的抗爭（local struggle）無所不在。Foucault 此一見解啟動了資訊社會的關鍵性觀察，也啟發了 Giddens 的國家監視的觀察。而其權力衍生的觀點，也啟動了 John Fiaske 對後現代文本多義性（polysemy）與文本消費愉悅（pleasure）的觀察。

A.Giddens 認為民族國家自始就是一個資訊社會，一種獨特表徵的社會。現代性的組織生活充滿弔詭。Giddens 以各化（individuation）和個性（individuality）解釋人們為什麼心甘情願的要求納入國家的監視之下。因為，如今人們的生活都在安排之中進行，人們若能選擇，就會使得組織結構發展開來。人們為了要使生活有所組織，就必須容許國家系統的蒐集個人及其活動的資訊。

例如稅務機關、健保單位蒐集的資料都是「各化」的過程，人們被納入觀察與監視是組織生活與效率化的表現。但是，愈多的監視就是更多侵害個人自由，也就是「個性」的消失。因此，組織與監視，是一對連體嬰，同步與現代世界成長；Giddens 在此提出了現代性的弔詭[9]。

現代性的弔詭，也衍生出「資訊消費」的論述。這個說法認為，在資訊社會中，政治辯論被要求必須符合資訊充分的原則。參與者首先必須被要求成為資訊的化身，如果不具有這種條件就會被認為不具有參與

政治和辯論的資格；政治被資訊化的結果，價值理性的向度更加被認為是多餘的，而正義和道德的訴求如果不符合資訊技術規則也會被認為是抽象和多餘的；於是，公共領域（public sphere）隨著生活世界的去政治化，事實上趨於萎縮或被取消。而與此同時，民眾被認為是沒有能力去參與決策的，因此而被迫遠離政治過程，只能投入消費的行為中。這是市民社會遭受到侵蝕的最明顯的表現。而這也可以被視為是公共領域的再封建化（refedualization）、去理性化（derationalized）和商品化（commodified）[10]。

　　而當民眾只能成為袖手旁觀的資訊消費者時，傳播機構如何取悅消費者，即閱聽人；並且竭力促銷傳播內容，這才是大眾傳播機構關心的課題。如此一來，新聞傳播的戲劇化即無法避免。因而每一個可以安排的新聞採訪，本質上都是一次鏡頭前的表演[11]。

二、資訊社會的素養教育

　　當社會急速變遷的時候，教育必須在過去和現在的基礎之上，前瞻地掌握未來的脈動。資訊社會的來臨，正是這樣一個急速變遷的時代，無可避免地將使教育面臨許多的衝突點。包括：過去與未來的衝突、基本素養與職場專業的衝突、正規學校課程與非正式學習活動的衝突，以及資訊科技學術化與資訊科技生活化的衝突[12]。

　　如果將警察媒介素養，放在現代警察培養教育的範疇中，可以參考McClure的說法，加以進一步討論。

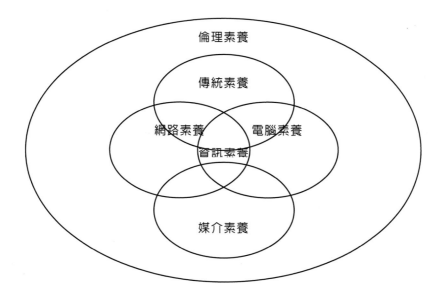

圖：資訊社會的公民素養概念圖

資料來源：C.R.McClure, 1994

　　參考上圖，McClure 認為，現代公民的基本的素養，可以區分為以下四類[13]：

(1) 傳統素養：讀、寫、說和計算的能力。

(2) 電腦素養：使用電腦化完成一些基本工作的能力。

(3) 網路素養：了解網路資源的價值，並能利用檢索工具尋取資訊的能力。

(4) 媒介素養：使用後印刷媒體（post-print media），尤其是電子媒體的能力。

在資訊社會的素養教育中，McClure 係以「資訊素養」統攝前述四項素養教育。本文則認為，與大眾傳播關係密切的「媒介素養」教育，則不僅是一般公民社會成員的素養要求，對追求專業化的現代警察而言，又有其特殊意義。

三、大眾傳播與媒介素養教育

學者提出的大眾傳播媒介素養教育有那些具體內容？

大眾傳播媒介素養教育是 20 世紀下半葉在歐洲、北美洲和大洋洲以及拉丁美洲、亞洲部分地區漸興漸進的一種新的教學科目。所謂媒介素養教育，簡要地說，就是指導學生正確理解、建設性地享用大眾傳播資源的教育；通過這種教育，培養學生具有健康的媒介批評能力，使其能夠充分利用媒介資源完善自我，參與社會發展。目前澳大利亞、加拿大、英國、法國、德國、挪威、芬蘭、瑞典等國已將媒介素養教育設為全國或國內部分地區中、小學的正規教育內容[14]。

John Pungent 是《媒介素養：安大略省教育部教師資源指南》的作者之一。該指南於 1989 年出版之後，先後被翻譯成法語、義大利語、日本語和西班牙語等多種語言。他舉出媒介素養教育的理念，主要內涵是指「媒介並不提供外部客觀世界的簡單映射。更準確地說，媒介提供的是經過人工精心建構（constructions）的產品，這種產品反映著生產者的各種選擇和判斷，是多種因素影響的結果」。而媒介素養教育的目的，在於「提醒人們注意商業動機對媒介的影響，注意這種影響如何侵蝕到媒介訊息的內容、技術和資源的分配」。因為，大部分媒介生產是一種商業活動，媒介總是要考慮如何從中營利。不同的媒介可以報導同一個事件，但他們所產出的是不同的映象和訊息。此外，人們應當學會去欣賞不同媒介的美學形式與影像[15]。

　　Len Masterman 是聯合國教科文組織及歐洲議會媒介素養教育問題諮詢顧問。他的論著《有關電視的教育》（Teaching About Television）、《媒介教育》（Teaching the Media）和《二十世紀 90 年代歐洲的媒介素養教育》（Media Education in Europe in the 1990s）是歐美媒介素養教育界的重要讀物。他所舉出的十八項基本原則，成為媒介素養教育的重要參考，原則要義如下：

(1) 媒介素養教育是一種值得認真對待，並有重要意義的努力嘗試。它事關大多數人的權利得失和社會民主結構的穩定與盛衰。

(2) 媒介素養教育的一個核心概念是再現（representation）。媒介不是簡單地反射（reflect）現實而是再現現實。媒介就是符號或符號的系統。不承認這一原則，任何媒介素養教育都將無所作為：依循這一原則，則媒介素養教育可以滿盤皆活，盡展所長。

(3) 媒介素養教育是一種終身教育。因此，提高學生的學習興趣，培養學生在媒介素養方面的求知欲是媒介素養教育的最高追求。

(4) 媒介素養教育應當著眼於增強學生（對於媒體資訊）的獨立自主的批評、判斷能力，而不僅僅是單純要求學生記住某些批評、判斷的手法和技巧。

(5) 媒介素養教育重在調查研究，它不應將某種特定的文化價值強加於人。

(6) 媒介素養教育應當與時俱進，善於應對周遭情勢的變化。它力求送給人們終身受益的理智之光，為達此目的，它可能將眼前的事件和問題置於更加廣闊的歷史和意識形態環境之中加以分析和考量。

(7) 媒介素養教育的核心理念首先是分析的工具（analytical tools），而不僅僅是教材、課本上的某些段落和章節。

(8) 對於媒介素養教育而言，內容是達到目的的一種手段。這裏所說的目的，就是學會靈活地應用各種分析的方法與工具。

(9) 媒介素養教育的效果可以用以下兩種標準來評估：學生以自己的批評思維應對新的（媒介）環境和情勢的能力；學生在各種活動中所展示出來的責任感的高低和主動精神的強弱。

(10) 媒介素養教育中的評價（evaluation），意味著學生的自我評價（self-evaluation），這種自我評價既為學生的個性所影響，也反過來影響學生的個性發展。

(11) 媒介素養教育嘗試重塑教者與受教者的雙邊關係，它既向受教者、同時也向施教者提出問題，請求對話。

(12) 媒介素養教育更多的是通過對話（dialogue）而不是通過論說（discussion）來展開自己的調查研究。

(13) 媒介素養教育本質上是能動的、與人分享的，它鼓勵發展一種更加開放的、民主的教學方法。它鼓勵學生對自己的學習承擔更多的責任，享有更多的支配權。鼓勵學生參與課程題綱的安排和調整，鼓勵學生以更長遠的眼光對待和審視自己的學習。簡而言之，媒介素養教育所採用的工作方法，正如它的教育內容一樣，都有諸多新的嘗試。

(14) 媒介素養教育涉及合作的學問，它強調團體精神。在媒介素養教育工作者看來，個人學業進步，不是競爭的結果，而是源自共用整個團隊的智識和資源。

(15) 對於媒介素養教育來說，實踐的批評和批評的實踐兩者缺一不可。它認定，文化批評的位置，高於文化生產。

(16) 媒介素養教育是一種牽涉整體的教、學過程。理想的媒介素養教育意味著以最佳方式整合學生與父母、媒介從業者與教師的多邊關係。

(17)　媒介素養教育信守「變無止境」的原則，它必須不斷發展以應
　　　對隨時變化的現實。

(18)　媒介素養教育植根於一種獨具特色的認識論。這種認識論認
　　　為，現有的知識不是簡單地來自教師的傳授或學生的「發現」；
　　　它是起點而非終點。它是一門批評性的調查研究和對話的學
　　　科，通過這種批評性的調查研究和對話，新的知識和認識被學
　　　生和教師能動地創造出來[16]。

　　而上述的各種媒介素養基本原則或其要點，能否有助於警察對其與大
眾傳播之間關係的認知？答案是肯定的。可先就台灣的現況加以說明，再
參照前述媒介素養要義，探索警察與大眾傳播之間的「對立關係」與「互
賴關係」。

第三節　對立與互賴：警察與大眾傳播關係

警察與大眾傳播之間在什麼情況下會出現「互賴關係」？什麼情況下又會出現「對立關係」，本文從近期的新聞報導中，不完整的蒐集到六件案例，作為探討時的說明佐證；六件案例發生日期及事件簡要如下表所示：

表 1：警察與大眾傳播關係近期案例簡表

案例一 94.04.10	新聞報導加速汐止殺警奪槍案偵破	本案發生於民國 94 年 4 月 10 日下午一時許，二名員警執行巡邏勤務簽巡邏箱時，遭兩名歹徒持刀砍殺，並搶走一把配槍。本案於 14 天後的 4 月 25 日破案並逮捕二名嫌犯。新聞大量報導，引起社會重視，加速破案。
案例一 94.04.10	新聞報導加速汐止殺警奪槍案偵破	本案發生於民國 94 年 4 月 10 日下午一時許，二名員警執行巡邏勤務簽巡邏箱時，遭兩名歹徒持刀砍殺，並搶走一把配槍。本案於 14 天後的 4 月 25 日破案並逮捕二名嫌犯。新聞大量報導，引起社會重視，加速破案。
案例二 94.04.21	警察「旁觀」記者遭毆案	本案發生於民國 94 年 4 月 21 日，台中市舞場發生槍擊案，前往採訪的記者遭疑似舞場圍事者出面阻止並圍毆。記者指責現場警察多人袖手旁觀，事後，六名員警遭記過或申戒懲處。
案例三 94.04.22	記者：警察為什麼不管記者被人拖走？	本案發生於民國 94 年 4 月 22 日上午，大同集團為第三代接班人舉行告別式。由於拒絕媒體採訪，保全人員與在現場欲進行採訪的記者發生衝突，記者認為警察坐視不管。
案例四 94.04.26	電視新聞控訴：警察可惡！	本案發生於民國 94 年 4 月 26 日，當天上午國民黨主席連戰從中正機場第二航站出發，前往中國大陸訪問。國內藍綠兩派支持者在航廈爆發嚴重流血暴力事件，衝突發生時，電視新聞以 SNG 即時報導，在新聞字幕上出現「警察可惡」字樣。

案例五 94.05.18	媒體配合警方偵破 千面人毒蠻牛案	本案始於民國 94 年 5 月 18，台中市發生在超商流通的「蠻牛」含咖啡因飲料，遭人注入氰化物，使 5 名不知情民眾購用後中毒。第一位中毒民眾不幸在 18 日深夜死亡，全國震驚。民國 94 年 5 月 28 日下毒嫌犯落網，警方在 29 日上午對外宣布破案。破案前，警方密集舉行五次記者會，公佈歹徒被監視器拍到畫面供指認。媒體配合警方，電視新聞密集播送嫌犯畫面。
案例六 94.4～5 月	您爆料，我們追蹤！警察與媒體關係衝突	從民國 94 年 4 月 18 日至 5 月 27 日，信手拈來便有 4 則有關警紀不佳的警察負面新聞。都是由民眾提供錄影或照片為證，向媒體投訴。媒體鼓勵民眾爆料，民眾樂於配合媒體緊盯警察言行。

資料來源：本研究製表

一、新聞報導加速汐止殺警奪槍案偵破

　　民國 94 年 4 月 10 日汐止發生殺警奪槍案，警方於 4 月 25 日逮捕二名嫌犯，由於證據確鑿，警方宣佈破案。

　　本案發生於民國 94 年 4 月 10 日下午一時許，台北縣汐止橫科派出所員警洪重男、張大皡執行巡邏勤務，在橫科路 4 巷 1 弄口簽巡邏箱時，兩名歹徒尾隨，持刀砍殺兩名員警，搶走張大皡配槍後騎機車逃逸。員警送醫後，洪重男不治，張大皡幸運救回。

　　案發後，台北縣警局成立專案小組，從案發現場附近路口的千餘支監視錄影帶過濾，分析出兩名嫌犯穿著、騎成機車廠牌型號，以及逃逸路線，並召開記者會，提供監視畫面給大眾傳播媒體播放，希望引起民眾注意，提供可疑嫌犯行蹤。

　　4 月 22 日警方協助遺族為殉職警員洪重男舉行告別式。兩天之後，台北縣警方於凌晨攻堅，逮捕涉案的王柏忠、王柏英兄弟，全案宣告偵破。警方表示全案偵破主要靠一張未完全燒毀的身分證，另凶嫌所騎乘的機

車，經查原車主也曾住過伯爵山莊，被偷來作案，亦有地緣關係。而媒體配合警方發佈訊息，也是重要原因之一。

　　本案由於新聞媒體大量的報導，引起社會重視，使本案在短短 14 天便宣告偵破；顯示警察與大眾傳播媒體之間，存在著互賴與合作的關係。

二、記者協會抗議：警察「旁觀」記者遭毆案

　　民國 94 年 4 月 21 日台中市潮流舞場發生槍擊案，中彈男子林國銘被抬上救護車送醫時，民視記者林進龍及蘋果日報記者邱植培趕到現場採訪，疑似遭舞場圍事的十多人出面阻止。邱植培所攜照相機被砸爛並遭圍毆，林進龍也被毆打並搶走 DV 攝影機、抽出影帶砸在地上。事後，台灣新聞記者協會及台中市記者公會都表示抗議「警方袖手旁觀」[17]。

　　根據警方說法，警察並未「袖手旁觀」，也沒有任令記者遭圍毆。現場官警陳述，槍擊案發生後，當時有 12 名警方人員在場，轄區大墩派出所副所長與一名員警及一名替代役男在二樓調查，支援的黎明派出所巡佐率 4 名員警在一樓門口負責戒護，另有四名員警負責四周路口交通秩序維護。當時兩位員警於現場共同執行逮捕嫌犯，另有一名員警當場有拔槍嚇阻毆打記者的作為，並非如同記者所說「袖手旁觀」。

　　但台中市警察局事後仍發佈 6 名官警申戒與記過不等的懲處，理由分別是「未有即時制止作為」、「戒護不力」與「現場指揮官未盡管制責任」等原因。

　　在本案中，警方高層究竟是曲意逢迎記者而懲處自己人？抑或是被懲處的並不冤枉？值得一探。若是警方心存「旁觀」，而實際作為也是採取「旁觀」，則警察對記者的冷漠態度是因何而生呢？若警方並未「旁

觀不理」，則警察既已受到懲處，當然會把記者當作「對立者」與「麻煩製造者」。

三、記者：警察為什麼不管記者被人拖走？

民國 94 年 4 月 22 日上午，大同集團為第三代接班人林建文在台北市第一殯儀館舉行告別式。由於家屬拒絕媒體採訪，大同集團派出上百名工作人員，阻擋媒體接近，因而發生推擠衝突，現場一陣混亂，媒體攝影機還落地受損，也有記者受傷。被大同公司的保全人員架離現場的記者，一邊被推著走，一邊對站在現場的警察高喊：「警察為什麼不管」。電視新聞在報導旁白中，提出對警察坐視不管的不滿情緒。

「警察為什麼不管記者被人拖走」？在本案中員警成為媒體「求救」的對象，但是媒體並沒有考量新聞採訪對象保障隱私的立場和願望。媒體搶新聞，警察卻無辜波及被當成「受氣包」。

四、電視新聞控訴：警察可惡！

民國 94 年 4 月 26 日上午，國民黨主席連戰從桃園中正機場第二航站出發，前往中國大陸訪問。國內藍綠兩派支持者湧入航廈，並且爆發嚴重流血暴力事件。衝突發生時，電視新聞以 SNG 即時報導，並且在打鬥混亂的電視畫面上出現「警察可惡」、「替代役可憐」的字幕。

在事後的檢討聲浪中，警方遭到各方指責，其中關於電視新聞指控「警察可惡」的原因，主要是因為衝突發生時，在對峙人群中阻鬥毆隔雙方的，竟然不是警察，而是替代役男。而這項阻隔任務不但危險而且可能隨時會有身體的傷害。

　　426 的機場衝突事件，以「警察可惡」作為新聞字幕，已經讓警察與媒體關係「對立」到最高點。航警局長事後坦承並未做好佈署而導致流血衝突，航警局長也向國人致歉，在其自請處分後，隨即遭到撤職。

　　這似乎是一個警察無能的案例，但警察的表現有媒體形容的那麼可惡嗎？

　　以 426 中正機場衝突及航警局長陳瑞添遭撤職為例，章光明投書媒體認為：當天出現在機場大廳的立法委員是「有形」的，但其曖昧的態度是「無形」的。政策指示是「主動」的，但警察揣摩上意則是「被動」的。這些主動、被動；有形、無形交織而成的政治氛圍主導了警察執勤，警察在缺乏制度保障下，一再的棄守其中立、專業立場，已經是一種必然[18]。當時在現場維持秩序的航警局長為整個事件作了誤判，導致衝突。

　　誠然如是，航警局長選擇相信民意代表的空頭保證，他同意讓民代率眾進入法律不許集會的航站大廈。警察選擇「相信民意代表」而不是「依法拒絕」；其結果，明顯的是民意代表讓警察背了黑鍋。航警局長固然咎由自取，但當時他若不同意民代的需索或威逼，民代也會在另一個地方找指揮官算帳。這就是民代與警察之間主動、被動；有形、無形的奇特互動模式。會出現這種怪異的互動模式，關鍵在於「法」的不健全，完全需要「人」的道德配合，才能談到「依法行政」。

　　葉毓蘭也投書媒體指出：「出境大廳裡旗幟棍棒齊飛，蛋汁與爆竹四射不僅讓過往的外國旅客瞠目結舌，國家形象蒙羞，也讓公權力被踐踏殆盡。三千五百名維安警力，不敵朝野立委領軍的統獨基本教義支持者，既無法約束群眾的脫序演出，也無力維持國家大門的安寧」。這個機場衝突事件，葉毓蘭也提出一個與警察、民代、大眾傳播長期以來的三角關係。她認為：「警察不僅不能有公正獨立的執法空間，有時更淪為政客們使盡怪招爭取媒體曝光，增加知名度的作秀道具」[19]。

這些發自警察學術界的不平之鳴，顯示出媒體嗜血的真相；而警察在政治人物之前出現的「畏葸」也是其來有自。

五、媒體配合警方偵破千面人毒蠻牛案

民國 94 年 5 月 18 日台中市出現讓社會驚悚的案件，一種名為「蠻牛」的含咖啡因飲料，在好幾家超商販售架上，遭人注入有毒氰化物，有五名不知情民眾購用後中毒。第一位中毒民眾不幸在當日深夜死亡，全台震驚。這種手法類似在日本發生的「千面人」下毒勒索廠商案，因此，案情被揭露初始，台灣媒體普遍都以「千面人」稱呼嫌犯。

本案發生初始，警方在第一時間即通知超商將商品下架；然後請業者緊急通報全省各經銷據點全面下架，以控制災難繼續發生。全台中市各賣場所有「蠻牛」飲料當天全數下架。由於事況嚴重，消基會也立即出面呼籲，所有通路必須全面回收該類商品。各縣市消保官、衛生局也加入要求「蠻牛」大盤商及各零售商將產品下架。全案涉及不知情民眾生命安全，情況顯得十分緊急。

10 天後的 5 月 28 日，下毒嫌犯落網，警方對外宣布破案。偵辦期間，警方曾經密集的舉行了五次記者會，透過媒體配合，大量且密集的公佈歹徒被監視器拍到的畫面供社會大眾指認。

破案還有另一個重要關鍵，就是台中市員警李明宜和陳振桔全面逐一檢視相關地緣不同時間錄下的監視錄影帶，在 7 天內過濾一萬多捲錄影帶後，找到關鍵畫面，以車追人才得以奏效。但也是因為大眾傳播媒體的配合報導，才使全案在 10 日內宣佈偵破，消弭社會恐慌。這個辦件和和發生在日本的「千面人」下毒案無法破案比較，台灣警察更具類似案件的專業能力。本案能在 10 日內得盡全功，警察與大眾傳播的互賴配合，自是十分重要。

六、您爆料，我們追蹤！警察與媒體關係衝突不斷

　　根據民國 94 年 4 月 18 日的《自由時報》登載，有民眾以數位錄影機在國道八號錄下高速公路巡邏員警將警車停放路肩「熟睡」，並提供媒體公佈這段錄影。經警方查證屬實，兩名國道公路警察局所屬第四警察隊員警，各記大過一次，並調整服務單位；直屬主管記過一次，並調非主管職務；第四警察隊隊長記申戒二次。而該報導的新聞標題是：「國道上 QK，警員記大過。民眾錄到兩人停在路肩打瞌睡，警方表示僅睡八分鐘，非半小時」[20]。

　　根據民國 94 年 5 月 10 日民視新聞的報導，出現以下的旁白：「台中縣霧峰分局 4 月 25 日有一名警備隊員警掏槍瞄準警局被民眾拍下投訴。事隔不到兩禮拜，一名派出所巡佐取締攤販違規時，因為服裝不整還叼著香菸，又被民眾拍下投訴」。「員警在執行公務時叼根香煙，沒戴警帽就開起罰單來，這付吊兒郎當的樣子立刻被民眾拍下。一查之後才知道，這位警察大人是台中霧峰分局的一線四巡佐」。「為了幫國家賺進 300 元違規罰單，這名叼煙員警真是丟了警察的好形象」[21]。

　　根據民國 94 年 5 月 17 日電視新聞報導，東森新聞台投訴中心接到民眾檢舉光碟，並且播出光碟內容，是一位基隆市的員警騎著警用機車外出購物。根據新聞報導，這名員警「不但提著大包小包，身上還穿著便服和花色海灘褲。東森新聞記者根據車號追蹤到這輛警車，也找到騎這輛警車的員警。員警說，當天確實有到和平島，原因是這裡連幾天發生偷竊事件，他加強巡查，查附近店家的結果也得到同樣答案」。

　　新聞旁白提到：「您爆料，我們追蹤！」媒體聲稱：「記者一出現，這名員警緊張的說，那天其實是去便服巡查」。新聞最後的旁白是：「原來這裡員警數量有限，反正回不了家，到處巡邏成了海邊派出所的習慣，

提高見警率，反倒是為了治安好，『公器私用』的說法對他們來說，反而是太沉重了」[22]。

　　從前述六個案例，可以觀察到的是警察與大眾傳播的關係，既有對立，亦有互賴，二者的關係並不穩定，亦不單純。從媒體角度來看，媒體既會以事涉公共利益的原因配合警方發佈重案、要案訊息；另一方面卻也同時熱衷於渲染警察無能或警紀不佳，以刺激收視率。從警察角度來看，媒體既是配合辦案的夥伴，但又是專挑毛病的「麻煩製造者」，這也難怪，大多數的警察對記者要採取「迴避至上」的策略來看待大眾傳播媒體。

　　然而，警察「迴避媒體」能奏效嗎？「迴避」就能避免二者的對立嗎？警察只想與大眾傳播維持「互賴關係」，而不要「對立關係」的設想，有可能實現嗎？

第四節　化解對立：
警察通識教育的大眾傳播學素養規劃

此處所提及的「化解對立」，主旨是化解警察想要「迴避」或「心存厭煩」大眾傳播媒體爆料的「對立心態」，而非「對立關係」。警察可以試著由大眾傳播學素養教育來化解此種對立心態。

一、警察對媒體關係的正確認識

在實務上，警察單位與媒體互動是非常頻繁的，警察單位常是社會新聞重要的消息來源。因為警察機關有如此多的新聞事件，及這些新聞是媒體所重視的，因此，警察與媒體彼此關係應屬密切。警界內部從來都知道警察工作應該化解和媒體之間的對立，也從來都在努力化解和媒體的對立。相關的研究也曾指出：「由於媒體具有監督政府的角色，因此保持懷疑、尋求真相乃是媒體的基本立場與天職。若政府公關仍侷限於政令宣導的公關哲學，以不對等溝通的立場進行議題與訊息操控，此一行為自然會與挖掘真相、善盡報導職責的新聞媒體發生衝突」，「衝突的媒體關係可說是政府公關的常態」[23]。在此常態下，警察和媒體的對立衝突可以避免嗎？警察形象可獲確保嗎？

對於塑造警察正面形象，減少負面形象，也有建議指出：「警察形象的建立，除了追求績效、卓越等企業管理目標外，尚需特別重視追求民主憲政時代，警察組織與作為中之公共性、代表性、政治回應性及正當程序等價值；以公共利益為最高目標」[24]。或者從民意角度出發，建議「警察

政治文化與民主素養應再提升、警政高層應有責任讓所有警察及社會大眾瞭解真正民意」等[25]。

也有研究注意到警察對媒體執行「新聞供應」的問題，也就是刑案發生後的偵查期間，如何滿足媒體胃口，怎麼「餵新聞」，而提出研究建議：「現行法令無法制止犯罪新聞的氾濫，即使修訂刑法第 245 條也難以改善。偵查不公開原則無法落實的情況，唯有警察內部嚴格規範，並教導員警正確的媒體觀念」。此外，大學新聞系所在教育學生時，也須重視法律教育；媒體應發揮自律，成立自律組織，並在守門過程中，教育記者遵守「偵查不公開」原則[26]。以上都是避免警察與大眾傳播產生對立關係的研究建言。

但警察形象不只一端而已，警紀不佳也是問題來源之一。

民眾印象深刻的「警察包庇電玩案」、「擄妓勒贖」案等，和層出不窮的警察接受不法業者招待喝花酒、參與賭博、通風報信收取不當利益等等。種種警紀不佳的事實，在「執法者犯法」的前提下，媒體當然不可能「單方面」的賦予警察完全正面的形象[27]。

二、警察在資訊社會的真實處境

要化解對立，要塑造警察正面形象，就要正視當前的社會環境。台灣警察現在面對的是全世界最高電子媒體機構數量和人口比的地區；此一事實，使得今天的警察面臨的大眾傳播問題和過去很不一樣。而探討警察在資訊社會的處境，應該考量以下三個前提：

(1) 警察的絕對權威，在民主化進程中已漸被高漲的「民意」所軟化；固然民權得以伸張，但「警察人權」卻在不肖政客面前淪喪[28]。

(2) 資訊社會的監視無所不在，警察監視社會治安動態，但警察也被
大眾傳播媒介用「鏡頭」監視中。

(3) 當代民主政治制度已然將政治作為「表演的藝術」來看待，
作為行動者，警察一直欠缺在大眾傳播媒體鏡頭前的「表演
訓練」。

在警察的傳統觀念裡，一向將大眾傳播媒介視為「器用」的工具，
警察關心的是，大眾傳播媒體的報導，對警察是「有利」還是「不利」。
這意味著警察機關一直停留在如何想辦法利用大眾傳播「宣揚」警政業
務；一直停留在如何「壓下」警察負面新聞而已。這兩個「最重要的事」
很容易就將警察與大眾傳播的關係化約為「媒介應該是警政宣導的器用
工具」而已。

在過去，作為公部門一部份的警察機關對媒體抱持「宣導」與「器用」
的觀念，尚屬無可厚非。但是在資訊社會，警察機關抱持前述的態度和媒
體打交道，當然是扭曲而不恰當的。只要警察機關缺乏對於媒介素養的養
成教育，警察與大眾傳播的衝突對立心態，就不可能有所改變。

三、警察媒介素養的觀念澄清

「媒介素養」包含的要點很多，學者關注的面向亦大同小異，已如本
文第二節所述。而在本文以「對立或互賴」的警察與大眾傳播關係案例介
紹之後，本文認為要專門針對資訊社會「警察媒介素養」進行規劃，則可
參照前述本文介紹學者 John Pungent、Len Masterman 等關於媒介素養的觀
點之外，亦有以下二項應係最重要的認知；即應先使警察擁有「傳播結構
認知」與「傳播效果認知」，以釐清原始觀念。

（一）傳播結構認知[29]

(1) 警察應該瞭解大眾媒介在市場經濟中運作的基本原理，主要是盈利；「公器」的說法是欠缺的。市場利益競爭下，新聞倫理經常淪喪無遺；傳媒會誇大、渲染警紀事件；新聞或許不再經過查證，以「有聞必錄」的態勢播出。

(2) 警察應該瞭解大眾傳播媒介受政治環境的壓力；不同的媒體，有不同的意識形態與立場，傳播機構可以用專業手法，傳遞對少數政治利益者有利的訊息。換言之，媒介並不純然客觀、中立。

(3) 警察應該瞭解大眾傳播產銷流程的流程，及受到科技運用的限制；熟悉媒介製作流程，可以改善警察機關執行警政宣導時的技巧。

（二）傳播效果認知

(1) 警政宣導的對象已經不是照單全收的「民眾」，他們是資訊社會中的文本消費者和閱聽人，沒有吸引力的警政宣導將少有人理會。傳統粗糙的宣導廣告，往往是欠缺傳播效果的。

(2) 民主政治的極致是公共利益（public interest），在堅持公共利益的前提下，警察作為發訊者，通常容易達到傳播效果。

(3) 為了要在傳媒面前達到傳播效果，警政資訊已經成為有待完成的表演藝術與說服藝術。

　　本章是警察大眾傳播素養規劃的起步而已，有待充實所在多有。例如，若是警紀不佳而成為民眾和媒體「爆料」與追蹤的對象，並不能認定是媒體和警察過不去，也不能認定是媒體刻意製造對立。

又例如，大量在路口設置監視器固然有助於警察監視，但已有違憲和侵犯人權之嫌，警政機關不應無限上綱。

當然，與警察切身相關的媒體「捕風捉影」、「有聞必錄」、「追求賣點」的行徑下，警察隨時都會隨時成為爆料鏡頭下的「供品」與「獵物」，即使警察沒有行為不檢，也可能受到無妄之災。警察亦可透過媒介素養教育，明瞭為什麼這種情況會發生，又應如何避免與謀求補救。

第五節 現代警察需要大眾傳播媒介素養

在對立與互賴並存的關係中，在「警察與大眾傳播」的課堂上，老師針對媒體關係和學生探討一個大魚吃小魚的「社會食物鏈」。

大家公認：「警察怕記者、記者怕流氓、流氓怕警察」；所以記者如果碰到流氓的問題，最後還是要請警察幫忙解決。面對警察與大眾傳播的關係辯證，似乎經此轉一道手續，又讓警校學生對處理媒體關係充滿自信。

然而，另一個想要對學生解答的問題是：「如果警察依法行政，就不怕記者了嗎？」

答案：「不是」！因為台灣民主制度不健全，政客多於政治家。由於「法」的不健全和對「法」詮釋不一，政客會鑽出許多似是而非的法律的灰色地帶，干預警察「依法行政」。

這是警察經常在政客面前低頭的原因。

當今政客並不珍惜台灣得之不易的民主制度，樂此不疲的玩法弄權稿民粹；假設無法改變這個罩門，或減緩政客干預的力道，則不只是警察的媒介素養教育終究無法自圓其說；即便一般公民的媒介素養教育，最後也會碰壁。

警察應擁有民主制度下依法行政的空間。政治人物及執政者都不應該染指或干預警察專業行動。因此，現代警察需要媒介素養教育，或許正是警察由內而外開始擺脫政客干預的發起線也很難說。

長久以來，警政首長和警察機關習慣於從警察內部去看外部社會，從警察內部去推論外部需求；這些作法，很自然的就推向「器用」、「宣導」的思維。「器用」、「宣導」當然重要，但不應該是警察面對大眾傳播機

構時的唯一「核心」課題。在資訊社會的年代裡，現在的警察機關，很需要正視及推廣大眾傳播相關的媒介素養教育。

【注釋】

1. 吳怡國等譯，《整合行銷傳播》，（台北：滾石文化，1994）。原書 Don E. Schultz, et. al. *Integrated Marketing Communication : Pulling it together and making it work.* 1993.

2. 這參見汪子錫，〈警察與大眾傳播教學觀摩〉，收於《第一屆通識課程教學觀摩會資料彙集》，（桃園：中央警察大學通識教育中心編印，2005）pp.47-79。

3. 立法院刪除民國 94 年交通違規罰鍰歲入數十億元，但警察機關以開列罰單多寡作為績效，罰單及罰鍰收入都未減少，徒然製造警民關係惡化。見《立法院公報》第 94 卷，34 期，（台北：立法院，2005）p.255。

4. D.P.Ely, "The two worlds of today's learners, "In Morsey, E. (Ed.) *Media Education.* (Paris : UMESCO. 1984) pp. 97-110.

5. S.Feldman, "The link, and how we think : using hypertext as a teaching & learning tool, "*International Journal of Instructional Media.*28 (2) : 2001. pp.153-158.

6. Amitai Etzioni 稱之為後現代紀元 the post-modern era; George Lichtheim 稱之為後布爾喬亞階級社會 The Post-bourgeois society; Herman Kahn 稱之為後經濟社會 the Post-economic society; Daniel Bell 稱之為後工業社會 the post-industrial society; Peter Drucker 則稱之為知識社會 the knowledge society。

7. 馮建三譯，《資訊社會理論》，（台北：遠流，1999）。原書 Frank Webster, *Theories of The Information Society.*

8. D.Bell, *The Coming of Post Industrial Society.* (New York : Basic Books. 1976)

9. 胡宗澤等譯，《民族——國家與暴力》，（北京：三聯，1993）。原書 A. Giddens, *The Nation-State and Violence.*

10. 李英明、羅曉南，〈資訊科技對人的處境〉，《資訊科技對人文、社會的衝擊與影響期末研究報告》，（台北：行政院經濟建設委員會委託研究計畫，1997）pp.60-61、p.63、p.72。

11. John Fiske 認為，電視新聞不過是另一種形式的電視肥皂劇而已。參考陳正國譯，《瞭解庶民文化》。（台北：萬象，1993）。原書 John Fiske, *Understanding popular culture.*

12. 參考張一蕃，〈資訊時代之國民素養與教育〉，《資訊科技對人文、社會的衝擊與影響期末研究報告》，（台北：行政院經濟建設委員會委託研究計畫，1997）pp.83-84。

13. C.R.McClure, "Network Literacy : A Role for Libraries. "in *Information Technology and Libraries.* June 1994.

14 參考宋小衛，〈西方學者論媒介素養教育〉，新傳播資訊網 2003-7-28 發佈 http://www. woxie.com/article/list.asp?id=7884

15 Ontario Ministry of Education, *Media Literacy Resource Guide f.* (Toronto, Government of Ontario Publication. 1989)

16 *Spring 1990 issue of Strategies Quarterly.*引自宋小衛譯，《國際新聞界》2000 年第 4 期。資料來源：http://www.woxie.com/article/list.asp?id=7884

17 民國 94 年 4 月 22 日《自由時報》17 版，以「記者採訪挨揍，踢爆警察旁觀」字樣製作跨欄滿版大標題。

18 參見章光明，〈警察與政治：揣摩上意〉，《聯合報》A15 版，民 94 年 4 月 28 日。

19 參見葉毓蘭，〈法治就像海沙屋〉，《中國時報》A15 版，民 94 年 4 月 28 日。

20 參考資料來源：《自由時報》民國 94 年 4 月 18 日第 8 版。

21 參考資料來源：奇摩網站新聞首頁 http://tw.news.yahoo.com/050510/44/1sl81.html

22 參考資料來源：奇摩網站新聞首頁 http://tw.news.yahoo.com/050517/195/1u8x9.htm

23 林宏宜，《政府公共關係人員與媒體記者互動之研究：以台北市警察、消防機關為例》，（台北：中國文化大學新聞研究所碩士在職專班碩士論文，2002）。

24 廖振榮，《我國警察形象管理制度之研究》，（台北：台北大學公行暨政策學系在職專班碩士論文，2003）。

25 賴和禧，《警政民意調查與警察政策之研究》，（桃園：中央警察大學行政警察研究所碩士論文，2002）。

26 黃宗仁，《警察與記者對「偵查不公開」認知差異之研究──以台北市刑事警察與社會記者為例》，（台北：銘傳大學傳播管理研究所碩士在職專班碩士論文，2002）。

27 參考龍登發，《維新專案與警察風紀改善之研究：以台中市為例》，（台中：東海大學公共事務碩士學程在職進修專班碩士論文，2002）。

28 民進黨籍立法委員委王某不滿警方民國 94 年 5 月 3 日在中正機場執行維安勤務，與民進黨 14 位立委到警政署興師問罪。王某當眾掀翻一張桌子，挑釁說：「我是現行犯，來抓我呀！」警政高層息事寧人，但基層員警強烈抗議：「以後警察不用執法了！」警政署遂於 5 月 8 日將王某函送法辦，參考蕃薯藤新聞首頁原刊《台灣日報》。http://news.yam.com/tdn/politics/200505/20050508019393.html

29 這裡參考了 McQuail 的見解，McQuail 認為傳播機構是在經濟、政治和科技運用三個交織的結構壓力下運作的。見 D.McQuail, *McQuail's Mass Communication.* 4th Edition.(London : Sage . 2000)pp.154-155.

Chapter 5

人際傳播：
警察人際關係與人際溝通的探析

第一節　人際傳播與人際關係

　　人類傳播活動的層次從自我傳播開始，然後到人際傳播、團體傳播、組織傳播到大眾傳播。層級愈高，牽涉越廣，傳播現象越複雜。人際傳播是社會傳播的基礎，對警察而言，人際關係和人際溝通已經成為一個包含多個面向的重要課題。

一、人際傳播與人際關係

　　在英文中，傳播與溝通同樣都是「communication」。在中文表意而言，傳播通常是指單向的行為，雙向傳播才能表示溝通的意思。但是如果加上人際關係，那麼，人際傳播與人際溝通（interpersonal communication）的意思相去不遠。本章所提及的人際傳播和人際溝通，所指涉的是同一件行為。

　　學者 Fisher & Adams 認為，人際傳播（Interpersonal Communication）是兩人，或至少兩人之間相互傳遞訊息與補充訊息，建立彼此社交關係的過程[1]。DeVito 認為，人與人之間多少有某種關係存在，例如長官與部屬

之間，兒女與父親之間，老師與學生之間，愛人之間或朋友之間等。而人際傳播就是指有明確關係的兩人間的溝通行為[2]。Gouran 則將人際傳播歸納出三個功能：獲得社交知識、建立人際關係以及建立自我身分[3]。

建立與發展人際關係，都需要透過人際交往與人際溝通來達成；反過來說，良好與有效的溝通，才能發展人際關係。任何人都要在良好的溝通情況下，進入社會與他人互動，並且參與社會行動。

為了有效的溝通，順利的互動，需要預測對象的行為，以便掌握互動的過程。因此，Miller & Steinberg 認為，有效溝通的前提，應該是預先了解溝通的對象，其中以三種知識最為重要：溝通對象的文化層次，溝通對象的社會背景，以及溝通對象的心理層次。因為，擁有相同文化或社會背景，可以透過分享相同的經驗，很快就達成初步溝通的效果。但是，如果要建立進一步的關係，就需要長時間的交往與了解，才能掌握對方的心理層次，做更深入的溝通[4]。

二、人際傳播虛偽理論

前述的人際傳播理論，都是建立在共構傳播真實（communication-reality relationship）的人際關係前提上的，因為，前述理論是假設「所有傳遞的訊息都應該是真實的」。但另外也有學者從其它角度觀察，提出人際傳播的另類理論，其假設前提是「有時傳遞的訊息是虛假的」。學者 Buller & Burgoon 等人據此提出人際傳播的虛偽理論（interpersonal deception theory）[5]。

人際虛偽理論認為，人與人之間的傳播互動過程中，經常會因為某些原因而出現欺騙撒謊。這些原因可能是愛面子、維護形象、自我保護、拉抬可信度、減少彼此衝突或避免遭受懲罰等等。因此，製造虛偽訊息的傳

播者（sender），就是一個欺騙者（deceiver）；而接收者（receiver），必需扮演一個偵測者的角色（detector）[6]。

　　欺騙者的目的在製造虛偽意義的訊息，設法讓對方信以為真，並接納成為信念。欺騙者製造符碼是有目的、有計畫的，不過，難免也會洩漏一些蛛絲馬跡；例如話語的結巴不連續，或不經意怪異的肢體語言等。所以，偵測對方是否虛偽，是人際傳播過程中的關鍵[7]。人際虛偽理論對於經常需要進行問訊筆錄的警察，別具啟示意義。

　　此外，對警察而言，人際溝通還有另一層「人力關係」的意義。警界一再強調「警力有限、民力無窮」；要將無窮的民力，和全社會的人力資源，都能轉移為協助治安的人力資源，這使得警察人際關係與人際溝通多了另一個目的性。

　　綜合而言，這是一個以溝通代替對抗的年代，從個人之間到組織之間；從民族之間到國家之間，都視溝通才是解決問題的最好方法。對抗不但無法解決問題，反而會衍生更多問題；警察比一般人更需要懂得人際傳播的運用能力。

第二節　警察人際關係與溝通的問題

　　警察在執勤時，他的角色和工作環境，決定了他們要面臨特殊且獨有的「警察人際關係」課題；警察在放下工作後，回到家庭休息時，他們似乎和一般上班族一樣，要面臨家庭成員或友誼團體成員之間的人際關係課題。但又不完全如此，因為警察職權不因休假而完全停止，使他們在下班後的人際關係課題，又會衍生出許多新的課題。即使警察個人可以處在「休假」狀況，但他的警察公權力，並不會在「休假」時消失。

一、警察的工作壓力問題

　　警察「依法」界定人際關係策略，當然是最容易的方法。但是徒託法律不能面對所有的人際關係問題。當警察面臨到「民意」、「公意」、「人民權益」、「公共利益」或法的解釋不足時，便形成了警察壓力。實務上，今天的警察所面對的人際關係問題，不僅是法律及倫理道德問題，不良人際關係衍生出來的警紀敗壞問題，也成為輿論的焦點[8]。警察工作繁重，警察的心理與生理壓力，一直有增無減。以上種種問題，都顯示出了警察人際關係與溝通的重要性。

　　實務研究顯示，警察心理與生理壓力，來自以下三種原因[9]：

（一）警察組織內部的原因

例如待遇不公問題、過多的文書處理、上級的專斷領導、缺乏升遷機會、輪班不正常、工作負荷過重、工作乏味、對傷害死亡的恐懼、裝備不足等等。警察的壓力則例如協助事項繁重、要求績效的壓力、連帶處分的壓力等。

（二）外部環境的原因

例如民眾的攻訐、冷漠、不友善、過度期許的壓力以及司法對罪犯的寬容無力感、民意代表過度介入關說、媒體負面宣染報導、物質誘惑、社會適應、治安惡化等。

（三）個人本身的原因

例如隔離感、婚姻障礙及人際關係不良、角色混淆、角色衝突不受尊重等。

當一個人的心理壓力持續增加又不能紓解時，人際關係就會惡化，嚴重時會出現攻擊傾向或自殺傾向[10]。而無論警察自殺原因為何，必然與人際溝通失誤有關。自殺前的人，已經斷絕了一切溝通的需求，與溝通的機會。

除此之外，警察人際關係還有一個令人擔憂「誤交損友」的嚴重問題。

二、警察交友與倫理道德問題

　　倫理與道德是警察教育的重心，警察機關都希望所有警察都能廉潔勤奮、戮力從公，還要求避免結交損友。一旦結交損友，難免道德觀敗壞，也有可能造成巨大災難。發生在民國八十五年的周人蔘電玩弊案，就被認為是警察誤交損友的後果。

　　周人蔘電玩弊案爆發時，嚴重動搖警界、驚撼社會；其嚴重性迫使警政首長辭職下台。檢察官先後起訴近二百人，其中官警有卅八人，還有檢察官自家人也被起訴。而被視為案情關鍵人物的「公關警察」張台雄則一直逃亡在外，使得後來的審判，許多事情一直無法釐清。歷經十年審理，不少涉及周人蔘案的官警，因為罪證不足獲判無罪，檢察官也被質疑「濫訴」；但本案當時已造成警界「災難性」的大崩盤。

　　回顧案發當時，警界被指涉案的包括三線三星的高階官警、警局督察長、分局長、少年隊警官等。他們被檢方指控涉嫌利用職權，暗中掩護與包庇警察、公務員收取賄款，或者自己也是收賄者。新聞界評論本案時指出，涉案官警之中，不乏前途似錦的優秀官警，他們在案發時，聲望已如日中天，卻因本案起訴而斷送前程，令人扼腕。周人蔘案歷經長時間的訴訟過程，讓涉案警察的家庭關係、職場關係、工作發展與經濟條件都天翻地覆，發生巨變。有人因此夫妻離異，也有人不堪壓力而壯年喪命。

　　梅可望在《警察學原理》提及警察倫理時，用周人蔘案作為例子，提示警察人際關係中倫理道德的重要性：「一個周人蔘案，讓全國最高警察首長都不得不辭職；幾十位官警的貪瀆行為，使八萬多名警察同仁蒙羞，倫理道德的影響何其重大」。他還指出：「倫理和道德是古往今來人類社會規範個人行為和人際關係的最高準則；倫理和道德也是警察機關與警察人員任務成功的基本條件和先決條件」[11]。而他所稱的倫理道德，也就是所謂的警察人際關係的標準。

第三節　倫理觀念與警察人際關係

　　倫理源自於人群不可避免的互動行為，它以內在結構的方式存在於個體。無論在原初社會或是高度現代化的國家裡，人們無可避免的會相互影響。在相互影響的過程中，如何判定什麼是對的、正確的、適當的；以及如何認知世界，都建基於個人心靈中的某些基本原則原理。這些原則原理聚合成一連串的結構，以組織個人的理性過程。

一、理性過程與倫理觀念

　　中西文化中的哲學家，很早就發現人性有一個內在結構（inner structure）。西元前四世紀，中國哲人孟子就已揭櫫這種想法。同時代，希臘哲人亞里斯多德（Aristotle）在提及「善行」時，也說：「當心靈要在行動和情感間作選擇時，心靈傾向於保持中庸（mean）；並且由具有思慮能力或人際智慧的人，依據其心中的準則或原理所規範」[12]。不過，「善」不會獨立存有，有一個與之對應的「惡」，才能有所謂的「善」，也才有所謂的「中庸」。

　　人類具有「雙重天性」，神話、哲學和宗教通常都表現出彼此衝突的人類天性。例如人性善與惡、卑下與高尚、內在與外在的矛盾等等都是同時存在一個人心靈內的。不過，「善」是人類生活的理想境界，追求「至善」則是人類的目標。摩西（Moses）以「正義」為至善，柏拉圖（Plato）以「智慧」為至善，耶穌則以「愛」為至善[13]。

西方社會中的「ethics」，與中文字義最接近的應該是「倫理」。西方所謂的「倫理」，意指「對於道德行為的研究」；其主要目的是區別「正確」和「錯誤」，「善」及「惡」。在此一前提下，西方哲人多視倫理學是思想，以「知」為目標，而不包括對生活行為的規範。近年來，在「應用倫理學」的推動發展之後，許多倫理觀點便開始導入應用的領域，台灣近年來出現的校園倫理、醫護倫理、軍中倫理、行政倫理等等也是對於「應用倫理學」的回應[14]；而「警察倫理」也是在此背景下出現的。

倫理具有規範作用，它協助人們判斷什麼是正確的、好的、值得（worthy）的和美的（beautiful）[15]。倫理的目的在追求善（good），是一種關於是與非（right or wrong）必須進行的判斷。倫理行為的選擇和執著，則與個人或社會所持的「價值」（value）相關。價值是一種人類情欲的表達，是人類對於事務在感情上的確認，也是人類行為的驅策動力。許多人際關係的立論基礎，都源自於傳統的倫理觀。

二、行為科學的人際關係理論

行為科學（behaviorism）的人際關係理論亦很豐富，以下略加介紹。

（一）均衡社會體系（the idea of social equilibrium）

Rest 援引 Piaget 的觀點，詳盡詮釋了「均衡社會體系」的概念（the idea of social equilibrium）。Rest 基本上認為，每一個人生來即是群體的一份子，人們為了彼此的利益，相互合作以結合在一起。為了致力社會合作和減少潛在的衝突，必須設計一個方案，作為分配社會合作之利益和責任的

決策工具。在此一體系內，是由道德準則和原則執行規範，規定了社會安排、社會實踐、社會指令（social arrangement , practices , and instructions）是可以被允許存在。同時，也是由道德準則和原則來界定：什麼權利對某些社會角色是特別的，什麼對全體社會成員又是一般性的。這種社會合作觀念，在政治思慮和法律思慮中，也是一個主要概念。在政治和法律領域裡，人們如何判斷對錯，如何給自己一個適當的定位，都建立在與道德思慮相同的組織結構之基礎上[16]。

　　什麼因素決定個人是否要和別人建立關係？為什麼有些關係從未進展到較深的層次？又為何有些關係會一直在惡化？行為科學研究者提出理論，設法解釋這些問題[17]。

（二）人際需求理論（interpersonal needs theory）

　　人際關係和溝通滿足了人類的基本需求。人際需求理論主張一種關係是否開始、建立或維持，全賴雙方所符合的人際需求程度。心理學家 William Schutz 指出三種基本的人際需求是：愛（affection）、歸屬（inclusion）和控制（control）[18]。

　　「愛」的需求反映出一個人表達和接受愛的慾望，「缺乏人際關係」的人，很少對別人表示強烈的感情，也逃避對自己表達感情的人。「過度人際關係」的人，熱切的想和每個人建立親密的人際關係，並且對剛見面的人立刻信任他們，也希望別人把他們當成密友。在這兩個極端之外的是「適度人際關係」的人，這些人容易表達和接受感情，能從與他人的種種關係中獲得快樂。

　　「歸屬」的需求是希望存在於別人團體中的慾望。根據 Schutz 的說法，每個人都有社會需求，不過滿足這種需求的人際互動量顯有不同。一個極

端是「缺乏社交」的人，那些人通常希望獨處，而減少與別人接觸。另一個極端是「過度社交」的人，他們經常需要同伴，當他們必須獨處時會顯得緊張。而大多數人都不屬於這兩種極端的類型。

「控制」的需求是指希望成功的影響周遭的人與事的慾望。一個極端是「放棄者」，他們沒有任何的控制需求。他們通常規避責任，不願主管任何事；而且極端順從，不做決定也不接受責任。另一個極端是「獨裁者」，他們需要時時駕馭他人，否則會焦慮不安。他們可能從有權控制局面的人手中奪取責任，他們盡量做每一個決定。除了上述兩種極端，多數的人是「民主者」，他們在某些時候能居於領導地位，在另外的一些時候，他們也能安於別人的領導。這一類人會勇於表示意見，也能夠順從他人。

（三）交換理論（exchange theory）

John W. Thibaut 和 H.H.Kelley 提出人際關係的交換理論，他們認為關係可藉由互動所獲得的報酬（reward）和代價（cost）的互換來加以瞭解。報酬是接收訊息者所重視的結果，常見的報酬有好的感覺、聲譽、經濟收益和感情需求的滿足。代價則是接收訊息者不想蒙受的損失，包括時間、精力和焦慮。舉例來說，若是預期和對方談話是愉快的話，那麼，人就花時間和某人談話。反過來說，如果預期和某人談話結果會導致沮喪，那麼，人就不願意去浪費這種時間[19]。

這個理論分析可以從單一的互動延伸到關係之中。假如關係持續一段時間之後，報酬減去代價之後所得到的報酬，如果低於某一水平時，人們將對這種這種關係感到不滿意或不愉快。

Thibaut 和 Kelley 認為，最令人滿意的報酬率會因人而異，人際關係的投資報酬率決定了關係或互動的吸引力，雖然人們在代價高於報酬時會終止關係或互動，但是環境有時會讓人持續處於非常不滿意的關係中。

　　人際關係的交換理論認為人們會有意識的、故意的去衡量任何關係的代價與報酬，意謂著人們會從經濟觀點進行理性的判斷與行為，去尋求有利的而避開不利的人際關係。但實務上，此一模式還無法解釋人們有時會採取的複雜且不理性的行為[20]。

　　此外，還有學者在需求理論和交換理論之外，再提出人際關係角色理論和人際關係平衡理論。角色理論主張人際關係是個人間角色運作的結果。平衡理論認為人際關係是一種人際間的平衡關係。亦即若是一個人會喜歡他人，是因為他人也喜歡自己；反之，若一個人會討厭他人，是基於他人討厭自己而形成的[21]。

三、人際關係本土化研究

　　華人學者投入人際關係本土化的研究，是基於文化差異架構下運作的前提。無論是採用實徵研究取徑，或是文獻詮釋、民族誌研究方法，都顯示出正面的意義。以下三則是來自於華人研究者對於華人社會人際關係的見解。

（一）人際關係是人與人之間的關係。

　　此一見解認為，人際關係按不同的標準可以分成四類：
　　(1) 按組成的紐帶，分為血緣、地緣、業緣三大關係群；
　　(2) 按性質分為對抗性與非對抗性兩種不同性質的關係；
　　(3) 按內容分為經濟、政治、法律、道德等人際關係；
　　(4) 按社會生活的領域，分為家庭生活、職業生活與社會生活的人際關係[22]。

（二）人際關係是人與人之間在社會生活中的交往關係。

此一見解認為，人與人之間在社會生活中的交往關係，可以從動態、靜態兩個角度來觀察。從動態的角度來看，人際關係就是「人與人之間在思想意識、感情與行為上的相互交往過程」；從靜態的角度來看，人際關係可以視作「人與人之間感情的凝結」。

（三）人際關係是人們在社會交往過程中為滿足精神需要而產生的。

此一見解認為，人際關係是人們在社會交往過程中為了滿足精神需要而建立起來的。所謂的精神需要而產生的關係，此一意涵則可能是心理關係、感情關係或者說是個體與他人的心理距離和行為傾向。

以上三者意涵或在文字上有所不同，但皆是由心理學的角度來界定的，都是在強調人與人之間的感情親疏。亦可依據感情親疏程度進一步引申為：「好感」、「共同感」、「同情」與「愛」四個層次[23]。

呂俊甫對華人社會人際關係的論斷是：「華人利用人際關係來滿足個人的需求或短期的自我利益。華人社會普遍相信政治和生意上的成功，主要取決於『關係』的靈活運用，尤其是和有權有勢者的關係，華人的道德觀往往是工具相對導向的」[24]。這樣的論斷，相當具有啟示意義。

四、警察倫理觀念與警察人際關係

警察人際關係和警察倫理有密切的關聯性；多位警察學的研究者，都對此作了闡述。張潤書等認為，警察系統中存有眾多的相關參與者，例如

人民、民意代表、其他政府部門、政黨、利益團體、大眾傳播媒介等都是。在警察機關以內則有上司、部屬與同事等。警察要如何與這些個人或團體保持正當的關係，就有一套價值觀或規範作為行動的指引，這套價值觀就是警察倫理[25]。

陳明傳等闡述「警政倫理」認為，警政倫理可以分為三組面向來看待：

(1) 靜態的或動態的：靜態面是指警察系統成員之間的秩序關係；動態面則是指其中人際互動的準則。

(2) 消極的或積極的：消極面是要求警察人員不得違反倫理規範；積極面則期待警察人員透過執行職務，追求公平正義的社會價值。

(3) 內部的或外部的：內部面是指警察應貫徹系統內部「上下、長幼、朋友」三倫精義；外部面是指警察執勤與民眾互動時，應信守執法倫理。而所謂執法倫理又包含四項原理原則，即依法行政、維持秩序、堅守紀律、為民服務等[26]。

「警察倫理」的要義，也被用來要求員警提供良好的「民眾服務」。雖然如此，仍然是一種對警察職能的挑戰。對於「警察倫理」和警察服務的「顧客導向」所存在的扞格，李湧清提出他的評析。

李湧清引述指出，美國警政研究者 Manning 認為，如同其它晚近的警政新思維一樣，在「全面品質管理」的概念之中，預設了警察組織文化具有大量的同質性，然而事實並非如此。某些實施全面品質管理的警察組織，認為除了必須提高顧客的滿意度之外，還必須兼顧「降低成本」或「創造利潤」，在學者看來更是不足為訓，匪夷所思。此外，李湧清認為，在顧客導向之下，警察組織與人員的自主性何在？警察組織人員，自然必須服務，要「以客為尊」；不過，警察仍然必須執法，也仍然必須追捕罪犯、告發交通違規。在此一情勢下，「顧客」的概念就不是一般商業交易中的

顧客而已。換言之,警政機關想要以「顧客導向」來提高顧客滿意度是有難度的。這也是長期以來警察有責性(accountability)和警察自主性(automony)存在的緊張關係[27]。換言之,警察提供「顧客導向」的服務,不能只是一句口號而已。

　　章光明、黃啟賓亦對此提出警察組織與一般企業的「異質性」。他們認為,警察組織的目標在創造公共利益,但是所謂「公共利益」過於抽象,要回應並滿足民眾的期待,並不容易;甚至經常會處在衝突與矛盾的關係之中。警察行為的強制性與一般企業不同;警察組織雖然必須提供服務,但同時也是公權力的執行者,凡是在其職權範圍內的事務,職司者皆有強制性的管轄權[28]。上述這些說法與見解,使得警察欲藉由人際關係來改善警民關係,存在著某些因角色衝突而出現的障礙。

　　即便如此,警察倫理仍然被寄望能夠作為警察人際關係的有力推手。

第四節　警察人際關係與溝通策略

一、暢通警察溝通管道

　　警察在面對角色多元及社會價值分歧時，警察倫理是有關是非善惡的思辨與實踐，也是警察行為的指引。避免警察為謀求私人利益悖離專業倫理，廉正管理可為改善警察貪腐問題提供方向與策略[29]。而警察由於受到外在環境、社會環境、組織氣候、領導統馭等因素之影響而爆發違反風紀之案件。警察風紀預防之道包括在制度上設置心理諮商服務、加強警察倫理教育、了解員警與民眾間之互動情形、建立上下溝通管道等等[30]。這些都是警察人際關係與溝通的重要策略之一。但就警察個人而言，他還有和一般人同樣的需求，例如實質的職務升遷、調差、功獎；或心理活動的被讚美、愛與被愛等等。

　　在個人需求不能得到滿足時，除了靠努力，也要靠機會，才能改變頹勢。在無法改變個人處境時，就須要透過溝通和「自我揭露」來獲的紓解。壓抑溝通，或者隱忍不言，都會使個人關係惡化；甚至發生嚴重的不幸悲劇。

　　警政署最近的統計資料顯示，自民國 82 年迄 91 年累計警察自殺死亡人數為 75 人，其中已婚 38 人，占 50.67%；未婚 33 人，占 44%。警察自殺原因以「家庭因素」24%居首，「感情困擾」占 22.67%次之，「工作適應」13.33%再次之。若以婚姻狀況觀察自殺原因，「已婚者」以「家庭因素」占 39%居首，「未婚者」以「感情困擾」占 45%居首。而其中又以基層之警員及隊員 62 人，占 82.67%最多；其原因以「感情困擾」占 27.42%

居首,「家庭因素」占 25.81%次之,「工作適應」及「健康因素」各占 12.9%同列第三位。

上述資料,凸顯出這些選擇自殺結束生命的警察,他們大多數人並不擅於處理感情、家庭衝突問題;或者說,他們在自殺之前沒有得到良好的家庭人際關係的支援。

對警政機關而言,拿槍的員警不死於戰場,反而死於自殺,這毋寧是所有警察同仁,最不願意看到的悲劇。雖然警察自殺的原因不一,但與人際溝通不良有絕對的關係。暢通警察內部溝通管道,才能讓警察向外發展良好人際關係;改善溝通條件,是改善警察人際關係首要策略。

除此之外,人際關係與溝通具有文化差異性,華人社會也有其特殊而獨特的相關見解。國內學者曾仕強提出將華人倫理因素導入人際關係,是「中國式管理」的智慧與精髓,或可作為警察人際關係與溝通的參考策略。

二、警察人際關係的道與術

曾仕強指出,「倫理就是憑良心」。對華人社會而言,「五倫」是人際關係的「道」;「憑良心」就是人際溝通的「術」;他的說法,頗值一探。

(一)傳統五倫注入警察人際關係

曾仕強認為,人際關係與溝通,對任何人來說,都是十分重要的課題。因為,人類的關係十分複雜,又因為風土人情的不同,又形成不一樣的人際關係。一般來說,西方的人際關係,是以「個人」為基礎,社會由個人

所構成。為了確保個人享有自由獨立，就要依賴法律來維持整體的秩序。法律，成為西方人在人際關係中重要的基礎。華人的人際關係以「倫理」為基礎，人與人的關係並不完全靠法律來控制。華人的人際關係模式，是在「法律許可的範圍內，衡情論理，以倫理來彌補法律的不足」。倫理，才是華人社會人際關係的基礎[31]。這個觀點，與警察學關於警察倫理的基本觀點是一致的。

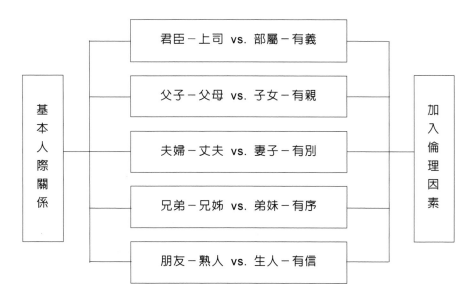

圖1：注入倫理的人際關係因素（參考曾仕強、劉君政，2002：59）

　　曾仕強由上圖為例，指出：《中庸》說君臣、父子、夫婦、兄弟、朋友，是天下人皆具有的五種關係。《孟子》進一步說明：父子有親、君臣有義、夫婦有別、長幼有序、朋友有信。用現代的人際關係說法，這五種關係也符合上司與部屬、父母與子女、丈夫與妻子、兄弟與姊妹、熟人或陌生人五種。將倫理因素，導入五個基本人際關係中，是華人社會人際關係最基本的「道」。

因為華人社會講究以五倫為「道」，所以，與西方人出現明顯不同：

(1) 西方人主張「人生而平等」；華人主張「合理的不平等」。所謂「合理的不平等」意謂彼此位置有上有下、有長有幼；只要合理互動，就能使人人發揮所長，又有相當的約束力。

(2) 西方人際關係要以「法治」為基礎，並不適用於華人社會。因為在華人傳統中，「法」永遠不夠用；又因為華人不喜歡違法，但普遍喜歡動腦筋走法律邊緣，只有靠倫理才能補強社會秩序。

(3) 華人的倫理觀念，使個人在自己之外，還設置了各種形式的關係，這些關係都可以加強約束個人的行為，使個人的言行舉止，格外謹慎。西方人只講人際關係，缺少人倫觀念，個人做事個人擔，約束力較弱。

（二）將憑良心導入警察人際溝通

下述觀點，或許對於強調「依法行政」的警察而言，不一定會被認同；但這些見解，卻是華人社會的「官場常態」；是華人社會人際溝通最有價值的「術」。

曾仕強指出：當發生人際衝突時，西方人首先會想到的就是「依法解決」，以訴諸法律的手段，來尋求解決。主要原因是西方人對法律有信心，總認為法律之前人人平等，只要依法就可以獲得公平的待遇。但是，傳統華人的處事態度卻並非如此，因為華人非常重視人際關係的和諧，即使有衝突，也希望先把「依法」藏起來。這並不是不依法，而是會先設法由情入理，大家顧面子的憑良心講道理，如果有效當然很好；若是萬不得已，情理走不通，再來「依法辦理」，還來得及。這就是「憑良心」的溝通策略。

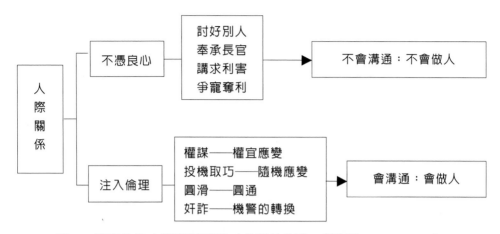

圖 2：憑良心的人際溝通策略（參考曾仕強、劉君政，2002：62）

「注入倫理」最簡單的解釋就是「憑良心」，反之，就是不憑良心[32]。從上圖來看，官場的人際溝通策略，其實就是做人的道理與做人的技巧。做人講求技巧，難免就沾染了一些權謀、圓滑甚至奸詐的意涵。一般人提及人際關係，難免會認為「搞關係」就是一種討好別人、奉承長官、講求利害、爭權奪利的負面指涉。但是注入倫理，「憑良心」做事之後，情況就會改觀。

被人稱為「圓滑」的人，是不受到團體歡迎的人；但是，如果他被認為是「憑良心做事」、「對團體有利」，那就會被團體所支持，並且從「圓滑」變成「處事圓融」、「做人練達」了。被負面評價的「權謀」，也可以轉變成「權宜應變」、「因時制宜」、「因地制宜」等正面評價。「奸詐」其實和「機警」、「通權達變」所形容的是同樣一件事實。

只會做事而不會做人，人際關係一定乏善可陳，輕易就會得罪別人；這樣的人，不可能把事情做好。做人就要做好關係；做事就有賴做好人與人之間的溝通。做人、做事同等重要。

不過，如果只學做人技巧而不講「誠信」，就會有反效果。做人如果不憑良心，只想以欺詐的心態來運用技巧，勢必造成爾虞我詐，損人不利己的結果；對於警察人際關係與溝通而言，這些都是應該避免的。

三、警察人際關係的側重層面

警察任務繁多複雜，在第一線的警察工作，每天與不同狀況的陌生人互動，是對人際關係持續的挑戰。而區別警察所屬團體與工作、休息時面對不同的對象，可以發展出四個基本警察人際關係類別；在四個類別的溝通策略，也各有不同側重的層面。

（一）警察與組織成員的人際關係溝通

警察組織中的人際關係，在行政管理學範疇，也被視為人群關係（human relations）。人群關係包括機關內個人與群體、個人與機關、群與群、群與機關的相互關係網絡，不僅限於個人與個人的交互行為關係[33]。人群關係側重的人際關係與溝通，在於重視非正式組織的存在，以及組織中領導、激勵、改變抗拒和消除組織衝突等[34]。

組織管理必須重視人群關係（human relation），以人性化管理出發重視人性的需求與滿足。因而組織內部的管理模式或上下、長幼、同事之間的倫理關係，也要發展出內部倫理規範的新觀念[35]。機關或群的具體行為關係還是發生於基本單元的「個人」身上，也使其還原到「人與人交互行為」的狀態。人群關係可視為警察人際關係「interpersonal relationships」

課題中的一個重要部份。領導、激勵更是警察人際與組織成員人際關係與溝通側重的要點。

（二）警察與社區民眾的人際關係溝通

警察人員執法，是警察與民眾人際接觸的第一步；警察執法的態度也是許多民眾對警察的第一印象。民眾對警察執法態度不滿，可歸納出以下四項：

(1) 態度傲慢：儀容不整、舉止輕浮、行動散漫。

(2) 態度冷淡：遇到民眾有事請求愛理不理，對民眾發生急難，漠不關心。

(3) 態度勢利：對權威卑躬屈膝，對貧苦頤指氣使。

(4) 態度緊張：對民眾請求不耐煩，遇突發事故不穩重[36]。

這些被指責的警察態度，對於社區中的警民關係與溝通都會有負面影響。如果這個情況無法改善，將會有礙社區警政的推動。

關於改善警民關係，葉毓蘭等提出另一個觀察；認為「警民關係需要依靠其它人際關係的支持」；警察機關出現長官、部屬、同僚間信任關係不良，就無法改善警民關係。葉毓蘭等認為，信賴危機不僅出現在警民之間（police-community），也在官警之間（supervisor-subordinate）、同僚之間（peers）與單位之間（inter-agency）。信賴危機是推動警政的障礙，也是員警士氣低落的根源[37]。如果不能加以改善，徒然想要改善或建立警察和社區民眾的關係，是不可靠的。

（三）警察與友誼團體成員的人際關係溝通

警察與人的接觸大多數是職務接觸，這種接觸建立在利害關係上，不容易建立真正的情感。除此之外的人際關係，也多侷限於同事間的往來。但是，警察和一般人一樣，也需要友誼團體[38]。「結交益友」就是警察與友誼團體人際關係的先決條件。

顏世錫認為，人際關係可以分為社會關係、政治關係、倫理關係。警察無法選擇或否定既存的倫理關係與政治關係，但是可以選擇朋友。慎選朋友可以截長補短，可以影響人格發展、幫助事業成功。朋友可以分享快樂、可以分擔痛苦。警察需要結交益友，也需要做好人際關係[39]。

（四）警察與家庭成員的人際關係溝通

以人際關係「差序格局」的觀點來看，警察的家庭、家族成員間的人際關係，才是所有人際關係的核心。

警察工作時間不固定、場所不固定；警察工作處理的事務具有突發性質、危險性質。因此，警察的情緒與壓力問題，是有待解決的基本問題。在面對民眾與工作的壓力後，組織與上級應該協助化解，或是在同儕和友誼團體中找到支持。但無保留支持警察的應該是警察眷屬；警察在工作後需息休息，休息只有在家庭成員間才能得到毫無保留的關懷、鼓勵與支持。這是警察最重要的人際關係場域。

在惡劣的工作條件下，警察工作壓力沉重，極易爆發危險情緒。警察的壓力並不完全來自歹徒的刀槍，而是時間壓迫或面對民眾要求時的壓力。持續的工作壓力或挫折引發的沮喪，如果缺乏適時的友誼或關愛，警

察容易陷入孤獨或自暴自棄。警察的家庭人際關係側重的是，如何得到家庭成員的諒解與支持。

第五節 警察人際關係與溝通的發展

Dwyer 在 1995 年指出：早期對人際關係溝通的研究成過果非常有限，這些研究採用的方法頗為不當，並且過於機械化。研究範疇主要是「第一印象」以及人們「彼此吸引」對方的因素。使用的方法則多是以大學生為樣本的實徵研究，要求受測者對陌生人作出立即的反應，或是對一份隨意完成的態度問卷所進行的分析；但是，這些研究都沒有真實生活中的人際接觸[40]。

在儒家的社會價值觀念裡，社會存在著高度政治道德取向；Wilson 認為此一情況，有如「政治浸淫於道德熱誠和普遍道德訓諭中」。這個意思是說，道德和政治之間已沒有了界限，道德就是政治[41]。這句話的意思，可以解釋成：「警察人際關係溝通是高度的政治性關係」。在建立警察的服從性後，基於政治道德，長官必然一切都是對的。而這個觀點，將會迫使警察人際關係溝通缺少「自主性」，是一種特殊條件下的關係。

今日，人際關係溝通的研究範疇較以往更為寬廣，研究範圍已不只是正面的元素，例如友誼、愛情與家庭生活等；也研究負面的元素，例如生活中無可避免的衝突或煩惱等；而有些研究會有更廣泛的實務應用。此外，在文化差異下，東方「集體主義」的社會特質，使團體目標往往更優先於個人目標，這些都是人際關係研究時開始受到重視的時候。然而，在形成一套可以包含所有類型的人際與團體間關係的一般性理論之前，仍有一段漫長的路要走[42]。

就個體而言，警察人際關係與溝通的目標在於使警察個人保有健康身心、愉悅與和諧。就全體而言，正面的警察人際關係與溝通有益於踐履「公

共利益」。在實務上，警察個體需要發展，並且重視人際關係溝通的道與術。在學術上，警察人際關係與溝通這個學門的內涵，更有待發展與充實。

【注釋】

1　B.A.Fisher, & K.L.Adams, *Interpersonal Communication : Pragmatics of Human Relationships*. (New York : McGraw-Hill, Inc. 1994)

2　J.A.DeVito, *Human Communication*. 6th Ed. (NY : Harper Collins Collage Publishers. 1994)

3　D.S.Gouran, L.D.Miller, & W. E.Wiethoff, *Mastering Communication*. (Boston, Ma : Allyn and Bacon. 1992)

4　G.Miller, & M.Steinberg, *Between people : A new analysis of interpersonal communication*. (Chicago : Science Research Associates. 1975)

5　林東泰,《大眾傳播理論》,（台北：師大書苑, 2002）pp.76-78.

6　J.K.Burgoon, D.B.Buller, L.K.Guerrero, W.Afifi, & C.M.Feldman, "Interpersonal deception : XII Information management dimensions underlying types of deceptive messages." *Communication Monographs*, 1996. 63 : 50-69.

7　D.B.Buller, & J.K.Burgoon, "Interpersonal deception theory." *Communication Theory*.1996. 3 : 203-242.

8　林泰銘,《警察行政倫理困境之研究——以花蓮縣警察局為例》,（花蓮：東華大學公共行政研究所碩士論文, 2002）。

9　參考吳學燕,〈警察壓力管理〉,收於《第二屆警察行政管理學術研討會論文集》,（桃園：中央警察大學主辦, 1994, pp.40-46.以及黃翠紋,〈警察工作壓力之探討〉,收於王寬弘等《警察行政》,（台北：五南, 2001）pp.445-479.

10　王豐榮,〈如何推動生命教育〉,《警光雜誌》541 期。（台北：警光雜誌社, 2001）。

11　梅可望,《警察學原理》,（桃園：中央警察大學, 2002）pp.469-470.

12　傅寶玉、雷霆,〈社會思慮發展研究在港、台〉。收於楊中芳、高尚仁主編,《中國人、中國心：發展與教學篇》,（台北：遠流, 1992）p.215.

13　洪志美譯,《我好,你也好：善用人際溝通分析,保持最佳心理定位》,（台北：遠流, 2004）p.33。原著 Thomas A. Harris, *I'm OK, You're OK*. Published by Harper & Row. 1969.

14　轉引自章光明,《警察業務分析》,（台北：五南, 2000）pp.64-65.

15　轉引自陳明傳、孟洛、廖福村,《警政基礎理念：警政哲學與倫理的幾個議題》,（桃園：中央警察大學, 2001）p.94.

16　傅寶玉、雷霆,〈社會思慮發展研究在港、台〉。收於楊中芳、高尚仁主編,《中國人、中國心：發展與教學篇》,（台北：遠流, 1992）p.216.

17 曾端真、曾玲珉譯，《人際關係與溝通》，(台北：楊智，2000)pp.131-135。R.F.Verderber, & K.S.Verderber, 原著 *Inter-Act : Using Interpersonal Communication Skills.* 1995.

18 W.Schutz, *The Interpersonal Underworld.* (Calif. : Science and Behavior Books. 1966) pp.18-20.

19 J. W. Thibaut, & H.H.Kelley, *The Social Psychology of Groups.* 2nd ed. (N.J. : Transaction Books. 1986) pp.9-30.

20 曾端真、曾玲珉譯，《人際關係與溝通》，(台北：楊智，2000)pp.131-135。R.F.Verderber, & K.S.Verderber, 原著 *Inter-Act : Using Interpersonal Communication Skills.* 1995.

21 林欽榮，《人際關係與溝通》，台北：楊智，2002，pp.104-107.

22 原文出自常永軍的文章〈人際關係分類之我見〉，轉引自劉萃俠，〈一九八八年以來大陸人際關係與交往研究概述〉。收於楊中芳主編，《中國人的人際關係、情感與信任》，(台北：遠流，2001) p.29.

23 劉萃俠，〈一九八八年以來大陸人際關係與交往研究概述〉。收於楊中芳主編，《中國人的人際關係、情感與信任》，(台北：遠流，2001) pp.29-30.

24 呂俊甫著，洪蘭、梁若瑜譯，《華人性格研究》，(台北：遠流，2002) p.333.

25 張潤書。轉引自陳明傳、孟洛、廖福村，《警政基礎理念：警政哲學與倫理的幾個議題》，(桃園：中央警察大學，2001) p.95.

26 陳明傳、邱華君、章光明，《警政倫理之研究》，(桃園：中央警官學校，1989)pp.40-47.

27 李湧清，〈警政新思維：修辭或現實〉，《警學叢刊》，第 33 卷 5 期，(桃園：中央警察大學警學叢刊社，2002) pp.1-14.

28 章光明、黃啟賓，《現代警政：理論與實務》，(台北：揚智，2003) pp.88-89.

29 孫文超，《我國警察組織廉正管理之研究》，(台北：台北大學公共行政暨政策研究所碩士論文，2003)。

30 林東陽，《我國警察風紀問題危機管理之探討》，(台北：銘傳大學公共管理與社區發展研究所碩士論文，2003)。

31 曾仕強、劉君政，《人際關係與溝通》，(台北：百順資訊，2002) p.1.

32 曾仕強、劉君政，《人際關係與溝通》，(台北：百順資訊，2002) pp.58-59.

33 姜占奎，《人群關係新論》，(台北：五南，1991) p.3.

34 陳庚金，《人群關係與管理》，(台北：五南，1993) p.5.

35 陳明傳、孟洛、廖福村，《警政基礎理念：警政哲學與倫理的幾個議題》，(桃園：中央警察大學，2001) p.109.

36 莊德森，〈警察公共關係〉，《警學叢刊》第 31 卷 4 期。(桃園：中央警察大學警學叢刊社，2001) pp.111-136.

37 葉毓蘭、李政峰，〈以信賴為基礎的社區警政作為〉，《警學叢刊》第 33 卷 3 期。(桃園：中央警察大學警學叢刊社，2002) pp.1-24.

38 黃翠紋，〈警察工作壓力之探討〉，收於王寬弘等《警察行政》，(台北：五南，2001) pp.445-479.

39 顏國策顧問世錫先生蒞刑事警察局專題演講全文 http://www.tcpsung.gov.tw/love/page3.htm

40 林正福譯,《人際關係》,(台北:弘智,2001) pp.10-11.原著 D.Dwyer, *Interpersonal Relationship.* Published by Routledge. 2000.

41 R.W.Wilson, *The Moral State : A Study Of The Political Socialization Of Chinese And American Children.* (New York : The Free Press. 1974)

42 林正福譯,《人際關係》,(台北:弘智,2001)pp.11-12。原著 Diana Dwyer, *Interpersonal Relationship.* Published by Routledge. 2000.

Chapter 6

公關傳播：
警察機關公關組織與傳播行動的分析

第一節　警察公共關係的管理與傳播

一、公共關係的雙重屬性

公共關係具有管理的功能[1]；公共關係也是一種傳播行動，透過各種媒介與行為，釋放訊息，以爭取外界的支持與瞭解。因此，探討公共關係可以從管理組織與傳播行動兩個層面著手。而且，公共關係課程在國內外都開在兩個門類中，一個是在管理學院，另一個就是在傳播與新聞學院[2]，更足以說明公共關係的雙重屬性。

社會結構的約制（constraints）界定了個人在社會的應有行為，也限制了組織在社會的必然角色功能；但無論個人或組織都能利用智慧與行動策略，來回應這些結構的約制，甚至進一步用各種可能的管道來改變原來的結構，包括改變既有的制度與規範。這就是個人或組織能動力量（agency）的表現[3]。Giddens 認為再製社會的規則和資源，可以穩定社會系統，但對人們也形成約制力量。然而，人們透過能動作用或行動力（agency），因而有可能改變原有的遊戲規則或者資源分配情形，這便是

結構的能動力量[4]。警察公共關係的組織管理與傳播行動，可以藉由行動分析，制定適切的警察公共關係決策。

二、什麼是警察公共關係

　　如同一般政府公關，新聞、廣告、宣傳、活動都可納入警察公共關係運作的範疇，而警察機關通常又是「社會新聞」的大部份消息來源，因此，警察公共關係還要擔負連繫與服務新聞傳播媒體的任務，提供第三者的事件，作為社會新聞的主要來源；這點與其它政府公共關係有很大的差異，也是警察機關獨特的公共關係功能職掌。而這些職掌與功能設計，都是警察組織要面對的課題。

　　章光明等在論及現代警政理論與實務時，對於警察組織再造提出願景及建議，認為「健全組織」應該被視為推行警察服務環境的基本要領，警察機關以及其它各種公共組織，不能再消極被動。警察服務行政工作的推行，不僅要在消極層面使民眾權益免受侵害，更要以積極行動解決社會問題，以滿足民眾需求。惟此類期待，未必是傳統警察組織設計所能承擔的；因此，如何配合時代演進，調整警察機關組織與功能，就成為重要的課題[5]。前述現代警政或警政革新對於警察組織的設計與鼓吹，是否為警察機關所採納？是否在網際網路造成媒介變革時也作出相對的回應行動？都是值得探討的題目。

　　此外，警察機關目前的公共關係組織管理與傳播行動如何？當電子化政府時代來臨，e 化成為警察機關的行政工作重點時，警察公共關係能有那些作為？

　　本章以警政署及其附屬機關為研究對象，回顧近代公共關係的相關文獻，再藉由網路搜尋相關資料，歸納分析檢視現行警察公共關係組織管理

與傳播行動。最後，則參考 Giddens 的「結構——行動」概念，分析警察
公共關係組織管理與傳播行動在結構中的能動性。

第二節　警察公共關係的結構——行動概念

一、警察公共關係與民眾資訊消費

　　公共關係與傳播媒介的關係密切，而傳播科技的發展，更是社會變遷的推進器。人的現代性與傳播媒體的科技性，讓大眾傳播媒體日新月異。透過傳播溝通，全球化（globalization）讓人類的社會關係越來越密切[6]。現代性的弔詭，衍生出「資訊消費」的論述。這個說法認為，在資訊社會中，政治辯論被要求必須符合資訊充分的原則；參與者首先必須被要求成為資訊的化身，如果不具有這種條件就會被認為不具有參與政治和辯論的資格。

　　政治被資訊化的結果，價值理性的向度更加被認為是多餘的，而正義和道德的訴求如果不符合資訊技術規則也會被認為是抽象和多餘的；於是，公共領域（public sphere）隨著生活世界的去政治化，事實上趨於萎縮或被取消。而與此同時，民眾被認為是沒有能力去參與決策的，因此而被迫遠離政治過程，只能投入消費的行為中[7]。而現代警察機關一再強調與宣稱的「服務導向」，就是要在這樣「資訊消費」的傳播環境中，運作其公共關係。

　　資訊消費的傳播形貌，是讓民眾成為袖手旁觀的資訊消費者，而傳播機構則處心積慮取悅消費者，即閱聽人；在自由市場經濟中傳播機構還必須竭力促銷傳播內容，賺取經濟利益之餘，兼顧創造傳媒的政治影響力；這才是當前大眾傳播機構關心的課題。如此一來，新聞傳播的戲劇化即無法避免。因而每一個可以安排的新聞採訪，本質上都是一次鏡頭前的表演。

二、A.Giddens 的結構——行動分析概念

　　警察公共關係為傳播機構服務，並提供消息來源；社會新聞就是如此生產出來的；警察作為新聞報導對象，相關訊息也是如此生產出來的。但還有一個以現代性（modernity）為背景的「結構——行動」概念，可以用來分析資訊消費的傳播形貌。提出這個觀點的是英國學者 A.Giddens。

　　Giddens 於 1984 年在《社會的組成》（The Constitution of Society）一書中建構「成員在組織運作中的行動本質分析」的概念，他將行動視為成員在組織中連續的流動歷程，不能將行動化約成動機或理所當然的行為，而是一個監控與合理化的持續過程[8]。他也指出，高度現代性根本上是大眾印刷媒體和電子傳播日益纏繞交互發展的結果[9]。

　　Giddens 認為成員在組織中的各種行為舉止都與動機脫不了關係。成員知覺到在組織生態裡遭受到威脅，不論是生理的或者心理層面的威脅，這時無意識的動機才顯出其重要性。在這無意識的行動層面內，存在著本體上的安全系統，透過這個安全系統的運作，個體能發展因應策略，來應付組織生態的瞬息變動[10]。其次，「行為的合理化」說明了人類在組織中，透過其本身的知能，來解釋為何要如此做。Giddens 認為成員在組織中常常藉用理所當然或實用的方式，有意識地進行活動。而與他人的互動間，也經常透過默許（tact），不必形諸於言說或文字，共同遵循一定的程序或規約，使互動過程順利的進行。組織成員透過言說或口頭表達來進行人際互動，並且藉由不斷地反思監控自身的言行，以符合互動間的人際規約[11]。參考前述說法，可以設想警察機關公共關係在結構-行動框架下進行。

　　在此框架中，警察公共關係的相關社會參與者是在結構制約下，引發行動，以及行動的回應；而傳播機構可能是單純的訊息中介者，有時也會成為訊息的參與者。警察公共關係可以嘗試以「結構——行動」概念加以

分析，但在此之前，有必要回顧警察公共關係的組織管理及警察機關傳播
行動的演進及現況。

第三節　警察公共關係的組織管理

一、近代企業公共關係的演進

公共關係的起源可溯至 1906 年美國 Ivy Lee 受聘於賓州鐵路公司開始，李氏原為宣傳家，對於公共關係有獨到的見解。他曾經擔任紐約世界商業雜誌記者，替其受僱的礦產公司解決該公司與媒體的新聞資訊供應問題之後，從此開啟了現代公共關係運作之先河。1916 年李氏離開賓州鐵路公司，在紐約開設公共關係事務所，於是公共關係開始成為專門的職業。在他所創的 Park & Lee 的公司通訊中，他認為一個企業、組織要獲得良好聲譽，不是依靠向公眾封鎖消息或以欺騙來愚弄民眾，而是「必須把真實情況披露於世，以真誠善意為公共關係之前提，才能爭取公眾對組織的信任」[12]。

他認為，公共關係的主旨在於「企業人性化」，必須把公共關係推展到員工、顧客、股東及社會大眾。而他對於「老闆領導公關」的見解，百年後仍被奉為圭臬。他認為「假如企業的負責人不積極支持或親自參與其事，公共關係自難收得成效」[13]。

1930 年代學者對於公關的基本觀點是：「公共關係是用來調整一個組織的內外環境與公眾利益的方法，公關的內容就是正確的行動加上溝通的策略」[14]。1955 年，Bernays 指出，公共關係最重要的工作是「說服性的宣傳」（persuasive publicity），公關人員必須盡力運用各種可以溝通的管道進行宣傳，以取得溝通對象的共識，從而達成公關目標。Bernays 對於公

共關係的基本概念，是以「媒體宣傳」為核心而延展為單向的溝通行為（one-way communication）[15]。

在第二次世界大戰後的幾 10 年中，公共關係由誘導活動逐漸演化為有組織的溝通交往活動，在公共關係的定義中也出現了「交流的」、「共同的」、「相互之間」的詞語，這說明公共關係的概念已由單方面的誘導，發展為雙方面的交互作用與影響。Scott 等人認為，公共關係是「以對社會負責及良好的表現為基礎，透過大家都承認的雙向溝通，以達成影響民意的有計畫的努力」[16]。

Harlow 蒐集了上世紀各種公共關係觀點，歸納出目前理論界與實務界普遍認可的一種解釋：「公共關係是一種特殊的經營管理功能，它有助於建立和維持一個組織與其公眾之間的相互溝通、理解、接受和合作；負責解決和處理各種公眾問題；有助於對公眾輿論的不斷了解和及時作出反應；強調和認定以公眾利益為核心的經營管理責任；公共關係可作為一種早期的警報系統，它有助於預測未來的發展趨勢；合乎道德的溝通交往是公共關係常運用的基本手段」[17]。至此，可以看出公共關係觀念與行動內容是隨社會變遷而擴大充實的。比企業公關稍後，政府也開始運用公共關係推銷政治意識與指導公民觀念的作為。

二、政府公關與警察公關組織的演進

美國政府早在 20 世紀初即已開始運用公關[18]。台灣的公共關係觀念及作法在民國 40 年代從美國引進，而真正開始發揮影響則是在民國 76 年解嚴之後。

民國 42 年 3 月 20 日，行政院檢討會議第十三次會議中決議：「各機關公共關係之建立，至為重要，各部會應指定專人擔任新聞工作，隨時與

政府發言人辦公室密切聯繫，以發揮宣傳效果。」此項決議經由行政院通令各級機關實行，此為政府正式宣佈建立公共關係制度之始[19]。

　　民國 47 年，行政院訂頒「各級行政機關及公營事業推進公共關係方案」，各級機構上自中央，以至各縣市地方政府均據此方案設立公共關係單位，並依方案原則，各自擬定公共關係職責範圍。甚至連一般公共關係專家認為最難推行公共關係的台灣省警備總部和台灣省警務處，也都設置了公共關係單位[20]。

　　在「各級行政機關及公營事業推進公共關係方案」中，行政院對推行公共關係觀念作了進一步的闡示：

(1) 公共關係是民主政治的新延伸，其一切措施係基於容納異見，接受批評之精神，以探尋正確輿論，造成人民與政府間的融洽關係，故推行公共關係為一強化民主設施之制度。

(2) 公共關係是科學管理的新制度，其最大功能在從有效率的行政當中表現政府政策的正確以達到政府為人民服務之目的。政府一切行政設施，皆給予人民以方便，而非給予以麻煩，故公共關係之作用，應在發揮行政之最高效能，為人民作最大的服務。

(3) 家和則萬事興，近悅則遠者來。應確認社會公眾對一機關團體之毀譽，多源自於內部職工之意見，故對謀求對內關係公道和諧為建立良好公共關係之起點。

(4) 積極促進事業之進步與發展，為推行公共關係之鵠的，故應加強真實報導，闡揚事業政策以增進社會瞭解，博取公眾的同情贊助與合作[21]。

　　這個時期的政府公共關係是在戒嚴時期威權統治下被提出來的，在「報禁」與「媒體管制」下要運作政府公共關係，與今日民意高張、人權意識抬頭的情況下運作政府公共關係，不可同日而語。

　　我國警察公共關係組織創始於民國 48 年 3 月，當時臺灣省警務處組織了一個「公共關係會報」，定期開會，負責規劃督導。同年 12 月警務處在秘書室設置公共關係股；並指定各級警察機關副首長負責規劃推動相關業務職能。是時，由於大眾傳播工具與資訊流通觀念尚未普遍化發展，加上對於公共關係的相關知識與觀念不足，初創時期的警察公共關係制度，並無突出的組織功能表現。

　　民國 78 年內政部警政署、臺灣省警政廳以及直轄市的台北市、高雄市警察局成立公共關係室。民國 82 年各縣市警察局在秘書室下設置公共關係股，到民國 87 年 6 月，各縣市警察局才以任務編組方式擴編為公共關係室[22]。目前，在各警察分局則由一組兼辦公關業務。

　　從上觀之，嚴格說來，從民國 87 年各縣市警察局設公共關係室開始，才基本作到對公共關係任務的全面組織化。從 87 年到現在，警察機關發展公共關係組織，才不過短短 8 年，在這一段不算很長的時間裡，警察公共關係無論在組織、任務及專業人才選訓用方面，猶有改進空間。然而，21世紀初的今日，台灣社會以迅猛速度進入了資訊、通信、傳播數位匯流的媒介新時代；加上人權意識高張，警察機關不能不回應民意輿論，警察機關與傳播機構的互動，更顯出公共關係組織管理與傳播行動的重要性。不過，公共關係需要由組織來推動，在民間企業，任何人都可以提出公關創意，並隨時可付諸實現；但是警察機關要執行公共關係業務，卻要先有法律定位的組織與權責，才能進行。

三、警察機關的公共關係組織管理內容

　　警察機關是典型的「官僚制組織」（Bureaucracy），這是 Max Weber 理想型（ideatype）概念的組織，依據 Max Weber 的說法，官僚制的科層組織是建構在對於合法權威（legistimate authority）認同的基礎上[23]。警察

組織具有內、外部的特性；警察組織內部分工基於理性和效率出發，透過法令規範使組織與任務之間，環環相扣，期使達到專業分工、層級節制、職責明確及依法行事等理想化境界。而警察組織在外部獲取資源方面，是基於警察組織對社會具有存在的合法性。當警察被社會認為有存在的必要時，警察便能夠自社會獲取一定程度的資源[24]。在論及「警政現代化」時，章光明認為我國警政現代化的歷程需藉由結構、技術、文化三個層面著手。結構層面指涉的是警察組織內在結構與其他行政組織間關係；技術層面指涉得是警用裝備科技的現代化；文化層面則指涉微觀的個人行為，和宏觀的組織[25]。這三個層面對於警察公關組織與行動，和「全員公關」的組織文化，若合符節，相當具有啟發性，在後文中再詳加闡釋。

我國現行法律規定，警政署是最高階的警察組織。參照 94 年 11 月 30 日修正的內政部警政署組織條例，第 3 條規應本署掌理警察法第五條所列全國性警察業務；第 18 項規定警政署辦理：警民聯繫、警察公共關係、警政宣導及警民合作組織之輔導事項。

警政署的組織定位在負責具全國一致性的政策制定、規劃指導、監督與評估等，影響層面及於全警察組織。其業務編組：設行政組、保安組、教育組、戶口組、安檢組、外事組、民防組、交通組、經濟組、後勤組、秘書室、督察室、保防室、政風室、法制室、公共關係室、資訊室及勤務指揮中心，分別掌理各項業務；並得視業務需要，分科辦事等等。

警政署在層級上為內政部直接的附屬機關，但警政署下也有專依業功能設置的附屬機關。依內政部警政署組織條例第五條規定：本署得設入出境管理局、刑事警察局、航空警察局、國道公路警察局、鐵路警察局、港務警察局、保安警察總隊、臺灣保安警察總隊、國家公園警察大隊、空中警察隊、警察電訊所、民防防情指揮管制所、警察廣播電臺、警察機械修理廠及臺灣警察專科學校；其組織以法律定之。若以公共關係基本原則的「全員公關」理念來看，這些附署機關應與上級警政署保持一致的公共關係任務功能。先看警政署公關室的職掌。

依據內政部警政署辦事細則第 18 條規定，警政署公共關係室職掌如下：

(1) 警政新聞之發布與大眾傳播媒體之聯繫事項。

(2) 提供大眾傳播媒體有關警政措施及宣導資料事項。

(3) 輿論對警政之報導評論建議之蒐集及處理事項。

(4) 促進警民關係推行為民服務工作事項。

(5) 舉辦民情訪問及警民座談會之規劃、督導事項。

(6) 接待各界參觀、訪問、介紹警政工作概況事項。

(7) 民意機關及公益社團之聯繫事項。

(8) 對警察之友會之輔導事項。

(9) 其他有關警察公共關係事項。

前述 9 項職掌中的第一、二、三項，都可以視為警察機關對於傳播媒體所進行的公共關係業務，屬於外部公關的範疇。其中又以新聞發布業務、媒體聯繫為重點，對此，警察機關還訂有公關作業規定，期能統一作法。

四、警察機關新聞發布規定要點

警政署在民國 89 年發佈的「警察機關新聞發布暨傳播媒體協調聯繫作業規定」，是現行警察機關與大眾傳播媒體互動的法定依據。主要內容包括：

(1) 各警察機關除主官管、發言人及經主官管指定之人員外，其他人員一律不得對外發布新聞或提供新聞資料。

(2) 各警察機關應嚴格規範媒體於機關內之採訪地點，並妥善管制媒體進出辦案人員辦公室。

(3) 作業要領需顧及：1.廣泛汲取民意、反映蒐集輿情；2.主動說明施政、積極提供資訊；3.延聘宣導專才、增闢溝通管道；4.舉辦親民活動、深入社會基層。

(4) 新聞發布應把握主動、迅速、保密、統一、公平之原則。

(5) 影響民眾安全與治安突發案件，各單位可主動發布新聞或提供資料說明。影響機關本身業務時，各該單位得自行協調處理或酌情適時發布新聞。

(6) 影響本機關形象、聲譽或不實之報導，應適時發布新聞說明澄清或要求更正。

前述作業規定是警察機關或個人面對傳播媒體的行動準則，但此一行動準則在傳播媒體業者彼此激烈的市場競爭下，已有所不足，難以因應；新聞媒體「採訪越界」的情況日益嚴重，有時甚至造成警察執勤時的危險與困擾。電視新聞台以 SNG 轉播車闖入重大刑案封鎖現場，有時還以採訪車尾隨警車同步轉播警察攻堅，傳播媒體不顧自身安危的冒險行動經常妨礙了警方的現場執勤；「採訪越界」也嚴重危及警方及被害當事人。

五、警察與媒體協議重大刑案新聞處理原則

民國 94 年 12 月警察機關與傳播機構達成了一個對於傳播機構「沒有拘束力」的「重大刑案新聞處理原則」，這是由新聞局、警政署、傳播媒體業者、學者專家及法務部等共同商議的結果；警政署並以「座談會共識」對外發布新聞稿[26]。此一原則成為警察與媒體互動時彼此行動依據，其中關於警察行動的內容大致如下：

(1) 所謂「重大刑案」專指涉及人質挾持、擄人勒贖案件，或警察執行圍捕任務有危及犯罪被害人、警方執勤人員、新聞採訪人員與一般民眾人身安全者。

(2) 警察機關偵辦重大刑案時，於刑案現場應該建立三層封鎖線。警察機關確實辦理，藉以樹立封鎖線權威，做好媒體聯繫工作。

(3) 警察機關於刑案現場設立新聞中心，並統一發布新聞或提供相關書面資料。

　　根據前述共識決議，傳播媒體也要配合以下的行動，和警方保持良好的互信及互動，以方便新聞採訪工作時。傳播機構應配合的事項歸納有以下四項：

(1) 涉有被害人遭犯罪嫌疑人控制其行動，尚未獲得安全釋放前，應配合警察機關之規定，不得報導直接或間接可明瞭該案發生之相關訊息，若因報導其他案件，致可聯結該案導致引發相關被害或偵查人員重大傷亡之虞時，應配合警察機關行動予以暫時撤播或斷訊。

(2) 在涉有人質安全之交付贖款行動中，傳播媒體不得私自派車尾隨警方或被害家屬車輛，以免破壞或洩露警方偵查行動，危及人質安全。

(3) 不得任意穿越警方設置之封鎖線或路障。

(4) 傳播機構應將本共識原則納入編採守則內，作為採訪工作訓練指導教材。警察機關辦理相關講習座談會時，傳播機構能指派人員參與。

　　由上觀之，台灣各級警察機關在面對擁有「強烈企圖心」的傳播媒體時，要避免傳播媒體採訪行為的失控，還要顧及彼此互動時的相互尊重，各取所需。而警察機關對傳播機構進行的公共關係業務目標，有時要為傳播媒體安排採訪第三者的新聞，也就是所謂的「社會新聞」；有時卻是自己要成為新聞採訪的對象，無論是警政宣導或是警察弊案，警察自身已是

新聞來源。警察機關隨時要和傳播機構保持良好的關係，這種公共關係業
務內容在政府機關中是罕見的。

第四節　警察公共關係的傳播行動

一、警察公共關係傳播行動的能動性

　　如果說環境是結構，那麼社會成員就是具有能動作用（agency）的行動者（agent）[27]。在政治傳播的過程中，傳播者是發出訊息的行動者，包括了政府官員、政治人物、專業傳播者與政治活躍分子[28]。警察機關、傳播機構、社會大眾三者，在政治、經濟及科技結構影響下，形成警察公共關係的傳播行動，略如下圖所示：

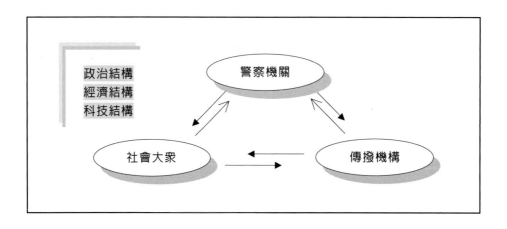

圖 1：警察機關公共關係傳播行動示意　本研究製圖

　　在警察機關公共關係的傳播者，包括警政高階首長、中階警官以及執行勤務中的員警。雖然員警不負責對新聞傳播機構發言，但員警的言行，都是新聞傳播機構關心的傳播訊息來源。警察公共關係傳播的相關行動者在大環境中運作，同時受到環境中的政治、經濟及科技結構所左右[29]。傳播訊息的接收者則是社會大眾，也被稱為「受眾」（audience）。

　　警察傳播行動的能動性可從上圖所示的三個角色警察機關、傳播機構與社會大眾加以分析；此三者各具不同屬性，是不同的行動者，也具備個別的能動作用。

　　公共關係與傳播媒介運用之間的連結關係，可略如下圖所示。

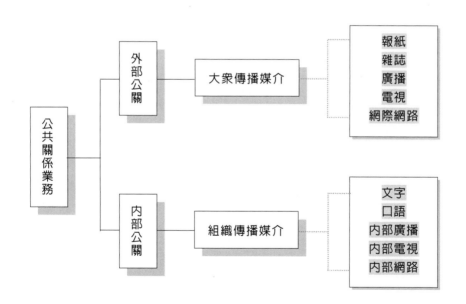

圖2：公共關係傳播媒介示意圖

二、警察公共關係傳播行動者屬性

　　警察機關是警察公共關係的主觀能動者，但警察公共關係還涉及到中介的傳播機構，此外還有接受警察公共關係的社會大眾。傳播機構、社會大眾也是主觀能動者，他們並非完全被動聽命、配合警察機關的公共關係規劃決策。警察公共關係的傳播行動是警察機關、傳播機構和社會大眾不同屬性的三者能動性的磨合。

（一）警察機關的屬性

　　警察機關隨著政治民主化，經濟自由化，社會多元化的發展，許多傳統警察業務都隨著「除警察化」的趨勢而脫離了警察工作職掌。傳統警察工作中的消防、水上、移民、外事、保安等業務已陸續移除。加上政府重視兩性平權，性侵害防治及保障兒童福利等，警察除了國家安全之外，已在努力調整為偏重以公共服務為主的角色[30]。可以說，與警察公共關係相呼應的，就是要提供一個以服務為導向的現代警察屬性。

　　然而，現代警察工作提供的是服務（service）而不是產品（product）[31]。李湧清在論及警政服務導向時指出：關於服務，即使不去考慮「國家塑造警察角色」的深層問題，依舊還有許多問題。警察工作當然要提供服務；但是，警察還有其它工作，例如執行法令與犯罪偵防等。從語意上來說，一般將警察功能與工作區分為執法、犯罪壓制與服務提供等三類，顯然這些工作之間是對等與對照的，絕少有人將其無限上綱到服務的。再者，雖然服務可以被虛擬或想像為產品，但終究不是具體的產品。又由於警察組織的顧客多元，如何兼顧對各種顧客所提供的差異服務，且又能維持品質，

也有困難[32]。換言之，在強調服務之餘，警察無可避免的在科層制度下，也扮演鎮壓的國家機器角色。

　　警察機關的屬性是國家機器的一環，並且有其法律定位的限制；但現代警察也努力朝向「治安與服務機關」的角色轉變屬性之中。

（二）傳播機構的屬性

　　大眾傳播是專業化的媒介組織運用傳播技術和商業化手段，以社會大眾為對象而進行的大規模訊息生產和傳播活動，傳統大眾媒介專指報紙、雜誌、廣播與電視。新科技媒介則指網際網路，是三大傳播媒體之外的「第四媒體」。

　　在大眾傳播的基本概念之中，傳播者即指傳媒機構，是一個專門從事訊息生產、加工、複製或傳遞的專業組織，具有生產規模的巨大性和受傳播者的廣泛性。在自由市場經濟體制中，大眾傳播是商業機構，並且以營利為目的。

（三）閱聽人的屬性

　　一直以來，大眾媒介被視為改變閱聽人認知或形塑意識形態（ideology）的重要工具。大眾傳播是政治社會化的機構之一，能促進政治學習，影響政治行為。在早期傳播研究者的心目中，接觸傳播媒介和政治學習存在著因果關係[33]。傳播內容的研究者，宣傳設計的分析家，都曾假設政治宣傳資料如果經由媒介管道，抵達廣泛的社會大眾面前，就會產生巨大無比的影響[34]，這是「傳播大效果」的時期；閱聽

人就像「烏合之眾」，傳播效果無往不利。但是，在傳統媒介環境中只能成為單向接收者的閱聽人，卻隨著社會及傳播科技變遷，一直不斷在改變著屬性。

1960 年，傳播學者 Klapper 改變「傳播大效果」的看法，認為大眾傳播並非萬能，大眾傳播的影響是有限的。而且閱聽人會執著於某種特定的預存立場（predisposition），此一立場促使閱聽人選擇性地暴露於傳播內容、選擇性的接收傳播內容，而且選擇性的理解傳播內容。簡言之，大眾傳播對於閱聽人是否產生影響，必須以閱聽人的預存立場來決定[35]。這使得大眾傳播的效果，逐步朝向「分眾效果」的方向發展；到了資訊社會，閱聽人屬性又因為網際網路的使用而轉變。

1996 年，行銷學者 Thorson&Moore 認為，資訊社會的傳播媒介逐漸走向零碎化，這與閱聽人（audience）呈現近似文盲的特點，是相互影響形成的[36]。尤其，網路媒介的發展，使傳播者和閱聽人的劃分變得模糊。閱聽人閱讀了一則資訊後，可立刻做出反饋，作進一步描述，並在網路上進行傳播。這樣，在短時間內他就由受眾轉變為傳播者。網路媒體讓受眾與傳播者角色的互換如此頻密，這在傳統新聞學領域中是從未有過的事。在後現代傳播中，傳播者可以是一個單純的個體而不從屬於任何新聞機構。從這個意義上說，後現代傳播的新聞自由主體可以是社會中的任何一個人[37]。例如「受播者甲──網路媒介──傳播者乙」的關係，隨時可以轉變為「傳播者甲──網路媒介──受播者乙」的關係。傳播者提供的是產製的訊息，受播者只是接收訊息並接受或不接受訊息而已。網路媒介傳播出現後，讓公共關係想要達到「雙向溝通」提供更多的助益，這也是閱聽人最重要的特徵與屬性。這對於警察公共關係傳播的能動作用，足以觸動巨烈的變化。

第五節　警察公共關係的組織管理與傳播行動分析

一、警察公共關係的組織管理分析

　　警察公共關係需要運用組織加以執行，也要依法行政，已如前述。本研究從網路資源檢視警政署及附屬機關組織法規，發現許多警察機關都欠缺明確的公共關係組織設置；有些連任務功能的組織設計都付之闕如。

（一）現行警察機關組織

　　本研究採用四組與警察公共關係有關的關鍵字「公共關係、大眾傳播、新聞、宣導」在全國法規資訊網中的警察機關組織條例、組織規程、辦事細則共檢視 33 則、22 個警察機關；發現以下三個狀況[38]：

(1) 有 7 則組織法規內容完全查無「公共關係」、「大眾傳播」、「新聞」、「宣導」完全相同或近似的文字。

(2) 職掌相近的同級組織，公共關係業務卻有不同安排。例如全國四個港務警察局，基隆港警局集中在秘書室下，臺中港警局的公共關係業務除秘書室為主以外，行政課要兼管交通宣導；而高雄港警局除秘書室辦理以外，還分散到行政課、刑事課兼管宣導；而花蓮港警局秘書室卻不處理公共關係業務。

(3) 職掌用詞不統一，例如保一總隊辦事細則用「法規宣導」，保二、保五用「政令宣傳」；保三、保四、保六卻使用「政令宣導」名詞。這三者是否為同一件事，或是三件不盡相同的任務，外人無從解釋。但至少在詞意上，「法規」不同於「政令」；「宣傳」更不同於「宣導」。

　　從以上的檢索結果可以看出，現行警察公共關係業務在組織法規上欠缺一致性、統一性。公共關係的操作是往中央集權的方向走，此種設計有待商榷。之前學者研究警察機關的溝通模式，便曾指出警察組織中的「由上而下」溝通模式，是一種「下行溝通」模式；意即資訊流動是由高階警察組織往低階警察組織流動。此種組織設計的初始目的是便於高階控制下屬，其形式例如警察管理中的政策宣示、備忘錄、任務指派、下達指示等[39]。此種組織在反映公關危機時或許尚可支持，但要及時適切處理就會有困難。原因就在於事權的不夠明確，應予通盤檢討修正。

　　警察機關的外部公關，一直被社會大眾質疑與挑戰，這從歷次民間機構所作「治安滿意度」調查結果，民眾對於治安不滿意者總是超過滿意者即可略窺一二。在許多時候，對外公關在傳播媒介的監視下，只能作到「警察首長在民意機構前被質詢的一場表演而已」。這個演出是否「成功」，似乎僅關乎首長個人進退，也僅限於首長及其發言文稿幕僚等少數人的事，難以成為全體警察榮辱與共的事；很大的原因，就是警察組織中的「由上而下」溝通模式所造成的。

（二）設置警察發言人的商榷

　　因為警察機關重視公共關係，所以約束警察在面對新聞媒體時的種種作為，例如「警察機關新聞發布暨傳播媒體協調聯繫作業規定」限定

只有「發言人或指定之人員」才能對外發布新聞或提供新聞資料；這個原本想要「統一發言口徑」的操作原則並沒有錯；但是同一規定又要求「新聞發布應把握主動、迅速之原則」。在治安或交通意外突發案件中，發言人不一定比第一個到現場的警察更瞭解狀況，以致於此一規定並不符合實際，也是「下行溝通」模式思維下所造成的。試問，電子媒體等不到發言人時，又急著搶時間攝錄採訪，現場警察應如何自處？

這也是台灣觀眾經常可以從電視新聞中看到警察「支支吾吾」，想躲避鏡頭又不好意思不說話的窘迫畫面。對此，應該針對治安或交通意外突發案件適度放寬發言人限制。在兼顧「發言人統一發言口徑」的同時，可放寬全體警察可以針對「人時事地物」基本資料適時提供新聞媒體。而如果要這麼做，便觸及到「全員公關」的功能性調整。

（三）警察公關組織功能性調整

所謂的功能性的調整，是將公共關係在科層制度中作分層與不分層的功能設計。此一設計概念的精神是「全員公關操作」的基本原則。由高階警察機關作為公共關係規劃的決策者，同時也是「操作者」；例如警政署是全國警察機關公共關係的決策規劃者，同時也要操作國會公關與全國性傳播機構的連繫。警察中階機關作為公共關係實施的協調者，同時也是「操作者」；例如縣市警察局要協調分局落實公關決策，同時也要操作縣市議會公關與地方傳播機構的連繫。而低階警察單位要作為事件的感應者，同時也是「操作者」；例如派出所應適切及時反應第一線基層公共關係事態，同時也要運用公關活動作好與民眾的公關互動。這種全員都參與公共關係操作的「不分層級」正是「全員公關」的實踐。當然，這種操作需要經過基本的公關傳播訓練。例如從警大與警專開始，就應該將「大眾傳播素養」、

「警察公共關係」列為必修課程之一,而常年訓練或各種警察培訓亦應加
以重視[40]。

以組織功能來看,警察全員公關操作略如下圖所示:

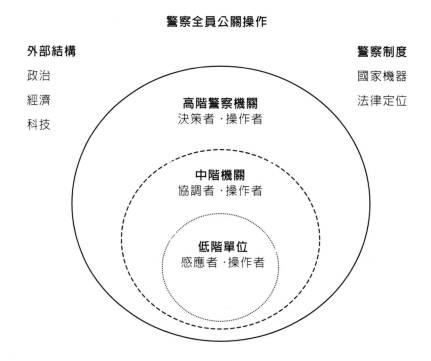

警察全員公關操作

外部結構　　　　　　　　　　　　　　　　　　　**警察制度**

政治　　　　　　　　　　　　　　　　　　　　　　國家機器

經濟　　　　　　**高階警察機關**　　　　　　　　法律定位

科技　　　　　　決策者‧操作者

中階機關
協調者‧操作者

低階單位
感應者‧操作者

圖 3:警察公共關係組織功能示意

在檢討與策進警察公共關係組織管理時,主事者應採納傳播學者的建
議,將外部結構的政治因素、經濟因素、傳播科技因素納入考量;同時在
兼顧警察制度扮演國家機器角色、警察法律定位的前提下,為警察公共關
係作出最適決策規劃。

二、警察公共關係的傳播行動分析

　　警察公共關係的傳播行動包括設計執行新聞、廣告、活動與宣傳。而新聞、廣告、活動與宣傳都需藉由傳播媒介運作，各種傳播媒介又都可以在網路中介傳播或網絡中介傳播（internet-mediated communication）的運用下，達到全球傳播的功能。警察機關在現代化服務導向理念下，也在運用網路進行全國警察機關新聞發布業務。

（一）警察機關主動發布新聞的統計

　　從警政署全球資訊網 http://www.npa.gov.tw 進入各警察機關新聞發布欄目，進行新聞發布量統計，該網站除納入警政署各附屬機關之外，還加上各縣市政府警察局。以民國 95 年 11 月 10 日為基準，往前檢視所有在警政署全球資訊網發布新聞的機關，有以下發現[41]：

(1) 全部統計新聞總欄目有 805 則新聞，但把各子欄目相加，只有 739 則新聞，應是各新聞發布機關在子欄目上傳後會被重覆歸入總欄目；但發布單位可以移除子欄目，卻無法進入總欄目變更，造成二者統計結果不一。

(2) 該網頁共列出 47 個新聞子欄目，然而在 11 個月之間，發稿則數為 0 的計有 28 個機關；僅發布 1 則新聞的有 5 個機關；2 至 4 則的也只有 5 個機關。80%的機關為低度發稿，此一網路媒體屬於低度運用。這也顯示，警政署公共關係業務與傳播媒體運用並未受到所屬警察機關的共識或善用。

(3) 新聞發布量 5 則以上的，依序分別是澎湖縣警察局 248 則、嘉義市警察局 112 則、南投縣警察局 108 則。

(4) 檢視新聞格式問題有：未規範新聞稿或新聞資料格式；有些稿件附有撰稿人、連絡人、主管姓名及連絡電話；有些則無。

(5) 檢視新聞內容問題有：新聞稿寫作不具新聞性，政令宣導充作新聞稿，不具備基本新聞寫作 5W 原則。

（二）警察機關發布新聞的檢討

綜上觀察，警政署所設全國警察機關網路新聞發布區顯然需要重新加以檢討，才能讓警察公共關係的自主傳播運用達到功效。本研究對此的改進建議如下：

(1) 要統一警察機關發布新聞稿、新聞資料格式。

(2) 要從警察機關遴選專人接受基本警察新聞寫作訓練。

(3) 政令宣導可以轉換成新聞，但應具備新聞元素，否則不屬此區。

警察機關自行寫新聞，以前都是為新聞媒體服務；如今藉由網際網路卻能自行發布新聞，如果此一傳播自主優勢能擴大發揮效果，當然對警察公共關係大有助益，也是警察公共關係傳播行動的大突破。

三、警察公共關係傳播行動社會成員能動性分析

如前所述，社會成員就是具有能動作用（agency）的行動者（agent），警察機關公共關係傳播行動的社會成員包括警察機關、傳播機構、社會大眾三者；在屬性、能動性、任務三者皆不相同。成員之間在主觀和客觀態度上，也有落差。

　　傳播領域的研究對於不同媒介的使用者，會賦予與其不同的屬性；反過來看，傳播研究也認為不同屬性的社會大眾，使用媒介的習慣也不盡相同。例如，以顯著性來區分電視新聞與八點檔連續劇的閱聽眾，前者以普遍的中產階級為主，後者則以 40 歲以上年齡層為主。20 歲以下年輕人幾乎不閱讀報紙，他們藉由電子報或網路消息連繫外界。社會大眾的能動性並不統一，但其對警察機關的意義，則是「服務的對象」；即「民眾」。

　　不同的媒介的傳播機構，屬性也不相同，例如廣播電視與網路媒介的科技特性，讓它可以作到「新聞零時差」，這些媒體也必須盡力做到「零時差」的「快速報導」，才能在自由經濟市場競爭中取得一席之地。平面的報紙、雜誌媒體不必追求即時新聞，但它們足以提供大量的事件背景，並且方便閱聽眾可以隨時隨地展讀。傳播機構的能動性並不統一，但其對警察機關的意義，一方面是「訊息的傳遞者」，另一方面也是「監視警察」的「輿論製造者」。

　　警察機關的組織與行為皆由法律規範確定，是三者中屬性與能動性大體統一的。

（一）警察機關作為行動者的能動性分析

　　將警察機關視為行動者，從警察的法律定位和結構定位分析，警察機關的屬性、能動性和任務都有定論。由於警察一切行動都必須依據法律規範，所能改變或創新的行動有限。在警察法律定位上，警察無疑是國家機器的一環，以專業性、服務性以及法律賦予的公權力展現強制性。警察機關的任務在維護社會秩序之外，最重要的還要確保政治正確，這點尤其專指由中央執政所任命的警政首長。在結構定位上，警察機構顯示的是擁有公權力的服務者、制約者，對某些敵視警察的社會成員而言，他們視警察為對立者。可如下表所示：

表 1：警察機關作為行動者的能動性分析

	警察法律定位	結構定位
警察機關屬性	國家機器	公權力
警察機關能動性	專業性 服務性 強制性	服務者 制約者 對立者
警察機關任務	維護社會秩序 確保政治正確	維護社會秩序 即時服務民眾

資料來源：本研究製表

（二）傳播機構作為行動者的能動性分析

　　將傳播機構視為行動者，傳播機構的屬性、能動性和任務在警察機關的主觀期待和傳播客觀存在之間，會形成落差。警察對於傳播機構的期待是扮演配合擁護的角色，實則，傳播媒體具備高度自主性。警察機關主觀希望傳播機構作為警察宣導政令、宣傳形象與政策行銷的工具，但傳播機構採取的卻是監督警政的角色；而且傳播機構主觀目標是創造政治權力和創造經濟利益。略如下表所示：

表 2：傳播機構作為行動者的能動性分析

	警察主觀期待	傳播機構行動
傳播機構屬性	配合擁護	自主能動
傳播機構能動性	警察政令宣導機器 警察形象宣傳機器 警察政策行銷機器	監督警察行政 監督警察風紀 揭發警察弊端
傳播機構任務	國家發展推動者 應確保政治正確	創造政治權力 創造經濟利益

資料來源：本研究製表

（三）社會大眾作為行動者的能動性分析

　　如果將傳播的接收者，即大眾傳播訊息接收者者當作為行動者，則在警察主觀期待和社會大眾行動之間也存有落差。警察機關主觀期待社會大眾成為單向的訊息接收者，但事實上社會大眾是選擇性的接收，而且可以執行訊息反饋；社會大眾成為通俗的「資訊消費者」，有時，訊息接收者會轉換為傳播的發訊者，也具備有發布警察的負面訊息的能力。略如下表所示：

表 3：社會大眾作為行動者的能動性分析

	警察主觀期待	社會大眾行動
訊息接收者屬性	無選擇、單向接收者	選擇性接收、雙向反饋者
訊息接收者能動性	信服警察政令宣導 信服警察形象宣傳 參與警察政策行銷	接收警察正面訊息 接收警察負面訊息
訊息接收者任務	支持擁護警政業務	通俗的資訊消費者 有能力發布警察負面訊息

資料來源：本研究製表

第六節　警察全員公關與公關傳播

在民主社會中，政府公共關係的活動包含了公眾事務、公眾資訊以及對公眾的傳播，而這些工作轉而成為一種在行政上與管理上的事務，其目的係為了達到政府在施政上的目標。

隨著國內政治環境與時代的轉變，政府公共關係推行之重要性與困難度也越來越高。如何將國家政令與政績作有效多元的方式呈現，使社會大眾對政府政令能充分認識與了解，漸漸成為民主政治中有效率政府的施政要點。警察公共關係的組織管理和傳播行動除了要回應環境變遷之外，警察全員公關操作和網路警察新聞有可能成為警察公關傳播能動性的新思維。

運用報紙、雜誌、廣播、電視等傳統媒介執行公共關係作業時，警察機關是附屬於傳播者的服務角色；透過掌握自建的網路新媒介，警察機關也可以擁有自主媒介，轉變為播傳的發訊者及媒介管理者，這個形勢使警察機關可以擁有更多與社會大眾溝通的機會；在結構行動的模型分析中，作為行動者，警察機關擁有前所未有的能動性。

警察公共關係的現代化，可以從結構、技術、文化三個層面著手。結構層面指涉的是警察組織內在結構中對於公關部門與其它行政組織間的關係確立；技術層面指涉的是警察應善用現代化的傳播科技工具；文化層面則指涉微觀的個人行為，和宏觀的組織皆可置於「全員公關」的理念下運作的思維。

綜而言之，警察公共關係的組織管理要從靜態的組織法規著手改進；警察公共關係的傳播行動可以從動態中去修正作法。從這兩個角度出發，警察公共關係有待更多創意，即使在結構制約之下行動，「創意」仍然是作好警察公共關係的最佳內涵與精髓。

【注釋】

1　R.F.Harlow, "Building a Public Relations Definition." *Public Relations Review.* Winter 1976. pp.7-16.

2　張在山，《公共關係學》，（台北：五南，2003）。

3　轉引自陳幸仁，〈從全球化教改風潮論校長的因應策略：Giddens 結構——行動理論之觀點〉，《教育政策論壇》8 卷 2 期，2005.pp.143-174.

4　A.Giddens, *Central problems in social theory : Agency, structure and contradiction in social analysis.* (London : Macmillan. 1979)

5　章光明、黃啟賓，《現代警政：理論與實務》，（台北：揚智，2003）p.86.

6　A.Giddens, *The third way : The renewal of social democracy.* (Cambridge : Polity Press. 1998)

7　李英明、羅曉南，〈資訊科技與人的處境〉，《資訊科技對人文、社會的衝擊與影響期末研究報告》，（台北：行政院經濟建設委員會委託研究計畫，1997）pp.60-61、p.63、p.72.

8　A.Giddens, *The constitution of society : Outline of the theory of structuration.* (Cambridge : Polity Press. 1984)

9　A.Giddens, *Modernity and self-identity.* (Cambridge : Polity Press. 1991) p.25.

10　I.Craib, *Anthony Giddens.* (London : Routledge. 1992) p.38.

11　A.Giddens, *The constitution of society : Outline of the theory of structuration.* (Cambridge : Polity Press. 1984) p.21.

12　E.L.Berneys, *Public Relation.* (Norman : University of Oklahoma Press. 1952) p.73.

13　王德馨、俞成業，《公共關係》，（台北：三民書局，1990）。

14　G.M.Broom, S.Casey, & J.Ritchey, "Toward a concept and theory of organization-public relationships." *Journal of Public Relations Research.* 9. 1997. pp.83-98. 以及湯濱等譯，《有效公共關係》。（台北：五南，1991）。

15　E. Bernays, *The engineering of consent.* (Norman : University of Oklahoma Press. 1995)

16　M.C.Scott, H. Allen Center, & G.M.Broom, *Effective public relations.* (Englewood Cliffs. NJ : Prentice Hall. 1985)

17　Rex F.Harlow, *Building a public relations. Precsion Public Relations.* (N.Y. : Longman. 1988)。

18　李瞻，《政府公共關係》，（台北：理論與政策雜誌社，1992）pp.12-15.

19 參考王洪鈞，《公共關係》，（台北，華視教學部出版，1989）。以及林慧瑛，《政府與新聞界溝通關係之研究：現階段政府機構發言人制度及其實務探討》，（台北：文化大學新聞研究所碩士論文，1987）。

20 林靜伶、吳宜蓁、黃懿慧，《公共關係》，（臺北：國立空中大學，1996）。

21 張紋誠，《政府公共關係研究：經合會和農復會之個案分析》，（台北：文化大學新聞研究所碩士論文，2003）。

22 莊德森，《警察公共關係》，（桃園：中央警察大學，1999）p.148.

23 張潤書，《行政學》，（台北：三民，2000）p.51.

24 朱金池，〈警察組織變革之研究〉，《警察行政學術研討會論文集》，（桃園：中央警察大學行政警察學系，2000）pp.385-406.

25 章光明，〈從行政革新運動的演進論我國警政現代化〉，《中央警察大學學報》，第 32 期，1998，pp.179-202.

26 http://www.npa.gov.tw/NPAGip/wSite/ct?xItem=31356&ctNode=11436&mp=1

27 A.Giddens, *Modernity and Self-Identity.* (Cambridge : Polity Press .1991)

28 D.D.Nimmo, *The Political Persuader : The Techniques of Modern Campaigns.* (Prentice-Hall .1970) pp.192-193., D.D.Nimmo, *Political Communication and Public Opinion in American.* (Santa Monica : Goodyear. 1978)

29 參考 McQuail, D.*McQuail's Mass Communication Theory : An Introduction.* 4th Edition. (London : Sage. 2000)

30 陳顯宗，《警察機關志願參與協勤民力運用之研究：以新竹縣警察局為例》，（新竹：中華大學經營管理研究所碩士論文，2004）。

31 B.Frost, & P.K.Manning, *The Privatization of Policing.* (Washington D.C. : Georgetown University Press. 1999)

32 李湧清，〈警政新思維：修辭或現實〉，《警學叢刊》第 33 卷 5 期，（桃園：中央警察大學警學叢刊社，2002）pp.1-14.

33 S.Kraus, & D.Davis, *The Effects of Mass Communication on Political Behavior.* (P.A. : The Pennsylvania Political State University Press. 1976)

34 王石番，《民意理論與實務》，（台北：黎明文化，1995）pp.151-152.

35 J.T.Klapper, *The effects of mass communication.* (IL : Free Press. 1960)

36 E.Thorson, & J.Moore, (eds.) *Integrated in Communication : Synergy of persuasive voice.* (New York : Lawrence Erlbaum Associates. 1996)。參考吳宜蓁、李素卿譯，《整合行銷傳播》，（台北：五南，1999）。

37 胡興榮(2004-04-14)，〈後現代哲學與大眾傳播〉http://www.people.com.cn/BIG5/14677/22100/40528/40529/2988094.html

38 請參閱本章附件：警察機關組織法規內容公共關係關鍵字檢索結果一覽表。

39 章光明、黃啟賓，《現代警政：理論與實務》，（台北：揚智，2003）p.91.

40 作者訪問警政署公關室主任黃宗仁，他的見解是四年制警大或二年制警專應將「傳播素養」或「警察公共關係」列為在學期間的必修課程；而對警大二技班或警佐班、警政班等也應列入必修課程，主要是因為這些學生已實際從事警察工作一段時間，可以透過實務與案例分析強化警察對媒體的認識；其主張即接近「警察全員公關操作」的先期概念。民國 95 年 10 月 16 日在警大訪問。

41 參照本章附錄 2：全國警察機關網路新聞發布則數統計（94.12.9 至 95.11.10）

附錄一

警察機關組織法規內容公共關係關鍵字檢索結果
一覽表

單位	法規名稱	法條	法規內容公共關係關鍵字檢索結果
警政署	內政部警政署組織條例	第3條	本署掌理警察法第五條所列全國性警察業務，並辦理下列事項： 十八、警民聯繫、警察公共關係、警政宣導及警民合作組織之輔導事項。
		第4條	本署設公共關係室……。
警政署	內政部警政署辦事細則	第18條	公共關係室職掌如下： 一、警政新聞之發布與大眾傳播媒體之聯繫事項。 二、提供大眾傳播媒體有關警政措施及宣導資料事項。 三、輿論對警政之報導評論建議之蒐集及處理事項。 四、促進警民關係推行為民服務工作事項。 五、舉辦民情訪問及警民座談會之規劃、督導事項。 六、接待各界參觀、訪問、介紹警政工作概況事項。 七、民意機關及公益社團之聯繫事項。 八、對警察之友會之輔導事項。 九、其他有關警察公共關係事項。
入出境管理局	內政部警政署入出境管理局暫行組織規程		（查無）
入出境管理局	內政部警政署入出境管理局國際機場旅客		（查無）

	入出境資料處理中心暫行組織規程		
刑事警察局	內政部警政署刑事警察局組織條例	第 1 條	本條例依內政部警政署組織條例第五條規定制定之。
		第 4 條	本局設<u>公共關係室</u>……，並得分組辦事。
刑事警察局	內政部警政署刑事警察局辦事細則	第 19 條	<u>公共關係室</u>職掌如下： 一、推展警察公共關係及便民服務工作事項。 二、接待各界參觀及訪問事宜。 三、立法院質詢、考察、聯絡及協調工作等事項。 四、監察院巡察及聯繫等事項。 五、新聞發布及與大眾傳播媒體之協調聯繫事項。 六、警政輿情蒐集、分析與處理。 七、其他有關國會等機關、新聞業務及臨時交辦事項。
航空警察局	內政部警政署航空警察局組織條例		（查無）
國道公路警察局	內政部警政署國道公路警察局組織條例		（查無）
國道公路警察局	內政部警政署國道公路警察局辦事細則	第 7 條	秘書室職掌如下： 一二、<u>公共關係</u>業務及新聞發布事項。
國家公園警察大隊	內政部警政署國家公園警察大隊組織條例		（查無）
國家公園警察大隊	內政部警政署國家公園警察大隊辦事細則	第 6 條	勤務指揮中心職掌如下： 7、政令<u>宣導</u>、政績報導等事項。 11、其他有關勤務指揮中心、資訊、法規、<u>公關</u>、戶口、安檢等業務事項。
保安警察第一總隊	內政部警政署保安警察第一總隊辦事細則	第 7 條	秘書室之職掌如下： 六、法規<u>宣導</u>、政績報導及機要文件處理事項。 九、<u>公共關係</u>業務之推展事項。
保安警察第二總隊	內政部警政署保安警察第二總隊辦事細則	第 4 條	警務組之職掌如左： 17、交通安全維護、管制、整理、<u>宣導</u>及事故處理，資料紀錄、統計、通報。
		第 7 條	秘書室之職掌如左：

			14、政令宣傳、政績報導及其他特定事項。 16、機要文件之處理與新聞發布及更正。
保安警察 第三總隊	內政部警政署保安警察 第三總隊辦事細則	第 8 條	秘書室之職掌如左： 六、政令宣導、政績報導及機要文件處理 　　事項。 九、公共關係業務之推展事項。
保安警察 第四總隊	內政部警政署保安警察 第四總隊辦事細則	第 7 條	秘書室之職掌如左： 一〇、政令宣導、政績報導及機要文件處理 　　　事項。 一二、公共關係業務之推展事項。
保安警察 第五總隊	內政部警政署保安警察 第五總隊辦事細則	第 7 條	秘書室之職掌如左： 一〇、政令宣傳、政績報導及機要文件處理 　　　事項。 一一、公共關係業務之推展事項。
保安警察 第六總隊	內政部警政署保安警察 第六總隊辦事細則	第 7 條	秘書室之職掌如下： 七、政令宣導、政績報導及其他特定事項。 八、機要文件之處理與新聞發布及更正事項。
臺灣保安 警察總隊	內政部警政署臺灣 保安警察總隊組織條例		（查無）
臺灣保安 警察總隊	內政部警政署臺灣 保安警察總隊辦事細則	第 5 條	後勤科職掌如下： 一四、政令宣導、政績報導及機要文件處理 　　　事項。 一七、公共關係業務之推展事項。
港務警察局	內政部警政署港務 警察局組織通則	第 4 條	港務警察局設秘書室，掌理研考、議事、公共關係、文書、檔案管理、印信、出納、事務管理及不屬於其他各課、室、中心事項。
基隆港務 警察局	內政部警政署基隆 港務警察局辦事細則	第 12 條	祕書室職掌如下： 十八、警政法規宣導、座談、講習之規劃、 　　　督導、協調事項。 二十一、促進警民關係及推行為民服務工作 　　　　事項。 二十二、民意調查規劃、分析檢討事項。 二十三、警政新聞發布及輿論報導蒐集與處 　　　　理事項。 二十八、其他有關秘書工作、警察公共關係、 　　　　法規研究事項。

臺中港務警察局	內政部警政署臺中港務警察局辦事細則	第4條	行政課職掌如下： 二、交通安全維護、管制、整理、宣導及交通事故……
		第9條	秘書室職掌如下： 十二、警政法規宣導、座談、講習之規劃、督導、協調事項。 十六、警政新聞之發布與大眾傳播媒體之聯繫事項。 十七、輿論對警政之報導評論之蒐集及處理事項。 二十、其他有關秘書、法規、公關等工作事項。
高雄港務警察局	內政部警政署高雄港務警察局辦事細則	第4條	行政課職掌如下： 二、交通安全維護、疏導、管制、整理、宣導、交通……
		第6條	刑事課職掌如下： 一、防範犯罪宣導及社會性犯罪之策劃督導事項。
		第9條	秘書室職掌如下： 二十、警政法規宣導、座談、講習之規劃、督導、協調事項。 二十六、警政新聞之發布及大眾傳播媒體之聯繫事項。 二十七、提供大眾傳播媒體有關警政措施及宣導資料事項。 二十八、輿論對警政之報導評論建議之蒐集、處理事項。
花蓮港務警察局	內政部警政署花蓮港務警察局辦事細則	第4條	行政課職掌如下： 三、交通安全維護、管制、宣導與交通秩序整理、交通事故處理及交通統計、通報之規劃、督導事項。 十三、警政法規宣導、座談、講習之規劃、督導、協調事項。
		第5條	刑事課職掌如下： 一、防範犯罪宣導及社會性犯罪之策劃督導事項。

		第 7 條	秘書室職掌如下：（查無）
警察機械 修理廠	內政部警政署警察 機械修理廠辦事細則		查無
警察廣播電臺	內政部警政署警察 廣播電臺組織條例	第 4 條	本臺設秘書室，掌理研考、議事、公共關係、文書、檔案管理、印信、出納、事務管理、財物管理及不屬於其他各課、室事項。
警察廣播電臺	內政部警政署警察 廣播電臺辦事細則	第 4 條	企劃課職掌如下： 七、接待各界參觀、訪問等公共關係事項。
民防防情 指揮管制所	內政部警政署民防防情 指揮管制所組織條例	第 4 條	本所設秘書室，掌理研考、議事、公共關係、文書、檔案管理、印信、出納、事務管理、財產管理及不屬於其他各課、室事項。
民防防情 指揮管制所	內政部警政署民防防情 指揮管制所辦事細則	第 4 條	業務課職掌如下： 一七、警政法規之宣導、講習、整理、編纂事項。
		第 8 條	秘書室職掌如下： 二〇、其他有關秘書工作、後勤業務、公共關係事項。
鐵路警察局	內政部警政署 鐵路警察局組織條例	第 4 條	本局設秘書室，掌理……公共關係……。
鐵路警察局	內政部警政署 鐵路警察局辦事細則	第 8 條	秘書室職掌如下： 七、公共關係事項之推動及民眾與員警意見研究分析。 八、警政措施及工作成果報導資料之蒐集整理及新聞發布與聯繫。
警察電訊所	內政部警政署 警察電訊所組織條例	第 4 條	本所設秘書室，掌理研考、議事、公共關係、文書、檔案管理、印信、出納、事務管理及不屬於其他各課、室、中心事項。
警察電訊所	內政部警政署 警察電訊所辦事細則	第 8 條	秘書室業務職掌如下： 十九、公關業務事項。

資料來源：本研究製表

附錄二

全國警察機關網路新聞發布則數統計

（94.12.9 至 95.11.10）

全部／	805	入出境管理局／	4	刑事警察局／	72
航空警察局／	0	國道公路警察局／	0	國家公園警察大隊／	0
保安警察第一總隊／	0	保安警察第二總隊／	0	保安警察第三總隊／	0
保安警察第四總隊／	0	保安警察第五總隊／	0	保安警察第六總隊／	0
臺灣保安警察總隊／	0	基隆港務警察局／	0	臺中港務警察局／	1
高雄港務警察局／	0	花蓮港務警察局／	0	警察機械修理廠／	0
警察廣播電臺／	0	民防防情指揮管制所／	0	鐵路警察局／	0
警察電訊所／	0	臺灣警察專科學校／	1	臺北市政府警察局／	32
高雄市政府警察局／	1	基隆市警察局／	0	新竹市警察局／	0
臺中市警察局／	26	嘉義市警察局／	112	臺南市警察局／	2
臺北縣政府警察局／	86	桃園縣政府警察局／	1	新竹縣警察局／	2
苗栗縣警察局／	0	臺中縣警察局／	0	南投縣政府警察局／	108
彰化縣警察局／	0	雲林縣警察局／	19	嘉義縣警察局／	3
臺南縣警察局／	0	高雄縣政府警察局／	0	屏東縣警察局／	0
宜蘭縣警察局／	17	花蓮縣警察局／	0	臺東縣警察局／	4
澎湖縣警察局／	248	金門縣警察局／	1	福建省連江縣警察局／	0

資料來源：本研究製表

Chapter 7

行銷傳播：
警察機關整合行銷傳播的研究

第一節　警察機關公共服務與行銷概念

現代警政的發展深受公共性（public）、專門性（specialized）及專業性（professional）的影響；因此，現代化的警察為符合社會變遷與實際需求，必使警察變成為公共之專業化部門[1]。而一個全面行銷的時代，不論是私部門的企業領域或公部門的政府作為都需要藉由行銷功能彰顯成就；警察機關可能無法置身事外[2]。現代警察除了要會拼治安，還要會向民眾宣傳成果；除了要執行警務政策，還要能向民眾宣導政策；除了要會抓盜賊，還要會爭取民眾的滿意與支持。警察機關要面對這些宣傳、宣導或形象滿意的「新課題」；即本章所要探討的範疇。

一、公共部門的行銷概念

行銷、行銷傳播或整合行銷傳播等等，這些原先都僅在商業活動中運用的管理、大眾傳播科學，與警察機關又有什麼關係？實則，這些行銷概念，已經正在被移植到公部門而加以運用，相關研究也顯示公部門對於這

些行銷概念，發生了興趣。例如「軍校招生」可以運用整合行銷傳播手段進行；推廣宣導「菸害防治法」可以採用政策行銷的手段；宣導「性侵害防治法」的政策行銷被傳播符號學加以檢視研究；還有以管理學針對「警察形象」行銷進行了研究[3]。公部門的這些行銷策略規劃，大多是借助於商業行銷的概念，加以運用。警察機關對於行銷學的研習和運用，似乎也有探討的必要。

　　基本上，警察機關為行政機關的一種，是指國家基於統治權，用以行使警察權的機關，亦即政府依法掌理警察事務、處理警察業務的機關。警察機關的意義可以視為：「國家或地方自治團體用以表現其警察行為的行政機關。而為了行使國家警察職權之機關，其職權依據法規行使，並發生法律上效果」。或者說，「警察機關乃是國家行政體系中行使警察行政職權，並具有獨立地位的個別組織」[4]。而內政部組織法第五條規定：「內政部設警政署，掌理全國警察行政事務，統一指揮、監督全國警察機關，執行警察任務；其組織以法律定之」[5]。因此，要談警察機關的整合行銷傳播運用，所指涉的運用者應該是內政部警政署及其下屬單位，和警察教育機關的中央警察大學。

　　行銷、行銷傳播或整合行銷傳播是否有助於警察機關？要如何著手運用？這些都是有待商榷的問題。但是無論是否贊成，當整合行銷傳播的概念正在被廣泛運用時，警察機關常年所進行的警政宣導工作，或是諸如「全民拼治安」等專案宣導，都不能對於行銷觀念的演進茫然不覺。

二、警察機關的整合行銷傳播概念

　　整合行銷傳播（Integrated Marketing Communication，IMC）是商業促銷活動之一，也是將行銷學與傳播學整合在一起的理論及實務。之所以會出現 "IMC"，並且具有相當的影響力，主要是在 90 年代時期，消費市場

出現急速變化，以及廣告訊息影響消費者的力量逐日衰退，企業主體認到必須要以「消費者為導向」來思考廣告投資效果不佳的困境。他們基本上認為，應該將傳播工具加以「整合」，再圖作為；這為整合行銷傳播的出現開啟了契機。

對於促成行銷整合的原因為何？學者 Robert L. Dilenschneider 認為促成整合觀點的因素很多，包括廣告商和零售商日益複雜、傳統廣告媒體成本增加但效果衰退、全球化競爭加劇、財務壓力增加、運用資料成本降低、媒體細分化及其可信度漸弱等因素。他明確指出，傳統大量生產思維下的「大眾行銷」模式必然式微，繼之而起的將是「一對一行銷」及「關係行銷」；此類行銷要透過合適的溝通傳播媒體，針對消費者的個別需求提供適合的產品與服務，才能與消費者建立長久的合作關係[6]。E. Thorson & J. Moore 則認為，企業採取整合行銷傳播的主因，是受到廣告訊息的可信度與影響力持續下降、資料庫的使用成本降低、客戶的行銷專業程度提高、行銷傳播代理業彼此併購、大眾媒體的使用成本提高、媒介逐漸走向零碎化、閱聽大眾近似文盲、市場產品跟隨者（me-too product）增多，特色凸顯不易、全球行銷成為趨勢等等原因所致[7]。

上述說法中，財務、銷售、成本等都屬商業性質，應與警察機關無關；但是「媒介逐漸走向零碎化」、「閱聽大眾近似文盲」卻已是公認的傳播現象，警察機關卻不能不知道。多數研究者都同意「整合行銷傳播」可視為是一種「概念」而已；只要符合組織的特性，要將此一概念轉化為執行方案時，可以創新使用，沒有加以限制的必要。這樣的說法，使得要把商業性質的整合行銷傳播，運用到警察機關是存在可能性的。

第二節　警察機關的業務內容與民意的關係

一、警察服務與民眾滿意度

　　早期警察的意義與政府行政同義[8]。警察是為了進行對社會的控制與規範存在，警察業務幾乎無所不包，舉凡違反安全、衛生、環保、道德、繁榮等業務項目，都包括在內，這幾乎等於執行政府公權力業務的總和。又如警察法第二條規定，「警察任務為依法維持公共秩序，保護社會安全，防止一切危害，促進人民福利」，這與西方國家對警察的廣義定義類似。由於警察業務必須透過人來實施，這屬於政策與管理的內涵，換句話說，政策與管理是警察學術研究的重要內涵[9]。

　　公共政策為當代政府的主要活動，它不僅影響國家發展的方向，也影響了民生福祉的實現。此外，由於民主政治的實施，已成為全世界共同的趨勢，而民意則在政治運作體系中扮演了極為重要的角色。雖然社會因犯罪問題而使警察存在具有正當性，而傳統警察亦以「專業執法者」自居，但在現今強調民意為上、服務優先的社會現實中，警察需以「提供服務」來滿足民眾對警察的期望與要求。在此趨勢下，民眾對警察活動的關注，已從民眾協助警察勤務執行，進而出現民眾主動參與警察政策，以及強調夥伴關係[10]。

　　如上所述，在理想中的情況是，作為公部門，警察機關應以落實政策為主。作為服務者，警察機關確實應該努力與民眾保持「夥伴關係」，才能有利於推動服務；而民眾想要「安居樂業」，也應該樂於與警察機關保持「夥伴關係」才是。但真實情況，或許並非如此。當前國內治安惡化又

無法改善，已然成為政府施政的嚴厲挑戰。而民眾的冷漠以對，及不信任政府「拼治安」，都顯示在民意調查結果之中。以下是近三年來三位行政院長任期內的治安滿意度調查結果：

表 1：治安滿意度民意調查結果（2004-2006）

調查日期	2006 年 3 月	2005 年 5 月	2004 年 04 月
當任行政院長	蘇貞昌	謝長廷	游錫堃
主要發現	79%民眾不滿意當前治安，54%民眾對蘇貞昌半年內改善治安沒信心。民眾日常生活中較可能遭遇的六項治安問題，包括色情、詐騙、竊盜、賭博性電玩、性犯罪、幫派流氓等，民眾認為詐騙問題嚴重的比例最高，高達 95%，其中包括 85%認為非常嚴重。竊盜問題有高達 83%的民眾認為嚴重。	78%民眾不滿意當前治安，感到滿意的只有 13%。對於內政部長蘇嘉全個人在改善治安上的表現，有 54%民眾不滿意，22%滿意。蘇嘉全部長宣示全民拼治安，有 54%民眾並不滿意蘇嘉全部長這兩個月來在改善治安上的表現，僅有 22%民眾表示滿意。49%民眾對警察維護治安沒有信心，42%有信心，8%沒意見。	69%民眾對目前治安狀況不滿意。71%民眾擔心家中遭竊。45%民眾對警察維護治安有信心，45%沒信心，10%沒意見。在最近一年曾向警察局或警察報過案的民眾中，54%民眾滿意警察受理辦案的態度，41%不滿意。

資料來源：本研究製表。參考 www.tvbs.com.tw

　　行政院長蘇貞昌在 2006 年 3 月 15 日強化治安會報中宣示，表示：「半年之內，如果全民沒有感受到治安好起來，我蘇貞昌辭職下台，並且永遠退出政壇。」雖然行政首長做了此一重大宣誓，但民意調查卻顯示，民眾對於行政院長的宣誓云云，並不領情。而且這個現象已持續許久。

　　蘇貞昌在前述發言之後的一個月，所進行的民調發現，有高達八成（79%）民眾不滿意治安狀況。而且有五成以上（54%）民眾表示對於改

善治安並沒有信心。針對民眾日常生活中較可能遭遇的六項治安問題，包括色情、詐騙、竊盜、賭博性電玩、性犯罪、幫派流氓等項目進行調查，調查結果發現，在六項治安問題中，民眾認為詐騙問題嚴重的比例最高，高達 95%。而竊盜問題也有高達 83%的民眾認為嚴重。

往前一年來看，2005 年謝長廷擔任行政院長任內的治安滿意度調查發現：78%民眾對治安狀況不滿意。過半數（54%）民眾不滿意內政部長蘇嘉全拼治安表現。而此一調查是內政部宣示執行以肅竊、防詐騙為重點的「全民拼治安」計畫實施兩個多月後進行的。

再往前看，2004 年游錫堃擔任行政院長任內的一次調查發現：69%民眾對治安狀況不滿意。71%民眾擔心家中遭竊。45%民眾對警察維護治安有信心，45%沒信心。曾向警察局或警察報過案的民眾中，41%民眾不滿意警察受理辦案的態度[11]。

二、警察業務與警察形象定位

民意調查顯示民眾對於治安狀況普遍存在不滿意的觀感，但是要以此推論到「對警察沒有信心」似也過於武斷。或許民調顯示的只是民眾的「觀感」，而非實際的情況，警察固不必因此氣餒。但話說回來，當多數警察機關都戮力從公，勤勉以赴時，卻不能得到民眾的認同，是不是警察不會「自我行銷」？或那些地方出了什麼錯？

我國警察機關一向依循著「專業化與效率目標」的傳統邏輯思維體系，作為警察組織設計與價值規範的發展方向。並一致秉持「執行警察勤務，用以推行警察業務，進而完成警察任務」的基本看法；因此，警察為維持其存在的目的（任務），衍生出種種業務（工作），並透過各種勤務之實施以執行之[12]。

　　翻開警察業務史，可以發現警察業務的演變與變遷。例如，政府在民國 52 年將原為警察業務的建設、教育、社政、新聞民政等業務，回歸至一般行政機關主管。民國 81、84、89 年再分別將戶政、消防、水上等警察業務脫離警察機關，改隸於一般行政機關或成立專業基關負責。民國 77 年因解除戒嚴，警察增加了集會、遊行管制業務。政府於民國 81 年作成「結束動員勘亂」之政治宣誓，警察增加了入出國境安檢業務、檢肅流氓業務。近年來，由於資訊開放，社會急遽變遷，處於社會弱勢地位而需加以保護的老弱婦孺等之新立法相繼完成，警察因而增加許多與社福機構共同執法的工作，例如增加婦幼安全維護、性侵害防治、家暴處理等等[13]。

　　換言之，警察機關隨著政治民主化，經濟自由化，社會多元化的發展，許多傳統警察業務都隨著「除警察化」的趨勢而脫離了警察工作職掌。傳統警察任務中的消防、水上、移民、外事、保安等業務已陸續改隸，即為明證。加上政府重視兩性平等權，性侵害防治及保障兒童福利等措施，警察角色除定位於國家安全以外，已調整為偏重以公共服務為主的的角色[14]。

　　除了前述變化，當 21 世紀資訊社會（information society）來臨，國內網際網路工具使用的普及迅速，網路犯罪情況多元而且多變，都成為警察機關新的業務。警察機關也要從傳統「管制者」的角色，向「服務者」變化；警察的「絕對權威」逐漸蛻化，「公關溝通」與「危機預防處理」成為警察不能不知的基本素養與能力。

　　在這樣的認識之下，提到「服務」，那麼與「服務」有關的諸如「警察機關 ISO 國際品質管理系統」、「警察形象」、「警察公共關係」等研究也紛紛出現。這些研究的共同內涵，表現在如何強化警察機關或警察個人的服務與行銷，分別從不同角度，注入對於此一課題的關切。

三、以警察服務行銷為內涵的相關研究

國際標準組織（ISO，International Organization for Standardization）成立於 1946 年，迄今，ISO 國際品質管理系統已成全球企業管理一大主流，它的影響極為深遠，90 年代行政機關紛紛引進，並蔚為風潮。警察機關為政府行政機關之一環，與民眾之日常生活息息相關，警政署自民國 90 年 3 月開始籌劃推動「警察分局、分駐（派出）所導入 ISO 品質管理系統」，規劃三個警察局各擇一個分局與所轄一個派出所參與試辦，並於 90 年 12 月底通過驗證，在當時，似乎成為警政革新的標竿任務。

吳思陸針對警察機關導入 ISO 品質管理系統的研究發現：藉由導入 ISO 品質管理制度，建立以顧客為導向之警政制度，可提昇民眾之滿意度。而他的建議則是：由警政署統合此案推動之經驗，衡酌警察業務之性質與實際執行之需要，審慎評估與選擇全面推動之實施範圍，才不會造成日後無謂之浪費和負擔[15]。

在警政民意調查部份，賴和禧的研究發現：透過民意調查方式探求民意進而影響警察政策之關係，長期以來皆以治安、交通滿意度、工作滿意度或警察形象滿意度等不同之調查最為常見[16]。警政滿意度調查涉及的面向很廣，警察形象，正是其中重要的組成部份。

在警察形象研究方面，廖振榮的研究發現：警察形象的建立，除了追求績效、卓越等企業管理目標外，尚需特別重視追求民主憲政時代，警察組織與作為中之公共性、代表性、政治回應性及正當程序等價值。警察組織的基本目的在於實現公共利益與社會價值，而建構警察形象管理制度的目的，在於找回民眾對警察的信任、支持與合作；進而找回警察人員的職業尊嚴、提升工作成就感與效能，並提供民眾更好的服務[17]。王淑慧的研究指出：警察工作不分晝夜，辛勞服務；不但要維持社會秩序安寧，還要保障人民生命安全。付出如此鉅大，亟需配合時代腳步，探究警察形象的

構面，包括警察機構形象、警察功能形象與警察行為形象等等。她亦嘗試以加強宣導方式研擬警政行銷架構，並據以行銷警察形象，企圖創造民眾滿意[18]。

在警察宣傳工具研究方面，簡明華從警察機關發行宣傳刊物為研究對象，發現：民主國家的政府，一切施政莫不以民意為依歸，除了要瞭解民情民瘼、掌握民意需求之外，更重要的是，政府要讓民眾瞭解，其為民眾做了那些事。而警察機關是為政府組織的一分子，藉著溝通媒介的使用，建立警民橋樑、維繫友好伙伴關係，是警察機關應正視的課題。警察機關所發行的定期刊物，如果能讓組織外界的民眾，瞭解到警察的所作所為，並且增進警察的社會行銷及提昇警察的社會形象等，從而使民眾支持警察、幫助警察，並且成為推動社區警政的助力，則發行機關定期刊物之目的庶幾達成[19]。

在警察公共關係研究方面，林宏宜的研究發現：由於媒體具有監督政府的角色，若政府公關仍侷限於政令宣導的公關哲學，自然會與新聞媒體發生衝突。即使政府抱持對等溝通的公關哲學，新聞媒體事事懷疑的基本立場，亦很容易與政府當局產生矛盾。因此，衝突的媒體關係可說是政府公關的常態。唯有透過政府與媒體，彼此進行對等的互動，尊重衝突的根源，才能獲得二方皆贏的結果。研究發現，警消公關人員對新聞處理的認知，僅重視媒體內容的呈現是否對於警消機關有利與否[20]。

進一步探討警察與媒體互賴或對立關係，影響最大的是「檢察警察偵查不公開」的規範限制。雖然刑事訴訟法第 245 條條文修正案通過，但媒體突破「偵查不公開」的藩籬及警察單位未謹守「偵查不公開」原則，卻屢見不鮮。對此，黃宗仁的研究結果發現：記者與警察之間對偵查不公開的認知存有差異，特別是在記者與警察對於記者不應自由出入警察機關認同、記者不應自由出入警察機關偵訊場所認同、同意警察機關發布相關資訊均應由指定發言人統一發布認同、記者只能在警察機關新聞室或特定區域採訪及發稿認同、有關單位應制定相關法令強制媒體遵守偵查不公開之

規定認同這幾個項目上有相當不同的看法。黃宗仁的研究認為「偵查不公開」是先天教育不足，後天執法能力不夠，導致記者與警察之間的互動欠缺準則[21]。汪子錫的研究也發現：警察和媒體之間存在既「互賴」又「對立」的關係；警察機關普遍欠缺媒介素養（media literacy），使得警察機關的高層人員，鮮少有人會使用正確或恰當的方法與媒體相處[22]。

前述回顧的相關研究雖然涉及多個研究途徑與不同，但是它們也有相通點，可以概述為「警政業務在重視民意，以顧客為導向的管理制度下，運用公共關係、媒體關係和媒體工具的方式，宣導警察形象或成效」。這些看似不相干的研究，其中既有公共關係、媒體工具運用，還有顧客導向等等名詞出現，隱然切合了「整合行銷傳播」的諸多元素。這樣看來，把警察機關和整合行銷傳播「熔於一爐」，還頗值得繼續探討。

第三節　行銷概念的演進與政策行銷

一、行銷的基本概念

　　1950 年代，消費者開始對商品有特定的要求和更多的選擇，然而製造廠商當時所生產的無法符合消費者的需求，於是進入了行銷時代（marketing era）。而 21 世紀更是「全面了行銷」的時代，營利或非營利的公司了行號或事業單位，都標榜以要廣告了行銷甚至了行銷技巧來推廣商品或宣導業務。「行銷」在某個時刻，幾乎成為一種「時尚話語」，許多人都能脫口而出「行銷」兩個字。參考美國行銷協會（The American Marketing Association）對行銷的定義則是：將商品或勞務，從生產者引導到消費者或使用者的過程中，所從事的一切商業活動[23]。而一般商品的流通過程，大致是：生產者→批發商→零售商→消費者。這個流程，簡言之，通常是廠商做了廣告，將商品情報告知消費者，消費者接受訊息後，到零售店購買[24]。

　　學者 P. Kotler 將行銷界定為：行銷是分析、規劃、執行與控制計畫，目的是為了建立目標市場自願的交換價值，以達到組織的目標。行銷根據目標市場的需求，設計組織所能提供的產品或服務，同時也利用有效的定價、宣傳、配銷管道，為市場提供資訊，刺激與服務[25]。

　　Petter D. Bennett 則認為：行銷是規劃及執行產品，服務的構想、訂價、促銷和配銷通路的過程，用以建立交易以滿足個人或組織的目標[26]。

　　可以說，從前述傳統行銷概念來看，其核心概念是以消費者為主；消費者的需求與慾望是消費者認同的價值取向。因此，經營者將尋找消費者的需求及設法滿足其需求，成為行銷最主要的任務。

二、行銷概念的演進

自 1950 年行銷概念產生以後，隨著社會、經濟、政治、文化的變化，以及企業界本身考量現實環境因素，行銷的概念也不斷的改變與適應。對此，國內學者黃俊英將行銷概念發展區劃為：生產導向、銷售導向、行銷導向與社會行銷導向等四個演進階段[27]。方世榮對行銷概念發展階段的劃分為：生產、產品、銷售、行銷、社會行銷五個演進階段[28]。江顯新則將行銷概念的發展分為：自給自足時期、以物易物時期、商業萌芽時期、商業活動導入期、現代行銷導入期、全面社會行銷時期[29]等六個演進階段。

W. M. Pride 及 O. C. Fennell 檢視美國企業發展，將行銷概念演進區分為：生產時期、銷售時期、行銷時期等三階段[30]。

以國內運用行銷的實際經驗為例，賴東明指出：台灣的行銷概念，從民國 54 年開始，在民國 74 年以後開始加速發展。台灣的行銷概念發展，得力於學術界的倡導和實務界的摸索；而政府的決策與公共建設的推動都成為推動行銷概念的助力[31]。

學者對於行銷概念的演進，有不同的觀察重點，也都言之成理。我們可以進一步以黃俊英說法，對於行銷概念的演進與在台灣的實際經驗，略述如下[32]：

（一）生產導向階段

工業革命以後，機器生產取代了人力，影響所及是生產力大增，成本大幅降低。而 19 世紀末的營利觀念便是生產導向（production-oriented），其重點為提高生產力、降低成本與提高品質。面對消費者大量的需求，許多美國企業家認為，只要產品品質不差、價格適宜，顧客就會購買；銷售

與利潤目標就可以達到。因此企業界管理的重點，在於運用新技術及改變
生產勞動方式。

國內在民國 41 年至 50 年間，正值第一次進口替代階段，商人普遍認
為只要產品能夠做到「價廉物美」，就會受到消費者的親睞。此一階段是
強調產量與生產效率的生產導向階段。

（二）銷售導向階段

1930 年代，美國經濟不景氣，消費者需求和購買力均下降，在此之前
所採行的提高生產效率與降低產品價格，已難以吸引消費者，於是商人便
轉而加強銷售和廣告活動，借由傳播媒介向消費者灌輸產品的優點，以刺
激消費，並爭取產品的市場佔有率。

國內在民國 50 年代，個人所得已較前提高，許多民眾的消費能力轉
強，有能力購買民生必需品以外的商品，企業界也開始積極採行各種廣告
和促銷活動。由於當時台灣國內市場也出現供過於求的情況，也因此，此
一階段是從生產導向過渡到銷售導向（selling-oriented）的階段。

（三）行銷導向階段

設法了解顧客的真正需求，對一個企業成敗來說，是重要的關鍵；美
國企業在 1950 年後，開始採用行銷導向（marketing-oriented）的哲學，有
人稱為顧客導向的觀念，也就是顧客至上，顧客為王（Consumer is King）
的觀念，取代了「為銷售而銷售」的狹隘本位主義，希望由消費者慾望與
需求的滿足，來創造企業未來的長期利潤。

　　國內在民國 60 年代，漸有企業採用行銷導向的觀念；工業發展的方向，也正由輕工業轉向機器設備和耐久消費品。口碑不佳或不符顧客需求的產品，已漸漸被市場淘汰。

（四）社會行銷導向階段

　　在這個階段，企業界開始體認到「社會責任」的重要。如果行銷被視為是一種社會互動的過程，那麼行銷的決策便會與社會需求有密不可分的關係；社會行銷導向（social marketing-oriented）便在此一認知下出現了。社會行銷導向的概念是要求廠商將公司利潤，消費者需求以及社會大眾利益三方面做整體平衡的考量，也就是企業需要同時兼顧到消費者的慾望、需求與企業本身目標的達成，以及社會長期福祉與公益服務。

　　國內在 70 年代，企業界在消費者保護運動以及政府的要求與壓力下，開始重視社會責任並兼顧消費者及企業本身的利益。

　　綜上所述，無論行銷概念如何演化，其核心首重消費者，消費者的需求與慾望決定了價值觀，企業界的經營者或經理人所生產的物品必須去適應或迎合消費者，同時也須兼顧社會責任，如此一來，才能有利於企業自身。

三、非營利組織行銷與政策行銷

　　企業與商界的社會行銷，其實深具非營利行銷的特性。這種行銷方式也啟發了「非營利組織行銷」與「公部門政策行銷」的思維。這是一個從商品行銷過渡到服務行銷的過程與嘗試。非營利組織行銷（nonprofit organization marketing）與政策行銷（policy marketing）就是此類發展的成果。

　　關於「政府的生產性」，可參考學者 J. E. Alt 與 K. A. Charystal 對於政府角色的說明，他們認為，政府具有汲取性（exploitative）、保護性（protective）、及生產性（productive）等三種不同的角色。同時接納上述任何角色，都混合存在於不同的政策或措施中；與其將之分為三種角色不同的政府，不如將這三種角色視為同一政府的三種性質更能合乎實情，只是有時比較偏重其中任一角色的強弱程度不同而已[33]。政府既能生產，自然便有行銷的需要，這便開啟了政策行銷的概念性說法。

　　P. Kotler ＆ J. Levy 在 1969 年首次提出將商業行銷應用於非營利組織的概念，他們將公共組織的服務視為一種產品，而並將市場區隔、市場定位、產品定位等行銷概念引進政府部門，並著重對於標的顧客團體的界定與顧客行為的分析[34]。1981 年 P. M. Mokawa＆E. P. Steven 則提及，政府行銷的環境，應包括兩個交換的群體；而且也有五個要素，分別是「每一群體對現況不滿，而需要某種財貨或服務以獲得滿足」、「兩群體彼此價值的提供」、「價值提供來自於彼此的滿足感」、「兩群體彼此間具有消費與傳送的管理」、「兩群體間彼此皆有相對自由的選擇權使之接受或拒絕交換」等五個要素。Titman 則在 1995 提出：公共部門的服務必須考慮到模糊的、無實體的、人民依賴性、消費的不可分割性、常態的非標準化、易壞性、主題常被要求有所波動等因素[35]。

　　國內學者也對「政策行銷」提出見解，認為「政策行銷」是指政府機關所推動的行銷管理，包含規劃、組織、執行及控制行銷活動的程序，由於政策行銷的對象，絕大多數是服務或社會行為，而非有形的產品，故所受的限制較私人企業多，一般而言，政策行銷具有消費者的不確定性、標的團體的態度傾向不甚明顯、生產者的不確定性、行銷策略與行銷目標之間的因果關係不甚確定、公共市場必須注意社會可接受性、大多為服務或社會行為而非有形產品等特質[36]。

四、行銷策略觀念的變化與策略的增補

　　傳統行銷策略可以從「4P」涵蓋基本內容，「4P」長期主導了行銷學的運作。隨著市場環境變遷，有更多的學者從管理學、傳播學著手，對於行銷 "4P" 策略，也作了理論性的增補。從 4P→4C→4V→4R，略作說明如下：

（一）行銷 4P

　　60 年代以前，業者以「同質而大眾化」的產品，利用大眾傳播媒體向消費者行銷，企業與顧客之間的關係，僅止於一種短期交易的銷售量成長。密西根州立大學教授 E.J. McCarthy，於 1960 年提出行銷組合的 4P 組合元素概念，即產品（product），價格（price），通路（place），促銷（promotion）這四項具體化行銷觀念，可以有效的向同性質高，且無顯著差異的消費大眾，銷售大量製造規格化產品。這個觀點得到產官學界的普遍認同，並且造成 4P 概念主導行銷學界及實務界長達 30 年[37]。

（二）行銷 4C

　　70 年代初期，Alvin Toffler 創造了分眾（demassification）一詞，破除 4P 行銷論點所謂「無顯著差異的消費大眾」，重新注入新的行銷觀念。1972 年 Jack Trout & Al Ries 發表定位理論（Orientation Theory），指出行銷的中心意涵是：「消費者具有主動將產品定位的能力」，這種由消

費者主動與自由選擇消費的概念，不同於傳統 4P 理論；因為傳統 4P 策略是全然由上而下進行的，由產品及訊息供應者掌控全局的流程，消費者只能被動接受。

對此，美國北卡羅來納大學教授 Robert Lauterborn，於廣告年代雜誌發表 4C 行銷新論，消費者所需（consumer's needs & wants），物超所值（cost & value to satisfy），方便性（convenience），雙向溝通（communication）。4C 的行銷概念完全是以消費者的角度做思考，相較於 60 年代的 4P 以產商立場去研判消費者，4C 企圖盡力滿足顧客需求，創造市場利基。

Lauterborn 闡釋 4C 行銷理論所主張的重點包括：1.把產品先擱在一邊，直接研究消費者的需要和欲求（consumer wants and needs），不要賣你所能製造的產品，而要賣消費者需要的產品。2.暫時忘掉定價策略，著重瞭解消費者為滿足需要計畫付出的成本（cost）。3.忘掉銷售通路策略，考慮如何給消費者提供購買的方便（convenience）。4.最後忘掉促銷，取而代之以溝通（communication）。4C 理論是否能夠取代傳統的 4P 理論，尚是一個有爭議的問題。但重要的是 4C 理論提供了一種新的視角，這種視角改變了行銷思考的重心[38]。

（三）行銷 4V

90 年代後期，消費者更趨於個人色彩，品牌忠誠度降低，行銷人員越來越難掌握消費者的口味，因此，關係行銷結合顧客行銷的服務行銷逐漸成為行銷主流。台灣本地的趨勢與經驗，將 4P 從「滿足顧客需求」的概念，提升至「更完善、更有效率的商品或服務」的 4V 最新觀念；可變通（versatility）、價值（value）、變量（variation）以及共鳴（vibration）等等。1994 年出現的 4V 行銷，試圖從賣方的 4P 和消費者的 4C 二者間切入，提出新的銷策略[39]。

4V 之中，所謂 versatility（可變通）是指：產品本身應具有多用途性可讓消費者達到附加功能價值的滿足。所謂 value（價值）是指：除了同樣的功能外，在強調與眾不同的價值感，包含了物質、心理、精神等層面的價值。所謂的 variation（變量）是指：通路必須多變化，才能滿足消費者的購買空間。所謂的 vibation（共鳴）是指：經由消費者使用，引起共鳴性的雙向溝通，讓消費者成為忠實客戶，並樂於以「口碑」為商品宣傳。

（四）行銷 4R

Elliott Ettenberg 在 2002 年提出行銷 4R 的觀點，他以歷史為經驗，預言 4R 行銷的到來。他認為世界經濟可以分為舊經濟（Old Economy）、新經濟（New Economy）與新新經濟（Next Economy）三個演進階段，而新新經濟即是人們即將邁入的時代。

Ettenberg 認為新經濟的主要特徵是：顧客支出大幅緊縮、市場需求兩極化、服務需求指數持續增加以及企業政策逐漸從滿足投資股東轉變為取悅顧客。Ettenberg 宣稱，在新的經濟特徵下，原有的 4P 行銷理論將會被 4R 行銷理論顛覆。

4R 所指的是：顧客關係（relationship、提供資訊（re-trenchment）、專業形象（relevancy）、附帶獎賞（re-ward）），如此一來，就能創造超高的品牌價值。4R 理論強調企業與顧客在市場變化的動態中應建立長久互動的關係，防止顧客流失；其次，面對迅速變化的顧客需求，企業應發現和挖掘顧客的渴望與不滿及其可能發生的演變，建立對市場變化的快速反應機制。Ettenberg 認為，4R 行銷的概念正在崛起[40]。

第四節　整合行銷傳播的工具整合

　　整合行銷傳播在 1980 年代後期興起於美國，但以歐洲和亞洲接受度較高，而在台灣更成為一個明顯的趨勢。然而，整合行銷傳播的觀念雖流傳已久，但似乎沒有一個非常肯定且通用的定義存在，唯一共同認定的是：整合行銷傳播是一個概念，是一個流程[41]。Duncan & Everett 指出，整合行銷傳播（IMC）是行銷傳播的新觀念。而「整合行銷傳播」概念漸成趨勢的主因，是因為傳統行銷的單向思考已無法滿足日趨複雜的多元化和同質化的市場型態，再加上遽增的各類型媒體助長大量傳遞複雜不一的資訊，消費者疲乏且迷惘於接收廠商為銷售商品所做的生產導向式行銷訊息，廣告訊息的可信度與影響力持續下降，「行銷淪為僅用來說服客戶購買的工具」[42]。

　　整合行銷傳播的觀念認為，企業必須針對每一單一消費者，透過各種傳播工具的整合性安排，將一個清楚且一致的產品或服務訊息傳遞給目標受眾[43]。Don E. Schultz 認為 90 年代的市場已經是消費者的時代，整合行銷傳播是建立在顧客導向的基礎上。整合行銷傳播是一個由外而內的過程，可以與消費者作最有效的互動[44]。

一、整合行銷傳播的意涵

　　整合行銷傳播自 1990 年代逐漸興起，但是各方對整合行銷傳播的內涵各有不同的著重點，甚至關於整合行銷傳播是否適用也有不同的看法。「公關季刊」（Public Relation Quarterly）曾經出版了一期整合行銷傳播專刊，這似乎證明了整合行銷傳播被受重視；但另一方面，也有反對者認為，

整合行銷傳播使得各部門捲入預算的政治紛爭，而未曾致使彼此間的溝通增加，更別談產生綜效（synergy）的效果了[45]。目前對整合行銷傳播僅有的共識是：整合行銷傳播是一個概念，也是一個動態流程，大家普遍同意這是一個立意甚佳的概念[46]。整合行銷傳播背後的理念是「協調運作各項訊息，使它們的影響力達到最大。」這樣的影響力便是經由「綜效」——它結合了各項訊息，因此在收訊者的心中形成種種聯繫——的運用而產生[47]。而綜效的基本關鍵點在於：體認到不同的媒體具有非常不一樣的優點，整合行銷傳播試圖利用這些相異的優點。

然而，對於整合行銷傳播是什麼？該怎麼作？就沒有一個普遍能被接受的說法，且整合行銷傳播的概念與運作流程至今仍持續發展，尚未有定論產生。

Petrison 和 Wang 認為整合行銷是由「計劃的整合」和「執行的整合」兩個概念所構成。「計劃的整合」是「想法」上的整合。因為傳統的企業廣告部、公關部都是獨立運作，削弱了行銷的功能。計劃整合就是要把所有與產品有關的行銷活動加以整合，從策略計劃開始協調一致，以擴大行銷的效率與效能。「執行的整合」是指對外溝通訊息的一致，又稱做「訊息的整合」，利用相同的調性、主題、特徵、標誌、訴求，以及其他相關的傳播特性，來達到整合的目的。

可略如下表所示[48]：

表 2：整合行銷傳播的整合概念比較表

計劃的整合 planning integration	有如 Schultz 的「策略整合」，指的是想法上的整合，發展出一套可供評估的傳播策略。計劃整合就是要透過策略推演，把所有與產品有關的行銷活動加以整合協調。
執行的整合 executional integration	有如 Schultz 的「戰術整合」，是指溝通訊息的一致，又稱「訊息的整合」。對外溝通訊息的一致，乃利用相同的調性、主題、特徵、標誌、訴求，以及其他相關的傳播特性，來達到整合的目的。

本研究製表。參考（吳宜蓁、李素卿譯，1999）。

1989 年末 4A's（American Association of Advertising Agencies，the 4A's）從強調傳播「過程」的觀點來替整合行銷傳播下定義，但並未提及閱聽對象或整合行銷傳播的效益。其內容大略如下：

> 整合行銷傳播是一種從事行銷傳播計劃的概念，確認一份完整透徹的傳播計劃有其附加價值存在。這個計劃應評估不同的傳播技能——例如廣告、直效廣告、促銷活動及公共關係——在策略思考中所扮演的角色，並且將之整合，提供清晰一致的訊息，以符合最大的傳播效益。

如上所述，4A's 試圖在整合行銷傳播的定義中涵蓋 Petrison 和 Wang 描述的「執行的整合」和「計劃的整合」兩個概念，認為整合行銷的定義是：行銷傳播計劃書的觀念是察覺綜合計劃的附加價值，評估各種傳播機能如一般廣告、直接回應、銷售促進、公共關係等的策略角色，並將這些機能結合起來以達致清楚、一致、傳播效果最大化的目標。

90 年代初期，整合行銷傳播的概念有兩大重點：

第一、利用多種、恰當的媒體，傳達一致的訊息，給適合的消費者。
第二、透過整合各種媒體的特性，試圖達到內容和時間的綜效。

美國西北大學麥迪爾新聞研究所，則採用「由外而內」的觀點來思考整合行銷，以消費者作為出發點，嘗試由消費者的觀點來看傳播，此即所謂的品牌接觸，乃所有的顧客和潛在消費可藉以和品牌接觸的途徑，包括包裝、商店貨架、朋友的推薦、媒體廣告或是顧客服務。整合行銷傳播是發展並執行各種不同形式的說服性傳播計劃（persuasive communication program）之過程，以吸引消費者及潛在消費者；而整合行銷傳播的目標，則是希望直接或間接地影響傳播對象的行為。

　　對於消費者及潛在消費者透過產品與服務等方式所接觸到的各種品牌或是公司資源，整合行銷傳播都視其為可以傳遞傳播訊息的潛在管道，並將進一步用消費者或潛在消費者可以接納的所有傳播形式。簡而言之，整個整合行銷傳播工作的流程，始於消費者及潛在消費者，並據以反向操作，來決定或選擇說服性傳播計劃應朝向何種形式或方法發展。

　　許多學者，紛紛投入 IMC 的研究，學者或有著重點的差異，但大量的討論，也豐富了 IMC 的內涵。主要學者的論點可整理如下表：

表 3：整合行銷傳播各家學者主要觀點概要表

時間	學派／學者	觀點
1989	AAAA	IMC 是一種從事行銷傳播計劃的概念，確認一份完整透徹的傳播計畫有其附加價值存在。不同的傳播技能在策略思考中所扮演的角色，經由整合，提供清晰、一致的訊息，並發揮最大的傳播效益。
1990	W. Novelli	提供多種的行銷功能。One-stopping 一次購足的概念。核心概念是綜效（synergy）。
1990	J. Foster	運用多種適當的傳播工具，對適當對象擴散公司一致、適當的聲音。
1991	Caywood ,Schultz & Wang	一種行銷傳播規劃的概念，這種概念認識到一個全面性計畫的附加價值，所謂的全面性的計畫是指該計畫會評估各種傳播專業領域（例如：一般的廣告、直效行銷、促銷、與公關）的策略性角色。
1992	T. Duncan	將傳播媒體的訊息一致化，去影響企業產品價值被知覺的方式，著重消費者的態度。
1993	D. E. Schultz	強調產品與消費者的連結關係，並指出消費者的行為反映為整合行銷成敗的主要關鍵。
1993	Palph Oliva	以資料庫內的資料支援傳媒的適當使用，重視資料庫行銷。
1993	Ducan, Caywood & Newsom	結合傳統各自獨立的傳播技能，有效地規劃廣告、公關、促銷、直效行銷和事件行銷等傳播活動，創造出最有效的溝通組合，以持續一致的聲音位消費者和企業帶來最大利基。
1995	D. E. Schultz	九〇年代是消費者的時代，整合行銷傳播便是建立在顧客導向的基礎上。

1997	D. E. Schultz	企業長期針對消費者、顧客、潛在顧客及其他內外部相關受眾，發展、執行並評估可測量的說服傳播計劃之策略方法。
1997	T. A. Shimp	以不同形式、具說服性的傳播活動過程針對現有及潛在顧客長期發展。其目的是去影響或直接牽動目標群的行為。透過不同的媒體傳播管道，傳遞訊息給消費者，必須遵循「一致的聲音」（speaking one voice）原則。
1997	L. Percy	設定特定傳播目標、選擇特定傳播媒體，以發揮最大效益。
1998	Nickels ＆ Wood	透過跨部門將所有訊息進行整合，以創造出一致的組織及產品形象。
1999	Duncan & Moriarty	以綜效概念出發，追求最大綜效，不只要做好推廣工作，還必須全盤檢討企業管理階層的任務。

資料來源：本研究整理

　　如表所示，1992 年 Duncan 提出他對於整合行銷傳播的定義：整合行銷傳播是組織策略運用所有的媒介與訊息，互相調和一致，以影響其產品價值被知覺的方式。這個定義並不限於消費者，似乎只要是對企業或其品牌訊息有興趣者，都包括在內。其他的不同點如：強調企業組織、強調態度而非行為的影響等。他後來進一步強調，整合行銷傳播是策略性地控制或影響所有相關的訊息，鼓勵企業組織與消費者及利益關係人的雙向對話，藉以創造互惠的關係。

　　1993 年間，Schultz 與同事 Stanley，以及北卡羅萊納大學的 Robert 共同提出整合行銷的定義，他們直接指出消費者及潛在消費者，強調品牌與消費者之間的關聯，他們提出的定義如下：整合行銷傳播是將所有產品或服務有關的訊息來源加以管理的過程，使顧客及潛在消費者接觸統合的資訊，並且產生購買行為並維持消費忠誠度。這樣的定義再度重新回歸到整合行銷傳播的目標，整合行銷傳播的涵義，由傳播工具擴大成為一種行銷企劃工具[49]。他們的定義將整合行銷傳播界定為「消費者接觸到的所有資訊來源」，較 4A 著重「過程」來的廣泛。

　　1992-1994 間科羅拉多大學的 Duncan & Moriarty 提出整合行銷傳播的定義：整合傳播是一組策略影響或控制所有訊息的過程，它需協調所有的

訊息和組織所有的媒體，整合影響消費者對於品牌的認知價值，鼓勵目標性的對話，以創造和滋養企業與顧客和其他利益關係人的利益關係。

Duncan 後來重修他對整合行銷傳播的定義，加入行為層面的效果，並且擴大範圍到所有利益關係人，新的定義強調企業組織本身，而非品牌。整合行銷傳播式策略性地控制或影響所有相關的訊息，鼓勵企業組織與消費者及利益關係人的雙向對話，藉以創造互惠的關係。

1993 年 Relph Oliva 討論其對整合行銷的概念認為：擁有一個內有顧客行為資訊的資料庫，並傳送個人的、雙向溝通的適當形式，並且提供資源的適當形式，最主要的，在適當時機採用適當形態的展示和潮流，以合適的訊息讓人們知道未來的方向，並採用適當形式的廣告和促銷，為此類事物的共同運作。

西北大學的 Schultz 對於整合行銷的定義：整合行銷是一種長時間對顧客及潛在消費者發展、執行不同形式的說服傳播計劃的過程，目標是要直接影響所選定的傳播視聽眾的行為。考慮到一切消費者接觸公司或品牌的來源，亦即，當潛在管道運送來訊息時，顧客或潛在消費者與產品或服務之間的接觸。此外並運用所有與消費者相關並可使他們接受的傳播形式。總而言之，整合行銷傳播由顧客即潛在消費者出發，以決定及定義一個說服傳播計劃所應發展的形式及方法。Schultz 認為整合行銷標榜「整合廣告、宣傳活動等與促銷的相關要素，並以數據和科學的方式發揮傳播的功能」的基本理念。Schultz 之後亦指出：整合行銷傳播是企業長期針對消費者、顧客、潛在顧客及其他內外部相關受眾，發展、執行並評估可測量的說服傳播計劃之策略方法[50]。

Terence 認為整合行銷傳播是在一段長時間內,發展並執行針對消費者的各項說服傳播策略的過程。整合行銷傳播是要去影響特定閱聽眾的行為，並使用到所有和目標閱聽眾有關的，以及他們會接受的溝通方式。總之，整合行銷傳播的過程起自於消費者或顧客，並且會影響到後來說服傳播策略的發展。

　　Percy 認為整合行銷既是一種思考與企劃的方式，也是一種達成行銷傳播策略的的方法，關鍵在於企劃以及傳播一致性訊息的傳遞能力。在這過程當中，必須設定傳播目標及選擇適當的媒體，以擴大我們的能力，與傳播對象進行有效的接觸。

　　Nickels 與 Wood 則提出整合行銷傳播是一個跨功能的過程，以控制或影響所有行銷訊息的方式，來建立並強化與消費者及其他利害關係者間的關係。整合行銷溝通的目標在於維持與利害關係者間的關係，並對應他們的需求與回應。整合行銷溝通是一種跨部門，用來建立並加強與消費者及其他利害關係有利關係的過程。而所有的行銷訊息都應加以協調，以創造出一致的組織及產品形象，並使行銷者對於各種需求的改變能有快速的回應。值得注意的是，整合行銷傳播是跨部門的：也就是透過各部門人員對內、外部組織的接觸，來創造並維持各種關係，且對於新的及現存的關係同樣重視。而網路也是其中一項重要的溝通工具[51]。

二、整合行銷傳播的推廣組合

　　在整合行銷傳播的觀念，傳播（communication）代表的涵義，是要將傳統組織內，各自獨立的部門加以整合，因為顧客要的是一致的服務。整合行銷傳播目的就是要嘗試將這些分立的部門整合為一個「推廣組合」，從而建立整合的溝通工具。

　　P.Kotler 認為所謂推廣組合（promotion mix）其實就是行銷溝通組合（marketing communication mix），也就是產業用以告知、說服或提醒目標消費者的溝通行為。包含下列五種主要方式：廣告、直效行銷、銷售促進、公共關係與人員推銷[52]。

　　選擇正確的行銷傳播工具，是達成有效的整合傳播行銷的重要關鍵，整合行銷傳播，並非窄化五項工具的概念，它是策略性的整合效果，其效

果應大於個別規劃和執行的成果，所以如何去協調所有的行銷工具是更重要的，以下對於「推廣組合」作進一步的說明。

（一）廣告行銷（advertising marketing）

美國行銷協會（American Marketing Association，AMA）在 1984 年以行銷面向闡述廣告定義：「所謂廣告，是由一位特定的廣告主，在付費的原則上，藉由非人際傳播方式，以達到銷售一種觀念、商品或服務之活動」。其概念與實施步驟略如下表：

表 4：廣告管理步驟及概念說明

步驟	概念說明
定義目標對象	針對廣告主所生產的產品或服務，找到市場上有類似需求或潛在需求的顧客。利用人口統計變項、地理變項、心理變項，對市場上的大眾進行區隔。
界定廣告目標	以溝通為目的，期能有效傳達訊息給受眾或消費者，包括知名度、認知度、廣告效果等。廣告目標是明確的、可執行的、可溝通的，及可測量的。
設定廣告預算	在特定時間內分配於廣告活動的金額。廣告預算受限於市場的範圍、消費者的數量、產品的類型，以及競爭者考量。
發展創意策略	將產品或服務所具有的利益、解決問題的方法，透過各種媒體，傳達給目標受眾。重點為訊息的本身，包括目標受眾、訊息目標和產品定位。
選擇廣告媒體	針對媒體種類、媒體傳播的目標受眾、選擇適當的刊播時間，並思考如何有效地傳送訊息的通盤考量計畫。
評估廣告效果	以銷售成果，或以各種質量化評估模式作廣告效果評估。

資料來源：本研究製表。參考（許安琪，2003）。（楊可凡，2005）。

　　從行銷角度看廣告，涵蓋幾個重要因素：特定的廣告主、一種付費傳播、非人際的傳播方式、銷售觀念、商品或服務。廣告行銷的優勢是有助於短期創造銷售量，長期建立品牌知名度。在整合行銷傳播中，可以達成資訊傳播（information & education）、情感分享（affection）和銷售目的（sales）。廣告管理的步驟包括：定義目標對象、界定廣告目標、設定廣告預算、發展創意策略、選擇廣告媒體、評估廣告效果。

（二）公關行銷（marketing public relation）

　　「公關行銷」一詞源自 80 年代，根據學者 Rex Harlow 綜合各家說法所形成的定義：公共關係有一種特殊的管理功能，協助建立機構及群眾間的雙向溝通、了解、接納與合作，並參與解決公共問題，協助管理階層促進群眾了解事實真相、對民意有所反應、強調機構對群眾利益所負的責任，並利用研究工具，隨時因應外界變化，加以運用，形成早期預警系統，以預測未來發展趨勢並作健康的傳播[53]。公關的本質與管理、行銷及傳播的關係密不可分。公關行銷在整合行銷傳播的內涵中，在平常可以反應輿情，並可以傳達管理階層的決策給內部員工、解釋組織政策給社會大眾。而當危機發生，公關人員則化身為「危機處理小組」，擔任唯一對外發言人，協助管理階層迅速面對危機，尋求解決之道。藉由公關行銷，能夠達成訊息傳遞、宣傳告知、說服認同、社會服務等傳播效果。公關行銷包括事前公關管理（Proactive MPR）及事後危機處理（Reactive MPR），其概念與實施步驟略如下表：

表 5：公關行銷型態及執行說明

型態		事前公關管理	事後危機處理
執行說明	模式	宣傳→造勢→聚眾 （廣告、活動行銷、公關行銷） →後續業務→企業形象 （廣告、直效行銷、促銷活動）	公開聲明致歉→面對事實處理 （公共議題和危機處理廣告） →正面新作為→企業形象 （公關和公益廣告、活動行銷、直效行銷）
	執行內容	反應輿情 傳達訊息予企業的利益關係人及社會大眾 傳達管理階層的決策 危機管理分析	爭取時間、掌握現況 主動發佈消息、爭取主控權 告知員工，以求說法一致 新聞聯絡人員 24 小時待命 爭取意見領袖支持
	操作模式	新聞報導、發佈及宣傳 企業為達某種目的，將訊息提供給大眾媒體，以期免費發佈，也稱為公關發稿。一般大眾對新聞報導的認知為具有公正、客觀陳述事實的權威性，因此強化公關的說服力及宣傳效果。 公關廣告露出 對企業重要的公眾團體進行溝通，表達其情感或推廣其觀點，告知其活動或事件訊息等，以促進與員工、政府、消費者或協力單位之關係，其目的是為提升企業一般的社會地位和創造良好商譽，常見的廣告形式，包括： 企業廣告（Corporation Advertising） 公共服務廣告（Public Relation Advertising） 公共議題廣告（Public Issue Advertising） 危機處理廣告（Emergency Advertising）	

資料來源：本研究製表。參考（許安琪，2003）。（楊可凡，2005）。

（三）直效行銷（direct selling）

　　直效行銷概念於 20 世紀初即已萌芽，其名詞則始於 1970 年代中期。美國直接信函和廣告協會認為，直效行銷是一種互動的行銷系統，使用一種或一種以上的廣告媒體，在任何地點所產生的一種可衡量的反應或交

易。國內學者提出的定義是：直效行銷是透過各種非人媒體，如信件、網路，直接和消費者接觸，並且賣給消費者商品的方式。直效行銷的本質包括：任何媒體皆可為直效行銷的執行媒介、不必透過傳統的通路中間商，廣告及銷售的效果同時發生、方便建立顧客快速回應系統、沒有時間地點及空間的限制。整合行銷傳播策略下的直效行銷，可以與消費者建立長遠、直接、互動的關係，在大眾市場中累積分眾消費者的資料庫，作為企業資產，而能精準地與目標消費者進行長期深度溝通。直效行銷進行的方式，則包括直接信函（direct mail）、電話行銷（telemarketing）、電波媒體（broadcasting）、網際網路（internet），其進行方式及概念說明略如下表[54]：

表 6：直效行銷進行方式及概念說明

進行方式	概念說明
直接信函	簡稱 DM，是直效行銷最主要的媒體，是最能從消費者名單中獲得累積銷售的媒體。同時能以個人化的形式為述求，使消費者及潛在消費者倍感尊榮。
電話行銷	是一種個人化且互動性高的溝通工具，如能正確掌握目標對象時，更具有銷售機會點，並可立即得知效果，過濾顧客和獲得潛在消費者。但也容易被消費者直接拒絕和反感。
電波媒體	直效行銷以電波媒體進行，是一種直接反應（Direct Response）的廣告形式，如同電視購物頻道或是賣藥的廣播頻道，以「眼見為證、耳聽為憑」對消費者進行鼓吹。
網際網路	為新興、快速、個人化的直效行銷媒體，也是累積消費者資料庫有效的方式，其高度互動性及目標精確性是其優勢。

資料來源：本研究製表。參考（許安琪，2003）。（楊可凡，2005）。

（四）事件行銷（event marketing）

　　事件行銷是指企業整合本身資源。透過具有企業力和創意性的活動或事件，使之成為大眾關心的話題及議題，因而吸引媒體報導及消費者參與，

進而達到銷售商品、提升企業形象的目的，它也是社會行銷的發揚光大。根據 Robert Jackson 的說法：事件行銷是一個特別的、非自發的，且經過周詳籌畫設計所帶給人們快樂與共享；也可以是產品、服務、思想、資訊、群體等特殊事物特色主張的活動[55]。事實上，事件行銷一直都在傳統公共關係及促銷中扮演重要的角色，而近年來因整合行銷傳播趨勢影響，消費者及企業商之間的訊息交流的需求壓力下，更顯見其重要性。其進行方式及概念說明略如下表：

表 7：事件行銷進行方式及概念說明

進行方式	概念說明
銷售導向型	新產品發表會、展售會、樣品展示會……等，以銷售導向招攬顧客為主旨的事件行銷。
新聞或消息報導型	主要在創造新聞性，吸引媒體記者報導。
特別事件創意型	當產品或市場生命週期成熟，且無任何新聞賣點可炒作時，可以創造一些值得慶祝的特別事件，藉機引發消費者對商品或企業重新焦點或興趣的藉口。
慈善公益導向型	藉由藝術、音樂、文化、體育，或社會責任之名而從事的公益活動，由於其具有非商業的本質，和提升消費者生活的功能，較易受大眾媒體重視形成有價值的報導。
話題行銷顛覆傳統型	以重點話題引發討論，形成熱潮，藉由媒體的訊息傳遞，達成行銷之目的。

資料來源：本研究製表。參考（許安琪，2003）。（楊可凡，2005）。

　　事件行銷可以吸引新聞媒體加強報導以擴大告知面、讓促銷活動更多元化、延續及強化廣告活動的效應，同時能夠整合資源，共同以一致化訊息和目標達成訊息傳遞的最大綜效。事件行銷的類型包括銷售導向型、新聞或消息報導型、特別事件創意型、慈善公益導向型、話題行銷顛覆傳統型。

（五）銷售推廣（sales promotion）

　　銷售推廣又稱作「促銷」（SP），被定義為協調各種銷售所引起的努力，以建立銷售產品及服務或推廣某一觀念的說服與資訊管道。銷售推廣被視為是一種直接的動機，以創造立即銷售額為主要目標，提供銷售力、或最終消費者額外的價值或誘因。是短期內利用商品以外的刺激物，刺激商品銷售的一種活動[56]。銷售推廣是可以提供購買的額外誘因型態，可能是折價、抽獎，或是贈品。同時，銷售推廣是一種推進工具，可以加速銷售過程和增加銷售量。在整合行銷傳播中，銷售推廣扮演的角色為：試探市場反應和創造銷售衝擊、消費者掌握及維繫，同時讓產品和品牌形象增強，建立忠誠度。銷售推廣的型態，包括以消費者導向的銷售推廣（Consumer-oriented SP），又稱外部促銷（External SP），和以交易導向的銷售推廣（Trade-oriented SP），又稱內部促銷（Internal SP）。其基本型態略如下表：

表 8：銷售推廣之基本型態

消費者導向的銷售推廣	交易導向的銷售推廣
樣品試用（Sampling）	競賽及優惠（Contests）
折價券（Coupons）	交易折讓（Trade Allowance）
贈品（Premiums）	業績獎金或佣金（Push Money or Spiffs）
競賽抽獎（Contests & Sweepstakes）	店頭陳列（POP Display）
退款或換貨（Refunds & Rebates）	訓練方案（Training）
加量包裝（Bonus Packs）	展覽或參觀（Trade Show）
降價（Price-offs）	合作廣告（Cooperative Advertising）
折扣（Discount）	
事件贊助（Event Sponsorship）	

資料來源：本研究製表。參考（許安琪，2003）。（楊可凡，2005）。

三、置入性行銷和網路行銷

除了前述五項傳播工具的整合以外，置入性行銷（placement marketing）和網路行銷（internet marketing），雖然沒有歸類於前五項傳播行銷工具，但是其仍具有相當重要，也被運用在整合行銷傳播計劃中，說明如下：

（一）置入性行銷

置入性行銷或又稱為產品置入（product placement），是指刻意將行銷事物以巧妙的手法置入既存媒體，以期藉由既存媒體的曝光率來達成廣告效果。行銷事物和既存媒體不一定相關，一般閱聽者也不一定能察覺其為一種行銷手段。

S. K. Balasurbramanian 指出：置入性行銷是以付費的方式，有計畫地以不引人注目的方式，將產品訊息放置於媒體中，以影響觀眾對產品的認知[57]。置入性行銷也可視為是以策略性的手法，將產品、品牌名稱或服務商標等商品相關資訊，置入任何形式的娛樂商品與媒體內容之中，包括電影、音樂錄影帶、廣播節目、電視節目、新聞報導、流行歌曲、電視遊戲、運動及小說中的一種行銷手法[58]。

置入性行銷與傳統的廣告透過商業化的媒體購買不同，M.C. Miller 指出，這種表現方式是藉由情境式的溝通對消費者進行下意識的誘導，讓消費者在不知不覺中吸收商業性的訊息，因此他將其視為一種潛意識的傳播（Subliminal Communication）[59]。置入性行銷也可以說是一種滲透性或偷渡性的廣告類型，從研究得知，產品置入是在閱聽眾低涉入的情況下，建構下意識知覺，其結果證明比一般廣告效果好，而且大部分的消費者將其視為有效的行銷溝通工具[60]。

　　置入性行銷曾在國內引發爭議，緣於 2003 年時，行政院透握新聞局運作新台幣 11 億元的統包預算案，「國家施政宣導及公營事業商品廣告之媒體通路組合採購案」中載明媒體需以「置入性行銷」的手法推廣政令或政府的政績，引發立委一連串的質詢與調查。對於政府以置入性行銷進行政令宣導一事，各界的態度不一。張錦華認為政府不宜從事置入性行銷，因為政府從事置入性行銷易破壞新聞專業及媒體的自主性，同時易形成政府賄賂媒體的情況。鄭自隆則為政策辯護，指出政府利用置入性行銷是一種具創意的表現方式，並且建議可以將政府政策及各項公共服務訊息置入。並認為將有助於強化民眾對警察、軍人、醫護人員，或基層公務人員之好感，以激勵公務人員之士氣云云[61]。

（二）網路行銷

　　網路行銷（Internet marketing）也被稱為「虛擬行銷」（cyber marketing），它是針對網際網路或商業線上服務的特定顧客，來銷售產品和服務的一系列行銷策略及活動[62]。網路行銷並非推翻傳統行銷的觀念，其最基本之特點乃在於行銷概念、行為策略之網路化或數位化之思考，是一種與傳統行銷加成之概念。將行銷通路改為 internet 網路，所做的一切商業活動，謂之網路行銷。

　　D. S. Janal 將網路行銷定義為：「網路行銷是對使用網路及商業線上服務的使用者進行產品銷售及服務，並配合公司的整體行銷企劃，藉由線上的系統吸引使用者，利用網路獲取資訊及購買產品[63]。

　　J.A. Quelch & L. R.Klein 則認為，健全的行銷策略必須要與潛在消費者之間保持高度的互動，例如使用網路廣告、E-Mail 行銷等，並且掌握市場的動態以及蒐集、分析、資料的能力[64]。

　　網際網路對行銷的 4P（product，place，price，promotion）可以提供的功能如下：滿足顧客需求的產品或服務、節省銷售成本，達成直接銷售目

的，以多媒體的資訊呈現，達到廣告、促銷、公共關係的目標，甚至無障礙地進入國際市場。網路行銷也可以視為一種建立在網路上的資訊服務工具，透過此一服務來達成行銷的任務。網際網路以行銷傳播為媒介及通路，提供大量商品資訊，以使顧客能進行整個網路購買決策的過程，並滿足其成本最低、時效最短的需求[65]。

網路行銷已經成為近幾年來的熱門議題，網路行銷最特殊且異於以往的是網路行銷同時具備「一對多的行銷溝通模式」和「單向溝通」的能力[66]。網路行銷的優點還包括可以減少傳統行銷通路的層級，可以跨越時空障礙；而成本低廉、可連結內部資料庫等便利性，使得網路行銷正在快速普及[67]。

四、整合行銷傳播模式的規劃與執行要點

有關整合行銷傳播模式的規劃與執行，三位學者持有不同看法，茲分敘如下：

D. E. Schultz 主張由顧客的觀點來看整合行銷傳播，因此，要執行整合行銷傳播應遵循以下三個原則：

（一）目標群原則

考慮顧客或潛在消費者使用何種媒體而選擇媒體，而非取決於何種媒體對行銷人員最有效率。

（二）最佳時機原則

傳播時機取決於行銷人員的訊息何時會與消費者產生關連，而非取決行銷人員的排程。

（三）訊息到達原則

決定傳播方式前，先考量消費者於何時何地能接受訊息，而非取決於媒體傳送方式或行銷人員購買媒體的便利性[68]。

T. Liano 認為實行整合行銷傳播時，必須進行下列四個步驟：

（一）重新組織企業內部

此說法呼應前述 Duncan 提出的「零基溝通規劃」（zero based program），組織內部團隊必須能執行整合行銷傳播，否則容易導致各單位的權力衝突。

（二）內部規劃

請整合行銷傳播規劃專家擬定戰術，再交由代理商執行。

（三）區隔有影響力的傳播方式

瞭解對顧客有說服力的傳播為何種方式。

（四）著重行銷研究而非人口統計

對具有相同人口統計變數的消費群來說，並非其中每位消費者都有相同的消費行為，所以應該以消費行為來做為區隔消費者的基礎，深入了解消費者的動機後，再採取適當行動來改變其行為[69]。

L.D. Haytko 則認為在執行整合行銷傳播計劃時，應遵循以下三項原則：

（一）協調性（coordination）

協調性主要展現在兩方面：1.人員的協調性：團隊成員是否相互支援，將是整體計畫能否發展的關鍵。2.創意的協調性：儘管討論過程是開放的，但最終要找出有創意又能夠整合執行的方案。

（二）一致性（consistency）

這是針對「傳播工具」而言。任一傳播工具所傳達的內容不能偏離主題、口號及其意涵，以維持傳播工具的「內在一致性」。而所有不同傳播工具，例如：廣告、公共關係、人員直銷、促銷、直銷行為等之間的配合，都要符合欲傳達主題的內涵，才能達到傳播工具的「外在一致性」。

（三）互補性（complementary）

計劃中的每一部份之組成要素必須能相互補強，同時要為其他相銜接要素預設鋪路，使被傳遞訊息在通路中能不斷被擴大增強。例如：用廣告和公共關係建立品牌價值、用促銷建立和消費者之間的持續對話[70]。

最後，Duncan and Moriarty 則認為必須要組織「行銷傳播團隊」（cross-functional IMC team）：此團隊包括了行銷、傳播相關人員以及組織外重要人員，甚至重要的消費者也應加入；該團隊的成員們必須共同思考負責擬定行銷傳播計劃[71]。

五、試擬警察機關整合行銷傳播的實施準備

參考國內學者界定整合行銷傳播的內涵，亦可供作警察機關準備運用整合行銷時的參考，亦可權作實施前的準備[72]：

（一）警察機關整合行銷傳播的規劃

分析美國廣告代理業協會對整合行銷傳播的界定，相當重視完整徹底的規劃，及其可以帶來的附加價值。而徹底完整的規劃尚需整合廣告、直效行銷、促銷活動、公關活動等面向的策略計畫。對於警察機關的整合行銷傳播來說，亦需要縝密的規劃，綜合評估後選擇適合的傳播工具，提供服務民眾明確一致的訊息內容。

（二）警察機關整合行銷傳播的工具整合

整合行銷傳播經由適當的媒體，傳遞適宜的訊息給合適的訴求對象，引起期待的回饋；也就是藉由多種傳播工具傳佈機構組織的訊息。整合行銷傳播需考慮管道的特性及適切性，同時兼顧傳遞的內容與訴求對象的接受程度，管道、訊息及對象的整體評估是為了引起訴求對象的回饋。對於警察機關而言，可運用不同途徑或兼用多種途徑，設計傳遞訊息給閱聽眾。

（三）警察機關整合行銷傳播的顧客導向概念

美國西北大學提出的整合行銷傳播觀點，強調顧客及潛在顧客開拓的重要性，因而從消費者的接收情形、生活方式來運用切當的傳播模式。在警察機關中，應綜合考量民眾資訊接受情形，來決定如何運用廣告、直效行銷、促銷活動、公關活動或其他形式，執行合乎民眾接收程度及作息的整合行銷計畫。

（四）警察機關整合行銷傳播的關係導向概念

科羅拉多大學主張的整合行銷傳播，著重相關執行團體及成員之間對話、關係的建立，在共同討論及決策的，相關團體及人士對整體目標的共識也同時建立。警察機關在執行整合行銷傳播計畫時，應先溝通、協調相關參與部門、人員的意見，培養彼此的共識與默契。

（五）警察機關整合行銷傳播的資料庫使用

　　整合行銷傳播是以消費者與潛在消費者的資料庫作起點，不同於傳統的行銷溝通模式，企劃的重心是在顧客及消費者身上。資料庫導向的整合行銷傳播觀點，基本上重視消費者、各種形式相關經驗與資料的累積，根據累積的資料不斷評估合適的執行方式。對警察機關來說，消費者生活形態、消費行為、等資料的彙整，以及有關推廣活動、廣告、公關等資源的建立，均有助於每一階段整合行銷傳播計畫有效的推廣。

（六）警察機關整合行銷傳播的認知導向

　　整合行銷傳播的基本觀點為「綜效」，是協調一致性的訊息，達成最大化的印象衝擊，這個極大化衝擊來自於接收者對訊息的接收。綜效代表經由各部門或成員個別的努力，相互整合的成效，超過各自為政。警察機關在規劃執行整合行銷傳播的過程中，如何協調部門共識，值得深究。

（七）警察機關整合行銷傳播的需求導向

　　需求導向整合行銷注重二個層面：第一個層面是消費者在各階段時期的需求；第二個層面是參與執行相關部門和成員之間的共識。將需求導向的主張應用於警察機關的政策宣導，意味著活動內容必須追蹤及掌握民眾的滿意度及各項意見，並在推動過程中，著重於參與部門成員的協調、搭配合作。

（八）警察機關整合行銷傳播的影響行為導向

影響行為是指影響消費者及潛在消費者的行為。其觀點主要在揭示整合行銷傳播的初始應考量人，並進行相關管道推動的資源整合，終極目標仍在影響人的行為。警察機關應考量傳播對象的作息、訊息接收管道、生活形態；其次評估合適的傳遞方式與型態，如警友會活動、抽獎活動等等；終極目標則是為了吸目標群前往活動現場。

第五節　對於警察機關整合行銷傳播運用的建議

當司法政策已在運用行銷包裝時，警察機關需要跟進嗎？

在資訊多元、分工細密的現代社會，適度的包裝、行銷是必要的。司法作為實現社會公平正義的最後堡壘，人民對於司法形象的觀感，理想上雖然應來自於法院裁判的論證、說理能力，司法不必亦不可能因形象廣告而扭轉人民的印象。但如果因為人民的資訊不足，以致因誤解司法的功能而改變自己的價值觀，或者不知循法律途徑主張自己的權利時，表面看似司法包裝、行銷的手法，實則應該說是在推行法治教育，可見媒體廣告的重要[73]。

警察機關是否需要運用整合行銷傳播，可以從以下的質疑、期待與建議，嘗試著找到一個思考方向。

一、對於警察機關運用整合行銷傳播的質疑

（一）主導權受到限制

內政部警政署組織條例第二條規定：內政部警政署承內政部部長之命，執行全國警察行政事務，統一指揮、監督全國警察機關執行警察任務。第十五條規定：本署為執行警察業務，對各級警察機關得發布署令[74]。如果在警政署轄下，試著在機關內運用整合行銷傳播，看起來比較沒有問題。但是，警政相關宣導或政策行銷，不一定由警察機關主導。這就令人質疑，警察機關運用整合行銷傳播的可行性。

　　政策行銷所涉及的公共政策往往不是一個機關所能決定，因此，政策的內涵與主管機關都是實施政策行銷前的難題。例如想要設計執行一個有關「防制青少年犯罪」的宣傳活動，至少就涉及三個部門的政策：警察、教育與社會三大部門，這三個部門在行銷政策之前就必須對「防制青少年犯罪」的分工與職掌有所了解，並且還要充份合作，否則很容易發生職掌衝突與重覆的現象，降低了行銷的效果。

　　沒有辦法掌握主導權，就沒有辦法掌握經費預算。以民國 94 年的「全民拼治安」宣導來看，許多預算都掌握在行政院、內政部、新聞局甚至文建會。警政署根本難以置喙。這也是警察機關運用整合行銷傳播的困難之處。

（二）警察機關業務本質的迷惘

　　警察工作提供的是服務（service）而不是產品（product）[75]。從語意上來說，一般將警察功能與工作區分為「執法」、「犯罪壓制」與「服務提供」等三類，顯然這些工作之間是對等與對照的，「絕少有人將其無限上綱到服務的」。再者，「服務」是難以觸摸的東西，而產品卻是具體可見的。服務可以被虛擬或想像為產品，「但終究不是具體的產品」。又由於警察組織的顧客多元，如何兼顧對各種顧客所提供的差異服務，且又能維持這種品質，同樣也有困難[76]。這些困難，會再陷入警察業務本質的迷惘：警察機關需要整合行銷傳播嗎？

二、對於警察機關運用整合行銷傳播的期待

　　即使警察所提供的是服務而非產品，又同時，警察的「服務」也不是一般的服務，還包括執法壓制等。但是，本文仍然對於警察機關的服務與

政策行銷部份，抱持期待。警察機關應該視個案與狀況，開始嘗試運用整合行銷傳播概念，為自己贏得更好的警政宣導成效，或者贏得更讓民眾滿意的警察形象。

　　當然，警察機關業務在本質上與商品行銷存有巨大的差異，警察機關想要運用整合行銷傳播確有困難。但此種困難顯然在宣稱「警察 ISO 服務認證」的同一時空中，更需要被加以突破與克服。

　　警察機關可依需要制定行銷傳播計劃書（計劃整合），並且嘗試找出綜合計劃（計劃整合）的附加價值，評估各種傳播機能如一般廣告、直接回應、事件活動、公共關係等的策略角色（計劃整合），並將這些機能結合起來以達到清楚、一致（執行整合）、傳播效果最大化的目標（計劃或執行整合）的行動；成為完整的一件整合行銷傳播個案。

　　以警察大學招生宣導為例，招生宣導計劃在 96 學年度透過招生宣導海報、電視報紙媒體製作招生宣導影帶，利用公益時段託播、製作招生光碟、和警察廣播電台合作、舉辦學生與教職員返校宣導、招生宣導簡章、網路宣導及《警大月刊》、《就業情報》雜誌等刊登招生訊息等等[77]。這些宣導行為，已經具有整合行銷傳播的工具整合，但尚不完全。可以藉由「行銷傳播團隊」（cross-functional IMC team）加上前述的計劃整合與執行整合加以落實。

三、對警察機關運用整合行銷傳播的建議

　　如前所述，警察機關可以依據業務特性嘗試運用「整合行銷傳播」，警察個人也可以採用「整合行銷傳播」的概念規劃自我行銷。

　　在警察機關而言，整合行銷傳播的運用不一定要等待由上而下發動，也不必等待上級預算的挹注。如果有創意，即使受制於經費不足，仍然可能有所作為。例如，透過網路行銷為主，其它媒介工具為副的設計，派出

所的所長可以規劃出派出所的整合行銷傳播；縣警察局長可以規劃出警察局的整合行銷傳播。綜合而言警察機關可以在小成本、資源整合的環境中嘗試更有全員參與、更有創新價值、更有說服效果的整合行銷傳播。是否如此，可收成效，且不妨拭目以待。

【注釋】

1. D.H.Bayley, *Pattern of Policing : A Comparative International Analysis.* (New Brunswick : Rutgers University Press. 1985) p.52.

2. 王淑慧，《警察形象行銷之研究：以台北市政府警察局為例》，（台北：台北大學公共行政暨政策學系碩士在職專班碩士論文，2002）。

3. 參考杜永祥，《國軍人才招募策略之研究：整合行銷傳播途徑》，（台北：世新大學公共關係暨廣告學研究所碩士論文，2004）。李光達，《以整合行銷傳播理論檢視國軍抗 SARS 工作之研究》，（台北：世新大學傳播研究所碩士論文，2003）。李承諺，《公部門政策行銷理論於菸害防制法執行面之運用》，（台中：逢甲大學公共政策所碩士論文，2003）。李涴汝，《符號學運用於政策行銷之研究》，（台北：政治大學公共行政學研究所碩士論文，1999）。王淑慧，《警察形象行銷之研究：以台北市政府警察局為例》，（台北：台北大學公共行政暨政策學系碩士在職專班碩士論文，2002）。

4. 邱華君，《警察學》，（台北：千華圖書，1997）pp.68-69.

5. 民國 94 年 11 月 30 日修正。本法規部分或全部條文尚未生效；第 11、19、24 條及第 8-4 條條文施行日期，由行政院以命令定之。參考 http://law.moj.gov.tw 全國法規資料庫。

6. R.L.Dilenschneider, "Marketing Communication in the Post-Advertising Era." in *Public Relations Review.* Vol.17, 1991. pp. 227-236.

7. E.Thorson, & J.Moore, (eds.) *Integrated in Communication : Synergy of persuasive voice.* (New York : Lawrence Erlbaum Associates. 1996)。參考吳宜臻、李素卿譯，《整合行銷傳播》，（台北：五南，1999）。

8. 《警察大辭典》，（台北：中央警官學校，1977）p.912.

9. 參考：http://www.ios.sinica.edu.tw/pages/seminar/itst/seminar/seminar3/yang_yong_nian.htm 楊永年，〈網路警察之研究〉。

10. 警政民意調查中心，〈警政民意滿意度之調查研究：中華民國 91 年第一次調查報告摘要〉，《警政論叢》第 2 期，（桃園：中央警察大學，2003 年）pp.1-32.

11. 參考 www.tvbs.com.tw

12. 陳立中，《警察行政法論》，（作者自行出版，1987）。李湧清，〈論警察業務之設計與執行〉，《警學叢刊》第 29 卷第 6 期，（桃園：中央警察大學，1999 年 5月）。許秀琴，〈外事警察業務之規劃與執行：以外僑居停留查察登記業務為例〉，《警學叢刊》，（桃園：中央警察大學，2005 年 1 月）pp.117-136.

[13] 蔣基萍，〈現行台灣警察業務之初探〉，《警學叢刊》第 31 卷第 4 期，（桃園：中央警察大學，2001）pp.137-147.

[14] 陳顯宗，《警察機關志願參與——協勤民力運用之研究以新竹縣警察局為例》，（新竹：中華大學經營管理研究所碩士論文，2004）。

[15] 吳思陸，《警察機關推動 ISO 國際品質管理系統之研究》，（台北：臺北大學公共行政暨政策學研究所碩士論文，2001）。

[16] 賴和禧，《警政民意調查與警察政策之研究》，（桃園：中央警察大學行政警察研究所碩士論文，2002）。

[17] 廖振榮，《我國警察形象管理制度之研究》，（台北：台北大學公共行政暨政策學系碩士論文，2002）。

[18] 王淑慧，《警察形象行銷之研究：以台北市政府警察局為例》，（台北：台北大學公共行政暨政策學系碩士論文，2002）。

[19] 簡華明，《社區警政組織溝通之研究：以新竹市警察局發行定期刊物為例》，（桃園：中央警察大學行政警察研究所碩士論文，2002）。

[20] 林宏宜，《政府公共關係人員與媒體記者互動之研究-以台北市警察、消防機關為例》，（台北：中國文化大學新聞研究所碩士論文，2002）。

[21] 黃宗仁，《警察與記者對「偵查不公開」認知差異之研究——以台北市刑事警察與社會記者為例》，（台北：銘傳大學傳播管理研究所碩士論文，2002）。

[22] 汪子錫，〈資訊社會中的警察媒介素養教育之研究〉《警政論叢》第五期 pp.109-128。（桃園：中央警察大學，2005）。

[23] 莊克仁，《電台管理學》，（台北：正中書局，1998）。

[24] 賴東明，《30 年廣告情》，（台北：臺英雜誌，1994）。

[25] P.Kotler, *Marketing for Nonprofit Organizations.* (Cliffs. N.J. : Prentice-Hall. Inc. 1982) p6.

[26] D.P.Bennet, (ed.) *Dictionary of Marketing Terms.* (American Marketing Association. 1987)。

[27] 黃俊英，〈臺灣企業管理哲學的演進與展望〉，收於《管理科學論文集》，（台北：中華民國管理科學學會，1982）pp.1-14。

[28] 方世榮，《行銷學》，（台北：三民，2004）。

[29] 江顯新，《行銷學》，（台北：三民，1999）。

[30] W.M.Pride, & O.C.Ferrell, (ed.) *Marketing : Concepts and Strategies.* (Houghton Mifflin Academic. 2000)。

[31] 賴東明，《30 年廣告情》，（台北：臺英雜誌，1994）。

[32] 黃俊英，〈臺灣企業管理哲學的演進與展望〉，收於《管理科學論文集》。（台北：中華民國管理科學學會，1982）pp.1-14。

[33] J.E.Alt, & K.A.Charystal, *Politics Economics.* (Berkeley : University of California Press. 1983) pp.28-29.

[34] P.Kotler, & S.J.Levy, "Broadening the Concept of Marketing." *Journal of Marketing.* 33 (Jan.) 1969 .pp.10-15.參考黃澤銘，《台北市政行銷之研究：台北市政府新聞處之角色功能》，（台北：台北大學公共行政暨政策學系碩士論文，1999）。

[35] L.G.Titman, *Marketing in the New Public Sector.* (London : Bookcraft Ltd. 1995) P.M.Mokawa, & E.P.Steven, *Government Marketing : Theory and Practice.* (New York : Praeger. 1981).參考李琬汝，《符號學運用於政策行銷之研究》，（台北：政治大學公共行政學系碩士論文，2000）。

[36] 丘昌泰、余致力、羅清俊、張四明、李允傑著，《政策分析》，（台北：國立空中大學，2001）。

[37] E.J.McCarthy, *Basic Marketing : A Managerial Approach.* Irwin. 1960., 參考廖文華，《台灣布袋戲電影聖石傳說之行銷傳播策略個案研究》，（台北：中國文化大學新聞研究所碩士論文，2000）。

[38] 參考許安琪，《整合行銷傳播引論——全球化與在地化行銷大趨勢》，（台北：學富，2001）。參考吳怡國、錢大慧、林建宏譯，《整合行銷傳播：21世紀企業決勝關鍵》Schultz, Tannen, & Lauterborn 原著。（台北：滾石文化，2004）。

[39] 參考羅文坤，《行銷傳播學》，（台北：三民，1991）。參考許安琪，《整合行銷傳播引論：全球化與在地化行銷大趨勢》，（台北：學富，2001）。

[40] 邱如美譯，《下一個經濟盛世》，（台北：天下雜誌，2003）。大陸譯，《4R 行銷：顛覆 4P 的行銷新論》，（北京：企業管理出版社，2003）。

[41] 引自許安琪，《整合行銷傳播引論：全球化與在地化行銷大趨勢》，（台北：學富文化，2001）。pp. 22-25,,142-222。

[42] T.Duncan, & S.Everett, "Client perceptions of integrated marketing communications." *Journal of Advertising Research.*, Vol.33 pp.30-9. 1993.

[43] T.A.Shimp, *Advertising, Promotion, and Supplemental Aspects of Integrated Marketing Communication.* 4th ed. 1997.

[44] 周瑤韻、林克明，〈專訪整合行銷傳播大師舒茲 Don E.Schultz〉，《廣告雜誌》，52 期，1995. pp.42-46.

[45] G. Belch, & M. Belch, *Introduction to Advertising and Promotion : an Integrated Marketing Communications Perspective.* 3rd ed. (N.Y. : McGraw-Hill. 1995)

[46] T.Duncan, & C.Caywood, "The concept, process, evolution of integrated marketing communication, in integrated in communication." *Advertising Age* . Vol:64. Oct.11.1996.

[47] S.Moriarty, "PR and IMC : The Benefits of Integration. "*Public Relations Quarterly.* Fall. 1994. pp. 38-44.

[48] 引自吳宜蓁、李素卿譯，《整合行銷傳播》(*Integrated communication : Synergy of persuasive voices*)。（台北：五南，1999）。

[49] 引自王鏑、洪敏莉譯，《整合行銷傳播策略：從企劃、廣告、促銷、通路到媒體整合》，（台北：遠流，2002）。

[50] 引自許安琪，《整合行銷傳播引論：全球化與在地化行銷大趨勢》，（台北：學富文化，2001）。

[51] 引自姜仲倩譯，《行銷學》，（台北：臺灣西書，1998）。

[52] P.Kotler, *Marketing Management : Analysis, Planning, Implementation, and Control.* 9th ed. (New Jersey : Prentice-Hall. 1997)

[53] 參考張在山，《公共關係》，（台北：五南，1994）。劉美琪、許安琪、漆梅君、于心如，《當代廣告：概念與操作》，（台北：學富，2000）。

[54] 參考洪順慶，《行銷管理》，（台北：新陸，1999）。許安琪，《整合行銷傳播引論：全球化與在地化行銷大趨勢》，（台北：學富，2001）。

[55] R.Jackson, *Making Special Events Fit in the 21ˢᵗ century. Champaign.* (I.L.: Sagamore Pub. 1997.)

[56] 劉美琪、許安琪、漆梅君、于心如，《當代廣告：概念與操作》，（台北：學富，2000）。

[57] S.K.Balasurbramanian, "Beyond Advertising and Publicity : Hybrid Messages and Policy Issues." *The Journal of Advertising.* (23 December .1994) pp.,29-46.

[58] 陳一香，〈產品置入行銷對電視節目製播與媒體生態的影響：以本土偶像劇節目為例〉，第十二屆廣告暨公共關係學術與實務研討會論文，（台北：國立政治大學，2004）。

[59] M.C.Miller, .*Seeing throught Movies.* (New York : Pantheon. 1990)

[60] I.D.Nebenzahl, & E.Secunda, "Consumer's Attitudes toward Product Placement in Movies." *International Journal of Advertising*, 12(2), 1-12. 1993.

[61] 廖淑君，《政府置入性行銷法律議題之研究》，（台北：世新大學法律研究所，2004）。張錦華，〈政府應停止任何形式之置入性行銷〉，《中國時報》A4 版，2004 年 9 月 19 日。鄭自隆，〈媒體話題：置入式行銷不是毒蛇猛獸〉，《動腦雜誌四月號》，2003。

[62] 榮泰生，《網路行銷：電子商務實務篇》，（台北：五南，2001）。

[63] D.S.Janal, *Online Marketing Handbook : How to Promote, Advertise, and Sell Your Products and Services on the Internet.* (New York : John Wiley & Sons, Inc. 1998)

[64] J.A.Quelch, & L.R.Klein, "The Internet and International Marketing." *Sloan management Review.* 37(3), pp.60-75. 1996.

[65] 方之光等編，《電子商務導論》，（台北：華泰，2001）。

[66] D.L.Hoffman, & T.P.Novak, "Marketing in Hypermedia Computer-Mediated Environment : Conceptual Foundations. "*Journal of Marketing.* 60. July. 1996. pp.50-68.

[67] M.D.Anderson, & J.Choobineh, "Marketing on the Internet. "*Journal of Applied Psychology.* 48(6). 398-403.1996., 參考吳敏菁，《國內表演藝術團體運用於網路行銷績效之研究》，（嘉義：南華大學美學與藝術管理研究所碩士論文，2005）。

[68] D.E.Schultz, "How to Overcome the Barriers to Integration?" *Marketing News* Jul. 1993.

[69] T.Liano, "It marketing is warefare, we need new battle plan. "*Marketing News.* (NMW) Vol:27. Aug. 16, 4-15. 1993.

[70] L.D.Haytko, "Integrated Marketing Communication in a Public Service Contex : The Indiana Middie Grades Reading Program. "*Integrated in communication synergy of persuasive voices.* (N.Y. : Lawtrnce Erlbaum Associates. 1996.) pp. 233-250.

[71] T.Duncan, & S.E.Moriarty, "A Communication-Based Marketing Model for managing Relationships. "*Journal of Marketing.* Vol:62, 1-13. 1998.

[72] 參考黃葳威，《閱聽人與媒體文化》，（台北：揚智，2004）。

[73] 林孟皇，〈好的司法政策行銷，就是在推動法治教育〉。http://www.parent school.org.tw/ kmportal/front/bin/ptdetail.phtml?Category=100282&Part=05090502

[74] 民國 94 年 11 月 30 日修正。本法規部分或全部條文尚未生效。第三條、第五條及第七條第一項條文施行日期，由行政院以命令定之。參考 http://law.moj.gov.tw 全國法規資料庫。

[75] B.Frost, & P.K.Manning, *The Privatization of Policing.* (Washington D.C.: Georgetown University Press. 1999)

[76] 李湧清，〈警政新思維：修辭或現實〉，《警學叢刊》，第 33 卷 5 期，pp.1-14，（桃園：中央警察大學警學叢刊社，2002）。

[77] 訪問中央警察大學公共關係室許福生、劉京定。2006 年 5 月 8 日。

Chapter 8

網路傳播：
警政行銷結合網路中介傳播的運用

第一節　傳播數位化與資訊匯流概念

一、數位化與匯流

數位化（digitalization）科技的出現，是傳播科技大躍進的第一個關鍵因素；它將傳統媒體的儲存、傳遞與再現帶入一個全新的、極為便利的生活領域。數位化科技為資訊匯流（covergence），移開了障礙。資訊匯流不但是數位化技術帶出來的結果，同時也是開創各種傳播新風貌的開始。數位化與匯流對警察的顯著意義，就是網路中介傳播（internet-mediated communication）的運用。

傳統媒介的屬性各異，涇渭分明。呈現電影憑藉的是膠片與光、廣播電視藉由電子束波呈現、報紙雜誌需要油墨和紙張。但是，數位化把這些媒介融合，形成一股傳播、通訊與資訊大滙流的現象。

數位化把所有媒介轉變成代表 0 或 1 的訊號排列，將視訊、音訊等文本，改變為一致的數位語言；讓原本不同的訊號，可以完成使用同一個通路傳遞。經過數位化轉換後的媒體內容，可以在不同的平台上出

現；這些平台例如電腦、電視、手機、PDA、iPod 等等；讓相同的內容在不同的平台上都能接收與閱讀[1]。

資訊與傳播技術最根本的面向是「數位化」的事實；透過數位化過程，所有文本能夠縮減成二進位編碼，並且可以採用同樣生產、分配與儲存過程。這對媒介機構造成了潛在效果，也為公共關係與行銷開創出新的結構性通路。促成這個發展本來是基於商業利益而出發的；但是當電腦、電信、傳播和內容匯聚在一個共用平台時，原來獨立的產業，在大媒體潮流中突現出新的聚合，這就讓新媒體成為改變未來世界的新動力[2]。

數位化與匯流也大大影響警察機關，舉例來說，一則在電視播出的警察偵破刑案新聞，從電視系統被錄影儲存在電腦；在電腦中完成壓縮後，被轉寄到警察的手機中；利用手機的簡訊閱讀功能，接收者可以不拘時間地點的看到這則警察電視新聞；而在以往，一定要等趕回到警局才能看得到。這種整合與匯流所帶出的便利性，就是傳播的新風貌。

二、被改變的媒體環境

匯流改變了傳播機構的運作，尤其出現在市場經營的變化。其一是市場資源被重新分配；其二是市場結構被改變，進而改變了市場上的競爭程度；其三是傳播消費行為的改變，進而影響了行銷策略與廣告促銷方法[3]。對政府和警察機關而言，應該善用這些改變。

數位化與匯流促成產業之間的整合，也是媒體產業提供寬頻多媒體服務的契機。在這樣的發展態勢下，原先的異質產業卻出現功能重疊的現象；這個現象好比原先是通信業的中華電信，只經營電話、電報相關服務；但在寬頻技術下，中華電信也透過網路提供影片點閱收費服務。從電話、電報到開設網路電影院，產業角色之間的變異、滲透、侵入，就出現產業互補、合作、競合的複雜關係[4]。

　　滙流使得傳播不再是統一或固若磐石般穩定體系，傳播工具的意涵與傳播行為，一直被實務發展超越與擴充；不同的媒介也可以傳遞相同的訊息。這種變遷使得傳播學的諸多假定，例如，媒體具有單一傳播效果，或媒體具有統一訊息的功能造成了衝撞[5]。傳播產業中的傳播工作者和傳播產品出現了變化；傳播結構和社會結構也隨之出現了變化[6]。這是傳播急於「自我變形」的現象；下一步的傳播風貌，還在進行著。

　　未來的競爭性滙流，會促成產業對業外收入的追求；互補性滙流，則會促成產品功能的擴充。以電視產業為例，家庭數位視訊環境，將朝家庭網路（Home Network）發展，其間的介面整合在朝向相同格式。未來的數位電視，將成為包括接收衛星訊號、地面訊號、有線電視訊號的數位機上盒。這樣的趨勢已經預告，未來將是異質網路整合的形態[7]。而一旦平台規格統一，消費者就會得以選擇最有利的平台服務[8]。對警察機關來說，這也開啟利用網路中介傳播，進行警政行銷的新機會與新課題。

第二節 網路中介傳播的新行銷機會

學者們肯定以資訊溝通、訊息傳遞作為政府政策工具的可行性。1983年 Hood 提出：「自古以來政府就將傳遞資訊或封鎖消息視為有效的工具；隨著資訊科技的躍進，新興電腦工具更廣為當代政府所運用」[9]。Weiss 和 Tschirhart 在 1994 年發表〈Public Information Campaigns as Policy Instruments〉，指出：公共資訊活動（Public information campaigns , PICs ）是政府謹慎地企圖去形塑公共態度、價值或行為的一種方式，旨在達成一些意欲的社會產出；換言之，PICs 亦是政府行動的工具之一[10]。2002 年 Weiss 再發表〈Public Information〉文指出：資訊本身就是一種為了引發意欲政策產出的工具[11]。而公共資訊活動，無可避免的涉及了宣導、宣傳或推廣作為，這些作為大多可以視為政策行銷的相關作為。

隨著資訊科技的躍進，人們已從追求大量生產的工業社會，漸漸地變遷為以個別消費者為核心的多元消費資訊時代。在此趨勢影響下，行銷（Marketing）不僅是商業活動的重要環結，非政府組織行銷及政策行銷也試圖駕御新科技，俾能提供新世紀的公共服務方式。架設於電腦硬體之上的網際網路（internet）成為重要的政策行銷工具之一。而電腦中介傳播（computer-mediated communication，CMC）或網絡中介傳播（internet-mediated communication）的運作使得網際網路不但能成為傳統媒介（media）的媒介（Intermediary），本身還具有全新的傳播與溝通功能。由於網路傳播在技術或文化層面上都異於傳統的傳播媒介，網絡中介傳播獨具特色的「接近性」與「互動性」，讓傳播現象出現了新的風貌。

　　此一現象衝擊了諸多領域，學術研究不能再固守本位，迫切需要的是跨科際或整合科際的研究；民族國家可能消逝，地理疆界正在模糊；政府組織回應大環境也在轉變之中。當代政府在決策、治理和行銷等行動，都面臨了藉由網絡中介傳播所帶出的新行銷機會與挑戰[12]。

第三節　傳統大眾傳播媒介與網路新媒介

　　大眾傳播是專業化的媒介組織運用傳播技術和商業化手段，以社會大眾為對象而進行的大規模訊息生產和傳播活動。傳統大眾媒介專指報紙、廣播與電視。而網路成為一種新的大眾傳播媒介，則是在 1998 年，第七任聯合國秘書長安南（Kofi A. Annan）在聯合國新聞委員會年會上，以「第四媒體」提出。安南指出，在加強傳統的文字、影像的同時，應該利用最先進的「第四媒體」，也就是「網路新媒介」，以加強訊息傳播工作。學者 Morris & Organ 在早兩年宣稱網際網路是繼報紙、廣播、電視、雜誌之後的第五大媒體[13]。無論將「網路新媒介」稱為第四媒介或第五媒介，網路被認定是新的大眾傳播媒介，已逐漸形成趨勢。

　　更早之前，S. R.Hiltz, and M.Turoff 在 1978 年出版的《網路國家：經由電腦的人類溝通》就預言電腦媒介溝通將會改變人類教育、組織、人際溝通等行為模式，並且對於社會心理、政治經濟都產生重大影響[14]。許多對於網路媒介高度重視的預言，在其日後的發展中，都一一實現。

　　學者 Lasica 認為，互動性（Interactivity）是網路最重要的特徵[15]。網際網路的傳播工具性十分特殊而且異於傳統媒介的報紙、廣播與電視。由於使用者（user）在上網之後，不是單純的訊息消費者而已，同時也可以是訊息的生產者。由於科技提供的條件，使用者可以生產訊息並且藉由網路傳播，這使得網路在政治傳播工具的所有權定位上同時屬於政權、人民。網絡媒體吸收了傳統多優點，同時又克服了大多數傳統媒體單向傳播的缺點，具有了交互式的優點，使分布在全世界的數據庫幾乎都能夠被用戶使用[16]。而網路媒介和傳統媒介的傳播模式、生產製作、傳遞通路等差異之處，略如下表所示：

表 1：網路媒介與傳統媒介傳播模式比較表

	網路媒介	傳統媒介
傳播模式	可以個人對個人、個人對多人、多人對多人、多人對個人傳播。	限制於點到面的傳播模式。
製作時效	時效性強。網路訊息製作速度快，內容變更速度快。願即時性傳播。	時效性弱。報紙印刷要經過文字輸入、圖片掃描、電腦組版、鐳射製版。廣播電視需要前期拍攝、錄音錄影以及後期製作剪輯或配音等。廣播電視利用 SNG 或電話可以即時播報新聞，但須多種技術配合。
傳遞通路	直接傳達給閱聽人，所需時間短。	報紙需要經過運輸發行過程才能送達閱聽人，流程環結多而複雜。
傳播層面	傳播面廣。理論上可以即時達到無國界的全球化傳播。	傳播面受區域限制。
媒介形式	可將數據、影音圖象等各種文本，達到非線性的數位匯流多媒體形式。	報紙限於靜態文字與圖片，廣播限於聲音。電視雖然可以集聲音、影像、文字於一體，但仍為線性媒介形式。
數據連結	具有超文本、超連結的功能，有取之不盡的訊息資料庫。	限制於媒體自身，沒有數據庫連結的功能。
互動回饋	可以點對點互動，也可以擴大到點與面、面與面的互動。個人化工具。	單向傳播為主，互動與訊息回饋（feed back）的功能有許多的限制。

資料來源：本研究製表[17]

　　參考上表，綜合而言，網路傳播具有互動性、超連結、資料庫、多媒體、即時性、個人化等特點。和傳統媒介相比，大多數的網絡資訊都可免費點擊閱讀，也操作符合環保的原則。使用者可隨時在室內或戶外上網瀏覽，都是網路媒介的特點。不過，網路的使用者需要擁有電腦知識、電腦設施並透過網址登記才能使用；並且網絡訊息不像報紙、雜誌可以隨身攜帶、隨時翻閱，在方便性上，傳統媒介仍然有其基本特性與優勢[18]。

第四節　網路中介傳播的概念

一、網路中介傳播的源起

　　電腦中介傳播（Computer-Mediated Communication，CMC）或網絡中介傳播（internet-mediated communication）的研究開始於 1970 年代後期，內容涵蓋多個主題與領域，例如電腦網路造成的組織革新、使用與滿足理論、網路上的語言與修辭、教育方面的運用等[19]。而在「電腦中介傳播」對人類行為的影響方面，由社會心理學觀點來看人們的媒介選擇（media choice）則曾經是 70 年代至 90 年代領導潮流的主流研究領域[20]。

　　1980 年代開始，現代資訊及通訊科技、電腦中介傳播、網際網路及全球資訊網（World Wide Web，WWW）的發展和普及化，已被許多論者認為是可用以加強實踐公民參與及民主政治的有效工具。美國有些地方政府就利用資訊及通訊科技，改善地方政府與民眾之間的聯繫，提昇公共服務品質，並鼓勵公民參與公共事務[21]。觀諸民主先進國家應用資訊及通訊科技於政府行政上，實踐公民參與的電子化民主已漸蔚為潮流[22]。在強調網路民主參與的基調下，網絡中介傳播扮演了更多的政策行銷功能。

二、網路中介傳播與傳統媒介的比較

　　藉由資訊及通訊科技的中介傳播是公民參與的理想機制，Johnson 認為傳遞政府資訊及增加公眾在政府決策過程中的參與的最有利工具就是網路媒介[23]。比較網路中介傳播和傳統媒介所能提供的服務，略如下表：

表 2：網路中介傳播與傳統媒介提供的服務比較

網路中介傳播	傳統媒介
· Telent 遠程登錄系統 · FTP（File Transfer Protocol）文件傳送 · E-mail 電子郵件 · Gopher · WWW 全球資訊網 · BBS 電子公告板系統 · Instant Messaging 即時傳呼 · Usnet 網路新聞 · Weblog 布落格 　中介服務：提供傳統媒介的新聞、資訊、評論、廣告、娛樂服務以外，還可提供訊息傳播、通信、資料檢索、即時聊天與討論等服務。	· 報紙 · 廣播 · 電視 　提供新聞、資訊、評論、廣告、娛樂等服務。

資料來源：本研究製表[24]

　　從上表可知，網路中介傳播一方面具備傳統媒體的功能，如資訊傳遞與分享、消費娛樂需求的滿足等等，一方面「網路傳播特性」卻彰顯了網路中介傳播不同於傳統媒體的特質。網路媒體透過數位化資訊呈現方式，便利了閱聽人透過網路分享、累積、儲存、檢索各種知識，而網路雙向傳播的特質，顛覆了過去傳播產業單向、集中化的特質，令閱聽者在傳播過程中成為主動的參與者，掌握了選擇資訊的自主性，甚至能夠主導資訊傳播的內容[25]。

不過，網路中介傳播也有不同的傳播型態；例如全球資訊網（World Wide Web，WWW）比較偏向於單向傳播；在技術不斷進步時，互動式的全球資訊網正在逐漸普遍；而電子佈告欄（Bulletin Broad System，BBS）則是一個由使用者共同組成的以電腦為基礎的互動式傳播系統（interactive computer-based communication system）[26]。大部份學者多認為 BBS 是一種介於大眾傳播與面對面人際傳播之間的一種混合型媒體[27]；不過也有學者認為，使用者在電腦中介傳播中的談話內容較面對面的談話更為開放[28]。網路中介傳播利用電腦進行資訊交換或達成其他傳播行為，此種傳播媒介的高度互動性（interactivity）、非線性（nonlinearity）及非同步性（asynchronicity）的特徵，有別於以往單向的大眾傳播媒介[29]。網路中介傳播的諸多功能促成使用者的增加，台灣是世界知名的「科技島」，已經有六成以上的台灣人口使用網路資源。

三、網路與寬頻的使用者

截至 2006 年 6 月 30 日為止，臺灣地區上網人口約 1538 萬人，也就是說六成以上的臺灣人都有上網，而且使用寬頻者也愈來愈多。經常上網人口為 968 萬人，網際網路連網應用普及率為 42%。依 TWNIC 的報告顯示，臺灣地區約有 357 萬民眾使用無線上網，其中，居家占 47.56%，辦公室 31.28%。台灣地區利用不同網路服務（access）上網的用戶數，包括學術網路（TANet）用戶、窄頻的撥接上網用戶、有線寬頻用戶（xDSL 及 Cable Modem），以及其他上網方式的用戶，包含固接專線、ISDN、光纖及行動網路等[30]。

大多數民眾使用網路的習慣與服務內容雖無明顯改變，但是深化程度已反應網路對日常生活的影響加劇。未來，不僅更多元的網路應用軟體與創新服務內容發展，還有相關的網路規範與權利義務的重視，皆將扮演影

響台灣社會以及發展網路資訊通產業的重要角色[31]。在此一情勢下，台灣的電子化政府活動方興未艾，而藉由網路中介傳播的政策行銷也日益受到重視。

第五節　電子化政府與政策行銷概念

一、電子化政府

　　電子化政府（Electronic Government，E-Government）是利用資訊傳播科技（information and communication technology，ICT）以進行公共行政與公眾互動的政府。資訊傳播科技項目甚多，且日新月異，不斷增加且更新，例如：傳真（fax）、電子郵件（e-mail）、手機（cellphone）、電腦網際網路（internet）、全球資訊網（WWW）等等。而這些傳播行為的運作，必須藉由公共關鍵基礎建設科技（Public Key Infrastructure technologies，PKI）或國家資訊基礎建設（NII）為基礎，以遂行電子化政府的運作[32]。一旦電子化政府開始運作，則下一個重點便是在此一電子化政府運作下執行的政策行銷。當今政府的存在，如其宣稱是以「服務民眾為導向」，政府機關導入 ISO 品質管理系統，則政策行銷就是其中的工作重點。

　　行銷（marketing）本來是商業上的名詞，是指「認定、預期與滿足顧客利益需要的管理過程」[33]。是管理工作的一環，但是無論商業行銷或政策行銷的流程都需透過大眾傳播媒介進行，才能收效。行銷活動的公關、廣告、活動、宣傳；或者事件行銷、置入性行銷，都有賴於傳播媒介造成受眾的感知、瞭解與行動[34]。在 1970 年代末期，有學者將行銷概念運用在政府部門或非營利組織的「服務行銷」上，社會行銷（social marketing）就是這種概念下的產物，希望能夠透過行銷手段，將某項社會價值與觀念傳輸給社會民眾接受，從而加以實現。企業與商界的社會行銷，具有非營利行銷的特性。這種行銷方式也啟發了非營利組織行銷（nonprofit organization marketing）與政策行銷（policy marketing）的思維。這是一個從商品行銷過渡到服務行銷的過程與嘗試。

二、政府的角色與行銷

關於「政府的生產性」，可參考學者 J. E. Alt 與 K. A. Charystal 對於政府角色的說明，他們認為，政府具有汲取性（exploitative）、保護性（protective）、及生產性（productive）等三種不同的角色。同時接納上述任何角色，都混合存在於不同的政策或措施中；與其將之分為三種角色不同的政府，不如將這三種角色視為同一政府的三種性質更能合乎實情，只是有時比較偏重其中任一角色的強弱程度不同而已[35]。政府既能生產，自然便有行銷的需要，這便開啟了政策行銷的概念性說法。

政策行銷與企業行銷最大不同的地方就在於他所行銷的產品是無形的社會價值與觀念。例如台灣早期的節育計畫，以「一個寶寶恰恰好，兩個寶寶不嫌少」的行銷語句，將節育政策的精神表達出來。其它例如公共場所不得吸煙、資源回收計畫、勸阻濫服藥物、勸阻酒駕、家暴等等政策行銷都不乏成功的案例。

三、政府公共政策與行銷

B.M. Enis 等學者主張應從行銷觀點去看公共政策的發展，他們曾指出[36]：「如果政府運用行銷概念與技術，以補足當前公共政策發展的宣導途徑，則公共政策的形成以及管制和法律的執行就必然有所增進。行銷本身可以為有缺失的公共政策提出解釋，提供改進的程序」。

國內學者也對「政策行銷」提出見解，認為「政策行銷」是指政府機關所推動的行銷管理，包含規劃、組織、執行及控制行銷活動的程序，由

於政策行銷的對象，絕大多數是服務或社會行為，而非有形的產品，故所受的限制較私人企業多，一般而言，政策行銷具有消費者的不確定性、標的團體的態度傾向不甚明顯、生產者的不確定性、行銷策略與行銷目標之間的因果關係不甚確定、公共市場必須注意社會可接受性、大多為服務或社會行為而非有形產品等特質[37]。當網路中介傳播新科技逐漸為民眾所接受、熟悉與經常使用時，政策行銷的課題，就不再只是傳統媒介的舞台而已；政策行銷應該更加重視網路中介傳播的運用。

第六節　警察機關公共服務行銷工具運用

一、政府公共服務的新工具

　　每當一項新興科技出現並普及之後，都會使民眾的工作、生活發生變化，社會亦隨之逐漸轉型。個人電腦、網際網路（Internet）、衛星及個人通訊系統的迅速普及以來，資訊及通訊科技（information and communication technology or ICT）對政府、社會及人民的影響更加快速、更加深遠。私部門企業因應此一資訊及通訊科技的潮流，運用網際網路從事電子商務以製造商機、提高市場競爭優勢。現代化政府因應此一潮流從事國家資訊基礎建設、建立電子化政府，以提供公共服務與公民參與，進而提升整體國家競爭力，也成為必須選擇的道路[38]。

　　網路媒體一方面具備傳統媒體的功能，如資訊傳遞與分享、消費娛樂需求的滿足等等，一方面「網路傳播特性」卻彰顯了網路媒體不同於傳統媒體的特質。網路媒體透過數位化資訊呈現方式，便利了閱聽人透過網路分享、累積、儲存、檢索各種知識，而網路雙向傳播的特質，顛覆了過去傳播產業單向、集中化的特質，閱聽者在傳播過程中成為主動的參與者，掌握了選擇資訊的自主性，甚至能夠主導資訊傳播的內容[39]。

　　網絡中介傳播與過去傳統的傳播科技，無論是在技術或文化層面上，皆有極大的差異。電腦中介傳播科技最大的特色便是接近性與互動性。根據學界對大眾傳播媒介的角色功能及定位的研究，一般皆肯定，大眾傳播媒介具有對社會價值及社群成員態度產生影響的能力，只是對於影響的範圍、程度、速度和持久性上的看法仍有歧異。因此，在二十世紀末，傳播

媒介加上新興資訊科技，不但為人們開啟了前所未見的互動可能性與資訊取得管道，同時也擴大和深化媒介的版圖及功能[40]。

新媒介並不會完全取代或淘汰舊媒介；許多研究顯示網路媒介並不會取代傳統媒體，電子報並不見得能夠比傳統紙本報紙更得到閱聽人的歡迎[41]。傳統媒介的報紙、廣播、電視所提供的服務，諸如新聞、資訊、評論、娛樂等等，仍然可以藉由網路提供中介的服務。

大眾傳播媒體的擴張，已經深深影響社會生活風貌，網際網路作為新興媒介，擁有的網路中介傳播功能正在發揮它的強大功能。如果不能參與此一革命性的活動，為自己找到「編碼」的位置，就會逐漸被電子文本所淘汰，也將會逐漸弱化其影響力及存在地位。如果不能運用網路中介傳播進行政策行銷，就，就無法在電子文本的意義建構過程中佔一席之地，當然也就無法因應新興符號與象徵系統的構成符碼，自然就喪失了其影響力[42]。

二、警察機關網路中介傳播的新機會

警察公共關係要使用傳播媒介和社會大眾溝通，警察機關也要和傳播機構保持良好的公共關係；從傳統媒介到網際網路新媒介，都有其運用價值。警察機關的公共關係傳播媒介，不能忽視傳統媒介的報紙、雜誌、廣播、電視；但現在的焦點顯然是新興的網際網路媒介（internet media）。這是因為網際網路能提供中介傳統媒介的功能，顯示出媒介的優越性。台灣近年來網際網路的快速普及，加上全力推動的電子化政府政策，使得警察機關更應把握網路中介傳播的新機會。

警察機關政策行銷的可能包括外部行銷（external marketings）的發佈新聞（news）、刊播廣告（advertisement）、舉辦活動（event）和參與廣播電視節目、報紙雜誌專題報導的宣傳（propoganda）等形式。也包括內

部行銷（inside marketings）的內部刊物、內部廣播電視系統和內部集會活動等；任務是對內溝通。外部行銷需透過報紙、雜誌、廣播、電視等傳統媒介，將其內容或文本透過網路進行中介傳播。

三、警察機關網路中介傳播的自主性運用

網路、電視、資訊與電信這幾大領域在技術、服務與通路上匯演出競爭與互補式的匯流。網路與電視各自扮演不同而又多重的角色，在面對科技、法規、市場與管理上的內外競爭，不斷創新數位科技整合傳播的新消費型態。整合寬頻視訊系統（Integrated Broadband Communication System）將聲音、影像及資料整合儲存，提供給不同媒體平台隨時隨地選取互動，在科技、內容與服務的結構匯流層次下，網路、電訊與電視形成「三網合一」（Triple Play）的現象可說是波濤洶湧。這些都可以規劃進入警察機關網路中介傳播之中。

各級警察機關透過設置網站，可以提供家庭、社區、鄉鎮、縣市、中央、國際等警政資訊與網站的連結，來執行政策行銷； BBS 或布落格（Weblog）的應用，尤其可以取代以往所大量使用的印刷品或光碟片。而且從發展趨勢來看，外部的網民（Netizen）會日漸增加，機關內部的人員也普遍使用網路溝通。

網路中介傳播不只是一個名詞，它正在被實踐；政策行銷是現代化服務導向政府最重要的任務。藉由網路中介傳播的政策行銷可以同時具備「一對多的行銷溝通模式」和「單向溝通」的能力。網路中介傳播的政策行銷的優點還包括可以減少傳統行銷通路的層級，可以跨越時空障礙；而成本低廉、可連結內部資料庫等等便利性，讓政策行銷可以不必囿於傳統媒介，而可以享有更多選擇、更有效、更經濟的政策行銷工具。

傳統行銷工具與成本耗費龐大，網路行銷則可依據創意與技術，將成本降至極為低廉。網路中介傳播對警察機關的突破性意義，是警察機關至少可以突破預算有限的束縛，擴大警察行銷的自主性與開創性。

【注釋】

1　蔡念中，《數位寬頻：傳播產業研究》，（台北：揚智，2003）。

2　D.Tapscopp, *The digital economy-promise and eeril in the age of networked intelligence.* (New York : McGraw-Hill. 1996)

3　李秀珠，《新傳播科技與媒體市場之經營管理》，（台北：廣電基金，2002）。

4　產業角色競合互補可參考 M.Dowling, C.Lechner, & B.Yhielmann, "Convergence : innovation and Change of Market Structures between Television and Online Services."*International Journal of Media Mamagement.* 8. 1988.pp.31-35.

5　J.G.Webster,. "Television audience behavior : Patterns of exposure in the new media environment."In J.L.Salvaggio, & J.Bryant, eds. *Media use in the information age: emerging patterns of adoption and consumer use.* (N.J.: Lawrence Erlbaum Associates. 1989) pp.197-216.

6　楊志弘，《寬頻時代網路媒體發展之研究》（台北：銘傳大學傳播學院，2000）。

7　呂沐錡，〈互動電視產業發展與未來的機會〉，《數位視訊多媒體月刊》，2003 年 4 月號。

8　葛傳富，《台灣電視新聞產製數位化的研究：以民視、年代、大愛電視台為例》，（台北：世新大學傳播管理學研究所碩士論文，2005）。

9　C.H.Christopher, *The Tools of Government.* (H.K.: MacMillan Press.1983)。

10　A.J.Weiss, & M.Tschirhart, "Public Information Campaigns as Policy Instruments," *Journal of Policy Analysis and Management.* Vol.13. No.1. 1994. pp.82-119.

11　A.W.Janet, "Public Information." in L.M.Salamon, (ed.) *The tools of government.* (Oxford University Press. 2002)

12　高婉華，《網際網絡時代資訊政策工具的定性、功能與應用》，（台北：臺灣大學政治學研究所碩士論文，2003）。

13　M.Morris, & C.Ogan, "The Internet as mass medium." *Journal of Communication.* 46(1). 1996. pp.39-50.

14　S.R.Hiltz, & M.Turoff, *The Network Nation : Human Communication via Computer.* Addison Wesley Advanced Book Program. 1978. Revised edition published by MIT Press. 1993.

15　J.D.Lasica, "A great way to strengthen bonds." *.American Journalism Review* .Newslink (On-line) Available : http//www.newslink.org/ajrjd html (March 1998)

[16] 汪子錫，《市場經濟對中共政治傳播影響研究》，(台北：文化大學中山學術研究所博士論文，2003) p.69。

[17] 參考彭蘭，《網絡傳播概論》，(北京：中國人民大學出版社，2001) pp.137-139。

[18] 參考蘇鑰機，〈網路新聞的特點及它帶來的衝擊〉，發表於第五屆海峽兩岸及港澳新聞研討會，1999年9月於昆明舉辦。

[19] M.Morris, & C.Ogan, "The Internet as mass media." In M. R.Lery, (eds.) *Journal of Communication.* 1996.46 (1) 39-50., M.L.Markus, "Toward a critical mass theory of interactive media: universal access, interdependence and diffusion. " *Communication Research.* 1987. 14(5) pp.491-551.

[20] J.B.Walther, & J.K.Burgoon, "Relational communication in computer-mediated interaction. "*Human Communication Research.* 1992. 19. (1) 50-88.

[21] L.Francissen, & B.Kees. "Virtually going places : Square-shopping in Amsterdam's Digital City." in R.Tsagarousianou, D.Tambini, and C.Bryan, (eds.) *Cyberdemocarcy: Technology, cities and civic networks.* (London : Routledge. 1998) pp.18-40.項靖，〈線上政府：初探全球資訊網與台灣地區地方政府行政〉，《行政發展與地方政府競爭力之提昇研討會論文集》，(台中：台灣省政府、東海大學，1997)。

[22] 徐千偉，《網際網路與公民參與：台北市政府網路個案分析》，(台北：政治大學公共行政學系碩士論文，2000)。

[23] M.S.Johnson, "The internet changes everything : Revolutionizing public participation and access to government information through the internet. "*Administrative Law Review.*1998. Vol.50. No.2. pp. 277-337.

[24] 參考彭蘭，《網絡傳播概論》，(北京：中國人民大學出版社，2001) pp.13-16。

[25] 黃芝瑩，《線上新聞人員專業性研究》，(嘉義：中正大學電訊傳播研究所碩士論文，2001)。

[26] C.Ogan, "Communication During the Gulf War : What Kind of Medium is the Electronic Bulletin Broad." *Journal of Broadcasting and Electronic Media* .1993. 37 (2) : 177-196.

[27] S.Rafaeli, "Interactivity : From New Media to Communication." in R. P. Hawkins, J.M.Wiemann, and S.Pingree, (eds.) A*dvancing Communication Science : Merging Mass and Interpersonal Process.* Sage. 1988. pp.110-134.

[28] L.Sproull, & S.Kiesler, "Computers, Network, and Work." *Scientific American.* 1991. Sep. 116-123.

[29] E.M.Rogers, & S.Rafaeli, "Computer and communication." In D.B.Ruben, (ed.) *Information and Behavior.* 1985. Vol.1. pp. 95-112. N.J. : Transaction Books.以及柳林緯，《組織中電腦中介傳播系統使用之研究：以電子郵件為例》，(新竹：交通大學傳播研究所碩士論文，1996)。

[30] 資料來源：「我國網際網路用戶數調查」乃於經濟部技術處「創新資訊應用研究計畫」支持下進行，調查的執行單位為資策會 FIND。另參考祁安國，「聯合新聞網數位文化誌」。http://gb.udn.com/gb/mag.udn.com/mag/dc/storypage.jsp?f_ART_ID =43625

[31] 資料來源：財團法人台灣網路資訊中 TWNIC 網站 http://stat.twnic.net.tw

[32] 張世賢，〈電子化政府的政策行銷〉http://www.npf.org.tw/PUBLICATION/IA/091 /IA-R-091-059. htm May 23, 2002

[33] A.Sargeant, *Marketing Management for Nonprofit Organizations*. (New York:Oxford University Press. 1999)

[34] 汪子錫，〈警察機關整合行銷傳播運用研究〉收於《通識教育與警察學術研討會論文集》，（桃園：中央警察大學，2006）。

[35] J.E.Alt, & K.A.Charystal, *Politics Economics.* (Berkeley : University of California Press. 1983) pp.28-29.

[36] B.M.Enis, N.Kangun, & M.Mokwa, "Public Policy Formulation : A Marketing Perspective." In C.H.Lovelock, & C.B.Weinberg, (eds.) *Readings in Nonprofit and Public Marketing*. (San Francisco, CA : Scientific Press. 1996) pp.33-36.

[37] 丘昌泰、余致力、羅清俊、張四明、李允傑著，《政策分析》，（台北：國立空中大學，2001）。

[38] 徐千偉，《網際網路與公民參與：台北市政府網路個案分析》，（台北：政治大學公共行政學系碩士論文，2000）。

[39] 黃芝瑩，《線上新聞人員專業性研究》，（嘉義：中正大學電訊傳播研究所碩士論文，2001）。

[40] 高婉華，《網際網絡時代資訊政策工具的定性、功能與應用》，（台北：臺灣大學政治學研究所碩士論文，2003）。

[41] J.Muller, & D.kamerer, "Reader preference for electronic newspapers." *Newspaper Research Journal.* 1995. 16(3). pp.2-13.

[42] 翟本瑞，《網路文化》，（台北：楊智，2001）p.200.

Chapter 9

口語傳播：
警察機關發言人專業表現的探討

第一節　警察發言人的任務

一、警察機關發言人的任務目標

　　目前警察設置「發言人」的主要依據，是民國 89 年發佈實施的「警察機關新聞發布暨傳播媒體協調聯繫作業規定」和民國 91 年發布的「檢察、警察暨調查機關偵查刑事案件新聞處理注意要點」。

　　參考前兩項規定，警察設置發言人的主要目的，是希望藉由新聞傳播手段，「加強服務民眾，增進警民溝通合作，積極宣導警政重要措施與績效，提昇新聞發布及傳播媒體協調聯繫功能」。並規範：「各警察機關除主官（管）、發言人及經主官（管）指定之人員外，其他人員一律不得對外發布新聞或提供新聞資料」。「檢察、警察暨調查機關，應指定新聞發言人並設新聞發布室，與偵查案件有關之新聞統一由發言人或其代理人於新聞發布室發布」。換言之，理想中的警察機關的新聞發言人制度，是適時主動向社會公布治安政策、交通政策、專案部署；以及針對重大刑事治安案件、突發事件以及需要警察機關澄清或消除不良

影響的事件進行勸服（persuasion）性質的說明。這也是警察機關設置發言人的任務目標。

　　前述規定的警察新聞發言人制度，雖然明確了「誰來說」、「說什麼」、「不說什麼」，但是對於「怎麼說」卻從未被提到，被推舉或指定為發言人的警察也無法從中得到發言表現的建議。而檢索國內相關研究文獻，以警察發言人口語傳播表現為範圍的研究，迄今仍付之闕如。本章以警察發言人在電視新聞中的實際口語表現為分析對象，嘗試藉由理論與實證提供警察發言人作為參考，並呼籲警察各界應該關注警察機關發言人的專業表現與發言人的培訓。

二、警察機關發言人的要件

　　黃富源與侯友宜在合著的《談判與危機處理》中，提及警察在面臨人質挾持的危機事件時，需要妥善處理及應對事件中的新聞工作者，因此需要遴選適任的新聞發言人，作為訊息的統一窗口與唯一窗口[1]。作者引用Mcmains , M.J. & Mullins ,W.C.的建議，認為警察發言人的要件是：

　　(1) 需要有意願出任發言人。
　　(2) 清楚了解自己所肩負的職責。
　　(3) 了解媒體真正的需求。
　　(4) 具有良好的人際關係及溝通管道。
　　(5) 清晰的口語或文字表達能力。

　　警察機關可以透過「行為分析模式」，讓報名者進行摩擬發言人表演，再從中遴選出適任的新聞發言人[2]。

　　警察發言人不論是在處理危機事件或處理日常事件，都應該具備以上的基本條件。並且應由警界共同正視如何增進警察發言表現的課題。

　　要增進警察發言表現，首要釐清兩個影響因素，即(一)影響警察新聞發言表現的外在因素是什麼？(二)影響警察新聞發言表現的內在因素是什麼？

　　無論是外在因素或內在因素，都涉及到了新聞學、傳播學以及語藝學等理論，本章先就諸多相關理論進行爬梳、整理。

第二節　影響警察新聞發言表現的外在因素

一、發言人的專家性與可信度

　　警察出於主觀的本身需要設置新聞發言人，成為對外界的「訊息窗口」；新聞媒體也出於消息來源「權威與可信度」的必要，而「一定」會找上警察新聞發言人。以此觀之，在媒體「炒新聞」的態勢下，警察新聞發言人的「曝光率」必然與日俱增，經常在電視新聞出現的警察發言人，或許距離「電視名人」，僅僅一步之遙。

　　在新聞學研究裡，Hovland 等人很早就有關於「消息來源可信度」的研究，根據他的研究，消息來源可信度是一種對消息來源的「認知陳述，而非消息來源的特性」；或是「一組接收者關於消息來源所持的知覺」。消息來源的可信度是來源的專家性（source expertise）和可信賴性（source trustworthiness）的綜合[3]。Hovland 研究的重點，在於闡釋可信度或專家性，是指外界感受到的「認知」、「知覺」。

（一）專家性

　　新聞來源是否具備提供訊息的能力（competence）或資格（qualification）。

（二）可信度

　　新聞來源具有足以令人信任的特質，涉及說話的人是否誠實、可信。

專家性與發言人的年齡、性別、人格特質無關；而是與閱聽人接收訊息後的歸因所產生的「認知」或「感覺」有關。明白的說，不一定專家才能具備「專家性」，它指的是閱聽眾認可了發言人的能力或資格；「感覺」到發言人是專家。同樣的，「可信賴性」並不證明發言人絕對不會說謊，只是他讓閱聽眾產生了「不會說謊」，而且值得信任的「感覺」而已；當然，發言人的身分背景也會影響民眾的「感覺」。在消息來源偏向（source bias）研究中也發現，記者在選取消息來源時，明顯地以政府官員、民意代表、學者專家等居多，在政府官員中又以行政部門主管被引用的比例為最高[4]。

在 Hovland 之後，McCroskey, Markham, Berlo, Lemert & Mertz 等學者針對新聞來源的研究，雖然觀察到消息來源可信度的不同層面，但大體上都驗證了 Hovland 新聞來源「專家性」和「可信賴性」的意涵[5]。

警察儘管不是當事人，但是警察因為身份原因，容易具備「專家」與「可信度」的特質。警察的任務是參與偵查或處理善後；在此情況下，新聞記者針對社會凶殺、搶奪、鬥毆、死亡、車禍等衝突新聞事件，必然會尋求警察的發言與詮釋。當新聞傳播媒介高度發達時，警察發言人制度就不只是一般的「警察公共關係」概念而已，它已經逐漸成為警察發言人的「日常工作」了；這更突顯警察公共關係與專業發言人的重要性。

二、發言人與媒體關係

從學理上看，警察與新聞媒體的終極功能，都是在追求「公共利益」；但在過程中彼此的需求不完全一致，二者必須在「各取所需」的利益原則下進行互動。新聞記者的需求是「新聞」、「爆料」；警察的需求是「社會治安與民眾安全」、「警政成果宣傳」，警察與記者一直都處於「互賴與對立」並存的態勢[6]。

　　從警察內部觀察，警察是基於國家「特別法律關係」所任用，為人民服務而負有忠實執行職務之義務之人員。警察既然要在「特別法律關係」下發言，那麼，警察與媒體之間就應該以「法律規範關係」為前題。準此，依據相關規定，警方提供新聞資料給記者，此時二者近似於警察對記者的「服務關係」。而在「偵查不公開」的規定下，警察被要求「依法保密、限制發言」，此時二者出現的是「保密」與「刺探秘密」的互動關係。但是，僅只「法律規範關係」不足以描繪警察與記者的真實關係。新聞學者對於消息來源與記者互動關係的研究結果，可供參考。

　　Gieber & Johnson 研究歸納了新聞記者與消息來源三種互動模式，即對立關係（antagonistic）、合作關係（cooperation）與同化關係（asssimilation）[7]。另外，Chibnall 則認為記者與消息來源之間還有交換關係（exchange）[8]。參考前述諸種說法，本研究歸納警方發言人與媒體的關係如下：

（一）法律規範關係

　　包括「服務關係」與「保密關係」；一切互動依規定辦理。

（二）合作關係

　　記者與警方存在利益合作的關係，因為新聞傳播，彼此各取利益。

（三）同化關係

　　記者的新聞產製、工作方式及個人認知都會受到警方期望的影響。

（四）對立關係

記者與警方因為新聞事件特性而出現對立關係。

（五）交換關係

記者與警方會推測對方行動作為，試圖相互滿足對方需求。

要特別說明的是，如果警察涉及負面事件，握有訊息線索的記者通常不會放棄報導。但是記者若與警察熟識，想要顧及彼此情面，記者也會考慮由其他同仁接手採訪，以避免尷尬。換言之，即使警察與媒體的關係良好，並不等於就擁有「壓新聞」的通行證。而在警察負面新聞事件中，警察與記者會從原本的「合作關係」轉變為「對立關係」。此種對立的性質僅限於事件本身，並不表示二者原有的人際關係從此完全改變。

此外，良好的「非正式關係」有利於建立良好的「正式關係」，目前的警察新聞發言人都是兼辦業務性質，發言人處理自己的本職業務以外，想要有計劃的經營與記者的「非正式關係」，並不是件容易的事。

三、媒體守門行為影響發言人表現

警察發言人的表現受到新聞守門行為的影響

守門人（gatekeeper）的研究，是新聞學歷久不衰的研究領域，從 1948 年拉斯威傳播模式（Lasswellian model）提出以來，一直到近期，都有檢驗新聞「守門人理論」的研究[9]。守門人一詞，源起於心理學家 Lewin 提出「守

門」（gatekeeping）的概念，他指出：任何團體中的訊息，都會遵循某些通路才能變成新聞，在通路過程中，會有一些關卡由「守門人」把關著。「守門人」可以是個人，也可以是團體；一則訊息是否能成為新聞以及用什麼方式呈現新聞，都由「守門人」把關決定[10]。

White 應用守門人的概念進行研究，他以美國中西部某報電訊編輯為研究對象，分析研究新聞取捨與守門的過程。發現守門人以個人的主觀意見來進行新聞取捨，包括個人偏見、喜好、經驗和期待等等[11]。Cohen 在研究各國駐華盛頓記者時，發現記者群存在兩種專業意理。一種是純粹的「反映現實」，報導事實的專業意理；另一種是「向公眾闡釋」，加入分析與批評專業意理，他們會替讀者解釋各種消息的意義[12]。這兩種專業意理中，第一種可稱作中立的「守門人」（neutral gatekeeper）意理，第二種則是參與性的「鼓吹者」（participant-advocate）意理[13]。

守門人不只是「個人」而已，整個新聞組織都有守門行為。Gieber 指出，與新聞蒐集系統有關的「新聞人」都是守門人，包括編輯、記者、發行人、訊息提供者等[14]。Bass 認為守門人也是「組織人」，守門人扮演的是隸屬於媒介組織下的角色，而編輯室的新聞工作檯（central news desk）才是取捨新聞的關鍵性決策者[15]。Donohue 等人的研究也指出，守門行為不只是新聞的選擇而已，實際上還包括對訊息的形塑、突出、特定時段安排、淡化或重複強調等[16]。

Shoemaker 從傳播常規探討守門行為，他認為截稿時間、寫作方式、採訪路線和新聞價值觀是全部新聞的「門關框架」；個別守門人則是再在傳播常規的門關框架內決定個別新聞的取捨。Shoemaker 歸納出影響守門行為的八個主要因素是：消息來源、閱聽人、市場、廣告主、政府、利益團體、公共關係和同業競爭等[17]。

新聞守門行為會導致一個結果，就是「新聞不等於全部的客觀真實」，最多只是小部份客觀、大部份主觀的「訊息產製」結果而已。此一建構結果，就是媒介創造的「社會真實」（social reality）。社會學家 Tuchman

因此指出，新聞絕對不是「自然產物」，而是一種社會真實的建構過程；而且是媒介組織與社會文化妥協的「產品」，具有轉換或傳達社會事件的公共功能[18]。

　　台灣目前有 8 個 24 小時播出的新聞頻道，加上 5 家無線台的新聞部門，普遍運用 SNG 衛星現場直播新聞，多少挑戰了「組織守門」的權力。SNG 電子媒體科技把守門行為幾乎都交給第一線的採訪記者；記者取捨新聞因為沒有經過編輯台，而享有較大權力，相對也要負更多的責任。SNG 的記者經常在鏡頭前不知所云、誇張的戲劇化表演，長期下來，許多記者都曾經出過錯誤，並且成為笑壇或社會詬病的怪現象。

　　從前述「新聞守門」和「訊息產製」的觀點來看，無論警察發言人說了什麼，不保證新聞就會「照單全收」；反而是發言人說完之後，由記者來決定要用什麼，要播出什麼。剪輯技術的運用，一方面可以由記者修飾發言人的論述，或許對警察是「有利的」；另一方面也可能由記者斷章取義，結果對警察是「不利的」。這使得警察新聞發言人在面對鏡頭開口之前，必須要冷靜思索自己稍後要講什麼？講多久？選擇什麼語氣講？要給媒體公眾什麼「感覺」？想要達到什麼「目的」？如果講太多、太廣「許多沒有目的」的發言，就會成為記者斷章取義的素材，警察發言過後通常難以挽回。

第三節　影響警察新聞發言表現的內在因素

　　警察發言人可藉由「內在因素」取得更有利的發言表現。這涉及的是發言人「口語傳播表達」的能力。尤其是以敘事為主的公共關係語藝學派、強調語言表演性質的語藝學、戲劇觀點與五因元素等等語藝觀點，對警察發言人具有諸多啟示。簡介如下：

一、以敘事為主的公共關係語藝學派

　　公共關係業務繁多，但可簡化為兩個基本要項：（1）塑造形象；公關職能猶如「化粧師」（2）危機處理；公關職能猶如「滅火隊」。從公共關係的研究途徑而言，學界將之區分為「管理學的公共關係」、「整合行銷傳播的公共關係」和「語藝學的公共關係」三大類別。警察發言人無論是執行「塑造形象」或「危機處理」，都要講話；警察要如何「說得更恰當」，可以從「公共關係語藝學派」中尋找參考模式。

　　語藝學派認為，公共關係是組織的「修辭者」，因此，舉凡與符號產製有關的，例如：口號、標語、宣傳、公共演說等，都是公關人員的職責所在，形象和名譽管理更是其工作重點[19]。學者吳宜蓁從危機傳播出發，認為危機語藝的重點，在於分析「組織對外的語言符號文本或外界對於組織的論述文本」，藉由分析這些公共記錄或媒體報導來制定公關策略。危機語藝從事的是建立共識、形象修復、危機修辭和自我防衛等說服工作，終極目標是要達成「挽救組織形象」以及「達成說服影響的效果」[20]。

　　運用語藝論述去執行危機處理的策略，主要的就是「給理由」（account-giving）的策略，公關專家設法以各種方式與媒體和利益關係人尋求溝通[21]。以口語傳播與修辭的途徑執行危機處理，與之前以大眾傳播為導向的公關策略大不相同[22]。簡單的說，以修辭為途徑的危機處理，就是當組織面對危機時，要從如何「說故事」與如何建立「敘事結構」著手思考對策，建立一個或一組危機處理的「敘事結構」還可以提供組織成員趨於一致地危機處理計劃、危機管理以及外部的危機溝通，以期組織能夠及早脫離危機[23]。

　　要如何「說故事」與如何建立「敘事結構」取決於危機的情境；危機情境也主導了危機傳播策略的選擇。決策者在通過建立思考框架（framework）後制定危機語藝。此一框架包括了對目標閱聽人、危機類型、可用證據、傷害程度、組織信用、法律問題、以及組織資源配置的分析思考[24]。

　　敘事有兩大主要的功能，第一是建構知識，第二就是說服。Fisher 為語藝領域提供了「敘事典範」，此一典範以「故事」作為核心，並提出五項假定：（1）人在本質上是敘事的動物（homo narrans）（2）人的溝通決策基本方式是由好的理由（good reasons）來支撐（3）好的理由並非一成不變，而是受到經驗、文化與相關人物所影響（4）人所具備的理性是敘事理性(narrative rationality)，敘事理性是由敘事可能性(narrative probility)與敘事可取性（narrative fidelity）來決定（5）人們所認知的世界是由一連串不同的故事組成，並非所有的故事都會原封不動的被傳遞；大部分的故事會經過轉換。Fisher 認為：故事不但廣受人們喜愛，也是人們日常生活中相當普遍的現象。人們使用象徵符號的終極形式就是說故事[25]。

　　如果「人們使用象徵符號的終極形式就是說故事」，那麼，警察公共關係策略就應特別倚重發言人對外「說故事」的發言表現。不是每個人天生都是說故事的好手，擔任警察發言人，需要透夠學習與練習，來說好故事，給社會一個「好的感覺」。

二、強調語言表演性質的語藝學

　　新聞來源人物依其角色可區分為當事人（undertaker）、舉事人（promoter）與評論人（commentator）。在整個新聞製造過程中，消息來源藉由接近用媒介的機會，篩選、宣揚與自己有利的資訊[26]。警察新聞發言人通常也會扮演前述三種不同的角色。處理本單位相關新聞時是「當事人」，處理社會新聞時是「舉事人」，處理警政宣導時則是「評論人」；或者在同一事件中，發言人需要交替扮演三種不同角色。這就使得警察新聞發言人的口語表達，在不同角色間轉換流動，警察的發言相當接近「表演」性質。

　　關於「語言的表演」，Leith & Myerson 指出，語藝提供了一種強調語言表演性質的基本詮釋框架，語言總是在解決某些事物；獨特的言辭是在相互往覆後才出現的[27]。語言鑲嵌在論證的河流之中，以開放為特徵，「玩弄」一些從未完成，但開放給人們詮釋、再詮釋的意義[28]。既然如此，那麼，語言是如何表演呢？「表演」是一種表達藝術的形式，而將語藝區分成「藝術的」、「非藝術的」的論證，這可以追溯到亞里斯多德（Aristotle）的古老年代。

　　亞里斯多德認為「語藝的目的就是說服」，說服須通過論證的過程，因此他將語藝論證，區分為以下兩類[29]：

(一) 非藝術的論證（inartistic proofs）：指的是那些原本就存在的，只不過在證明的過程中，被人發掘出來的。例如水在一定低溫下，會從液態凝結為固態的冰；水在一定高溫下，會從液態蒸發為氣態的論證。

(二) 藝術的論證（artistic proofs）：不是原本就存在的，而是經過語言描述的過程，被人為建構出來的論證。藝術的論證包括道德的論證（ethical proof，ethos），表現出發言者的特質是符合道德標準的；藉此建構聽者對言詞可信度的論證。倫理的論證（pathetical proof，

pathos），運用「善與惡」、「卑鄙與高尚」的倫理觀念，將聽者帶
入憐憫或同情的狀態，也可稱為「激發感傷」（灑狗血）的論證。邏
輯的論證（logical proof，logos），以因果關係、歸納出的理性論證，
通常會包括明確的數字、時間、地點、行動，來提出合理性的論證。
語藝學僅關注於藝術的論證。

ethos，pathos，logos 三項藝術論證，亞里斯多德稱之為「說服三要素」。
此一提議雖然古老久遠，但卻歷久彌堅。「說服三要素」一直都是口語傳
播學術領域與實務演練的基礎，當代諸多延伸出來的「說話藝術」、「演
講魅力」云云，無論如何轉換變化，基本並不脫離 ethos，pathos，logos
的穿插運用。

　　語藝是一種通過語言遂行說服的藝術[30]。語藝的語言是有計畫的、迎
合聽眾的、隨人們動機而改變的、因應情境需要而產生的、為了說服而出
現的[31]。這種近似於「表演性質」的語藝「說服論證」，值得警察發言人
重視、參考。

三、戲劇觀點與五因元素的語藝理論

　　語藝學者普遍認為語言具備「表演」性質，然而，為什麼要表演？表演
的目的是什麼？Kenneth Burke 從探索「人的本質」出發，認為人會追求善、
避免惡；人也會「在意別人的批評」。人會建立善惡、是非、等對立的概念，
並發展出戒律；在分辯善惡與遵守戒律之間，人是以遠離「罪」，追求完美
卓絕（perfection）為依歸。換言之，如果人沒有羞恥心或戒律的概念，語言
將會失去說服的效果。人會創造象徵符號（symbolic），並且使用這個象徵
符號；有時甚至還會濫用或誤用這些象徵符號[32]。如果把具有表演性質的這
些象徵符號組合起來，就是一場可以參與、可以旁觀也可以評析的「戲劇」。

而語言戲劇其目的，自然就是在追求完美卓絕。對此，學者整理了 Burke 的語藝概念與詮釋，建構以 Burke 觀念為核心的「戲劇五因」。參考國外學者 Gusfield 和國內學者林靜伶的見解，綜合簡述「戲劇五因」如下：

　　Burke 認為，無論是語文論述的文本或是非語文訊息的行為，任何語言行動表現的溝通過程必定充滿戲劇意涵，必然含括「五因」元素的結構，並且呈現「五因」元素即場景、行動者、行動、能動和目的排列組合。

（一）場景（scene）

語言行動發生的場地、情境、背景、原因。

（二）行動者（agent）

參與戲劇角色的語言行動人物。

（三）行動（act）

行動者具有意識的語言符號行為。

（四）能動（agency）

行動者採取語言行動的手段、工具、技巧與方法。

（五）目的（purpose）

語言行動者自覺的目標或意圖。

人生即是戲（life is drama），戲劇形式就是語言行動者人生的真實存在，行動者必須有秩序的佈置經驗（place experience in order），才能讓戲劇產生意義。「戲劇觀點」的語言行動可以從兩個面向來看：一是理解情境的認知面（cognitive side）；是以戲劇觀點聽或評價別人怎麼說、說什麼。一是個人對於情境運作的行動面（active side）；是以戲劇觀點決定自己要怎麼說、說什麼。行動者運用語藝應對情境的表現就是戲劇展演，行動者詮釋外在情境的語藝論述，就是演員在戲劇表演中的語言和行動[33]。換句話說，語藝學可以幫助一個人成為好的聽眾，分辨並且評價別人的說話，表現了什麼表面意義，表現了什麼言外之意？語藝學也可以幫助一個人成為好的言說者，讓自己具備更完整的言說能力。

林靜伶建議要從「見微知著，把大家認為理所當然的行為、視而不見之處，透過案例研究歸納或演繹」[34]。這是口語表達研究很好的參考方式，本研究即採取這樣的建議，挑選在日常生活中，警察所不曾注意的、認為理所當然的發言行為，進行個案實例分析。

本研究以任意方式選出的七則電視新聞個案樣本，具有的共通性是：（1）發生在 2007 年 3 月份（2）媒體已經出現顯著報導（3）警察發言人的面容形貌及口語都出現在電視新聞影音中。本研究分析時採用的名詞，釋意如下：（1）語言行動背景：指警察發言人因為發生了什麼案件、基於什麼目的而需要發言，是研究者參考資料後的客觀陳述（2）發言人的目標：是發言人意欲達成的效果，是研究者主觀的推測與研判。

第四節　警察新聞發言人口語傳播個案分析

台灣電視新聞作業，一般情形下每則新聞以 120 秒加減 10 秒為準，新聞主播使用 20 秒加減 10 秒播報，另 90 秒加減 10 秒播出由記者剪輯完成的新聞，受訪的警察發言人就出現在這 90 秒內。這 90 秒是由記者的旁白和受訪者的發言穿插進行完成的。

此外，SNG（Satellite News Gathering）是記者在現場播報，利用衛星傳輸信號到攝影棚，和主播接續播報新聞的作業方式。以 SNG 作業播報的新聞，由於是立即同步，「守門」的作用相對較弱，很容易出現因情緒緊張而不知所云的低品質新聞，但是無論記者或受訪者都不能「錯了重來」。因為 SNG 有「臨場感」足以吸引觀眾，一直都是電視台喜用的作業方式。另本文使用到三個新聞作業用語，釋意如下：（1）記者 O.S.：O.S.即 "Out Sound" 指記者在剪輯與後製時完成的旁白配音，記者身影並未在畫面出現（2）記者現場未入鏡 announce：指記者在採訪的同時，插入發問的語句聲音，但記者身影未在畫面出現（3）記者現場入鏡 announce：指記者的身影面容及語言聲音同時出現在電視畫面。

本研究的樣本有「陳榮吉案」、「葉菊蘭表妹案」、「林煌斌案」、「李睿隆案」以及「周政保案」。本研究引用之資料，均得之於媒體報導，早已為公眾所共見共聞，故對於當事人姓名並不隱去；對於個別警察發言人則不區分職別姓名，一律以「警察發言人」稱之。

一、研究樣本：陳榮吉案之一

　　語言行動背景：兩名員警執勤時配槍遭搶，歹徒持警槍擊斃一名駕車路過男子，之後，再強迫另一名路過駕駛下車，搶奪該車逃逸。重大案件情節已經媒體報導，發言人回應記者的詢問，就員警疏失發表看法。

　　發言人的目標：警察盼望能得到諒解，試圖淡化媒體對員警失槍的責難。

新聞標題：歹徒奪槍警疏忽，無線電、手機全掉

（記者　O.S.）：回到案發的現場，兩名警員當然沒有預設到會有緊急狀況。

（警察發言人）：賴姓員警啊，他眼鏡掉了，而且被……聽說兩個在……在……在……在這個扭打的時候啊，眼鏡也就踩破了啊，整個視線，就……就……那個了。他等他拔槍以後，他看到三個人，他也不曉得就是說，整個視線不是很清楚啊。所以，也不敢，這個，開槍。結果他就找一個，這個，到對向的車道的護欄啊，嗯，等於尋求這個掩蔽啊……

（記者　O.S.）：員警的配備呢，腰部掛的有槍枝、手機、子彈還有無線電，就是要應付萬一；偏偏愈緊急愈是出狀況。

（警察發言人）：嗯……無線電也是在當時在扭打的時候掉在……嗯……掉在現場那邊啊……啊……也沒有……啊……等於是說在身上掉出來，所以，他等到這個，退到護欄的時候，身上也沒有無線電，也沒有大哥大……

（記者　O.S.）：就是這樣延誤了通訊。

（警察發言人）：第一時間這個反應啊，可能，就是，嗯……是……是有點大意，這點，這點我們會再加強教育。

（記者　O.S.）：就是這樣一連串的要命狀況，串連了襲警、奪槍、劫車、殺人的意外。（民視新聞）

口語傳播分析：在上述案例中，記者成為一名批評者，將警察發言人的口語表達切成三段播出，並穿插四段記者的旁白。但這則案例也顯示出記者試圖與警察保持「合作關係」，記者顯然是想要協助警察盡量淡化對警察失槍的責難。但警察發言人對於發言內容欠缺事前整理，詞語表達明顯過份緊張，想要爭取社會對警察的同情，並不容易。

二、研究樣本：陳榮吉案之二

語言行動背景：前述的襲警、奪槍、劫車、殺人案，警方隨後逮捕嫌犯陳榮吉，並向媒體公怖嫌犯資料以及移送畫面。嫌犯被聲押獲准的第二天，一家平面媒體以大篇幅報導，並舉證歷歷，強烈質疑警方「抓錯人」。警方找來當事員警再度指認，仍然確認無誤。但隨後，另有方姓嫌犯到案，警方錯抓陳榮吉的可能性大增。在此背景下，記者就否抓錯人，再向警察發言人查證。

發言人的目標：再度提出證人的指證，保證警方沒有抓錯人。

新聞標題：失槍員警再擺烏龍，指認嫌犯出錯。

（記者　O.S.）：值勤被搶配槍的國道警察林育重，案發之後配合調查，一臉沮喪，同事長官不斷的安慰。整起案件的進度在逮捕陳姓嫌犯之後，出現重大突破。

（警察發言人）：案發當時，曾經當面盤查歹徒的國道公路的員警林煥

重，他的……啊林育重，他的這個當面再三的指認，確
定，這個陳榮吉涉有重嫌……

（記者　O.S.）：儘管外界已經質疑，疑似抓錯人，警方上午再度找來兩
名國道員警，辨認嫌犯就是陳榮吉，還提出證據，語氣
相當堅定。

（警察發言人）：林育重在指認的時候，曾經明確的指出，就是這個……
他……這個……盤查的歹徒的這個右邊脖子這個地方
啊，有一些明顯的紅色的一些痕跡。那麼，陳榮吉在
我們拘提到案的時候，他的頭部啊，也有一些明顯的
撞擊的痕跡……

（記者　O.S.）：雖然指證歷歷，不過隨著警方抓到了方姓嫌犯，案情出
現一百八十度轉折。

（警察發言人）：如果方旭良這邊一到案的話，陳榮吉應該是可以排除
的……

（記者　O.S.）：早上才說沒抓錯人，下午卻坦承耍烏龍，等於證明兩名
國道員警指認錯誤。原本暫停職務的兩個人才剛回到工
作崗位，現在又得到警局裡面報到了。（三立新聞）

　　口語傳播分析：上述案例與前一則案例一樣，在 90 秒內，記者旁
白佔了四段，警察發言被切成三段。在這則新聞中警察發言人表現出
「警察應該不會錯」的企圖，所以再次引用證人的證詞來加以辯護。
記者在這則新聞中成為「旁觀者」，而且對於訊息的掌握十分快速。
警方的這次發言，在語意上已略顯保守。回顧當時情境，如果警察發
言人對於案情真相沒有十足把握，或存在猶疑不決的情況，警察發言
人應該當機立斷，婉謝採訪，請記者靜待最新查證。

三、研究樣本：陳榮吉案之三

語言行動背景：延續前則案例，警方在嫌犯之一方旭良到案後，加上其它證據，確定襲警、奪槍、殺人案是由方旭良和在逃的石國慶二人所為，先前拘捕羈押的陳榮吉是被錯抓、錯關了。由於陳榮吉係領有殘障手冊的中度智障人士，各界因此對警方的撻伐，更加高漲。警方必須儘快放人，並且向外界說明。這則新聞是透過 SNG 作業，以現場直播方式播出的。

發言人的目標：企圖說明警方即使抓錯人，也是根據情況證據而發生的憾事，並不是故意要抓錯的，或未經查證而抓錯人。並且向錯抓的陳榮吉及其家人致歉。

新聞標題：烏龍！襲警奪槍案，警方坦承抓錯人。

（記者現場入鏡 announce）：是的，主播、各位觀眾，台南縣奪……襲警奪槍殺人案，剛剛有了最大的進展。警方在剛剛已經出面說明承認抓錯人，我們來聽一下，台南縣警方的說法。

（警察發言人）：我們，台南縣警察局，跟國道公路警察局，還有刑事警察局，成立專案小組，偵辦石國慶奪槍濫殺無辜這個案，我們除了積極追緝這個石國慶之外呢，今天，下午，這個案情有個比較大的轉折。就是我們，在嘉義呢，中埔查獲，當天呢，跟石國慶同車的方旭良。他到案之後呢……嗯……坦承，講得非常清楚，確認，他是跟石國慶同車，要到高雄去，在國道上，被……嗯……公路警察攔查的。那至於昨天，這個，陳榮吉，我們移送的陳榮吉的部份呢，我們是根據一些狀況證據還有指認情況下，當然我們多少有些誤導，而造成一些錯誤。在這裡

呢，我也代表專案小組，向我們，陳國慶本人以及他家
屬呢……造……因為造成困擾，而表示歉意的，那……

（記者現場未入鏡 announce）：陳榮吉……

（警察發言人）：陳榮吉，對……

（記者現場未入鏡 announce）：可不可以再講一次……

（警察發言人）：講錯了？

（記者現場未入鏡 announce）：對，講錯了……重講一遍，道歉的部份……
從誤導那裡開始……道歉的部份再講一遍……

（警察發言人）：至於說，這個，昨天我們移送的陳榮吉……啊……因為
我們根據一些狀況證據，還有，這個指證的一個誤導，
而將他移送，那，這一點呢，讓陳榮吉以及他的家屬造
成困擾呢，我在這裡呢，代表專案小組呢，向陳榮吉以
及他家屬呢，表示歉意的，那當然我們也會加以檢討，
接下來我們還是要來積極來查緝石國慶到案，這個才
是……

（雜　音）

（記者現場未入鏡 announce）：那麼，剛剛台南警方已經方出面說明（記
者重覆警方說法，略）。（中天新聞）

口語傳播分析：上述案例係以 SNG 現場方式播出，全程不中斷播出，
發言人引述當事人姓名錯誤，也完全被播出。警察發言人的歉疚之意與緊
張的情緒，在本案例中一起表露出來。這類道歉與承認錯誤的發言，如果
不要在之前引述原由，採取一開始就道歉的方式，爭取同情與社會諒解的
效果會更好。本案也顯示出，警察一方面投入心力辦案，一方面要把新聞
發言工作做好，不是一件容易的事。尤其面對 SNG 作業，許多受訪者都難
掩緊張情緒。

四、研究樣本：葉菊蘭表妹案

語言行動背景：平面媒體刊出圖文新聞，指控警方把大案辦成小案，被害人因此二度慘遭擄走毆打，轄區警方顯有失職。而特殊的是，媒體報導認指出「當事人是前行政院長葉菊蘭表妹，既然台北縣警方不辦，只好請出台北市警方救出被害人」。在平面媒體刊出後，電視新聞記者向承辦的警方追蹤這則新聞。

發言人的目標：發言人是台北縣警方的承辦員警及高階長官。承辦員警想要澄清自己依現場實況調解兩造債務糾紛，並沒有「大案變小案」情事。高階長官則試圖淡化本案，避免發生其它不可測的影響。

新聞標題：葉菊蘭表妹兩度遭擄贖，受虐五天
　　　　　張女遭擄毆傷，北市北縣警兩套標準

（記者　O.S.）：膝蓋到現在還腫脹瘀青，手臂上滿是傷痕，照片中的女子就是遭到擄人勒索甚至還被毆打的張姓女子，因為前夫欠錢，債權人找上她。但當初第一次被擄的時候，她透過親友向台北縣三重分局報案，竟然被警方認為是債務糾紛，在工作記錄簿上簽完名，離開之後，又被強行擄走毆打成這幅模樣。

（承辦員警）：到現場的時候，五個人坐在桌子上啊，動作很平和，氣氛很平和，在吃東西……

（記者未入鏡 announce）：既然很平和，那為什麼帶回來。

（承辦員警）：債權人要對債務人提出那個，那個詐欺告訴嘛……

（記者現場未入鏡 announce）：有沒有看到對方有攻擊的事情……

（承辦員警）：沒有，絕對沒有。

（記者　O.S.）：強調當時場面平和，所以才會以單純案件處理，但按照張姓女子的說法，第一次被擄走的時候，雖然沒有受傷，但被帶回警局的還有五、六名擄走他的黑衣人和袁姓夫妻。離開派出所之後，她再度被強押上車。

（警察發言人：高階主官）：根據，我們員警的陳述，當時啊，應該還沒有妨礙自由的情形，那在事後，她在半途發生什麼狀況啊，大概他……我們呢，也不是很清楚他後來他發生的情形啊，當時在現場應該是……有沒有妨礙自由……應該是沒有。

（記者　O.S.）：只是明明可以避免的傷害罪，因為一開始的員警不以為意，讓囂張的討債黑衣人，再次擄走張姓女子下手。最後張姓女子親友還是透過葉菊蘭的關係，拜託台北市內湖分局的幫忙，成功救出張姓女子。但對她來說，傷害已經造成，恐怕這樣的疏失，台北縣警方難辭其咎。（年代新聞）。

　　口語傳播分析：上述案例出現了兩位警察進行發言，一位是基層承辦員警，另一位是高階長官。這個案例顯示出，並不是只有固定的警察發言人要負責對外發言而已，承辦人也可能會成為媒體採訪對象。這則案例中，記者明顯的採取了「對立關係」。記者不在乎警察澄清了什麼，而是自行論斷承辦的警方一定有疏失，而且「難辭其咎」。在記者所加入的評論中，記者的立場明顯傾向權貴一邊。也因為事涉權貴，高階長官發言也謹小慎微，表現出「動輒得咎」的擔憂，發言的態度很難堅定、明快。

五、研究樣本：林煌斌案

　　語言行動背景：台北街頭發生自小客車衝撞公車亭，將候車民眾撞成一死四傷，肇事人下車短暫查看後駕原車逃逸。當時，肇事車輛及駕駛人身影已被其它路人拍攝，事後並提供警方參考。警方查出駕駛肇事人為男子林煌斌，媒體也刊播肇事人身影照片。林煌斌在躲藏數日後透過友人牽線向警方投案。警方偵訊後要移送之前，在警局門口的發言。

　　發言人的目標：說明林煌斌到案經過。

新聞標題：公車亭嫌犯落網，林煌斌沒說對不起
　　　　　撞車造成一死四傷，嫌犯堅稱沒有酒駕

（記者　O.S.）：逃了一天，林煌斌終於投案，但是，頭戴安全帽的他，是什麼都不說，連一句對不起也沒有。

（記者現場未入鏡 announce）：要不要跟家屬道歉……要不要跟家屬道歉……

（記者　O.S.）：媒體不斷追問，短短的十幾公尺，走了二十分鐘，最誇張的是，他的十多名黑衣友人，還幫他組成人牆，甚至與員警、媒體發生衝突。

（現場黑衣人、攝影記者推擠、警察十餘人架持林煌斌前行、現場吵雜）

（記者現場未入鏡 announce）：到底什麼人……太誇張了……你們……

（記者　O.S.）：根據民視掌握的獨家消息，六十二年次的林煌斌，昨天闖禍後，先到蘆洲找朋友幫忙，但是這一名朋友，知道事情的嚴重性，因此不願意協助躲藏。之後，他就跑到三重中興橋附近，遊蕩了整個晚上。二十一號上午，他找上另一名小時候玩伴，恰巧這名男子與分局鑑識科某員警熟識，因此，這名員警立刻前往三重地區進行一對

	一的道德勸說，從早上十點一直到十二點，不斷的曉以大義，才順利策動林煌斌主動投案。不過，到案後，林煌斌堅稱，自己絕對不是因為酒駕才肇事。
（警察發言人）：	據他自己講喔，他是沒有……沒有喝酒，但是呢，因為，那天晚上呢，他……在朋友家呢，就是玩那個線上遊戲，整夜都沒有睡覺，就是說，他到了肇事地點的時候呢，就是……稍微……這個……打瞌睡了一下，結果就……這樣……撞上了。
（記者　O.S.）：	但警方對於他的供詞採取保留態度，因為過去他就有酒駕前科，駕照還在吊扣當中，所以還要進一步偵訊，以釐清肇事原因。（民視新聞）

　　口語傳播分析：上述案例是在移送人犯的動態現場事件之後，接著由警察對媒體說明肇事人投案經過。在這則新聞案例中，警察發言人忽略了他發言的背景，應該還有另一個現場，就是無辜的被害人一家老小聚集「要討公道」。警方對肇事人採取了相當禮遇的保護措施，避免其與被害家屬的接觸。既然如此安排，警方就應對於被隔開的被害人家屬發表「形式上致意」的發言，所謂「形式上致意」，是指對被害人一家老小表達同情之意。但是，警察在發言中並未關照到案件中的利害關係人，失去一次論述警察是為「社會全體」服務的機會；警察發言人重述的內容，偏向嫌犯到案後為自己降低罪惡感的自白。

六、研究樣本：李睿隆案

　　語言行動背景：四天前發生的襲警奪槍劫車殺人重大案件後，同一縣內再度發生一起歹徒搶奪警察配槍後，再開槍擊傷警察的重大刑案。初步

判定在逃嫌犯為男子李睿隆，但受到陳榮吉錯抓案的影響，又有媒體質疑嫌犯李睿隆的指紋證據有誤，可能是另一起「烏龍」案。警方在各界關注下，以記者會方式對外澄清。

發言人的目標：提出指掌紋證據，澄清警方緝捕李睿隆有明確的證據。

新聞標題：刑事局證實，C87125 指紋李睿隆的驚弓之鳥
　　　　　　警高層好怕烏龍兩字

（記者　O.S.）：襲警奪槍的贓車上，採到的指紋，證實確實是李睿隆的。

（警察發言人）：經過我們的比對的結果……比對的結果，有六枚指紋，喔，還有一枚指掌紋，確定是李睿隆的指掌紋。

（記者　O.S.）：這六枚指紋和一個掌紋是在李睿隆搶的第二台車，車號 C87125 的駕駛附近採到的。原本刑事局收到的第一批鑑識資料只有李家妹妹安全帽上的指紋，找不到李睿隆的。一度傳出台南縣警局又搞錯對象，直到縣警局又送來第二次樣本。

（警察發言人）：第一次所送來的這個指紋的部份，不是說它不是李睿隆的喔，排除他涉案，而是說他的特徵點不足，還有一個另外的指紋是他妹妹的。這個部份，也特別跟大家做一個澄清。

（記者　O.S.）：烏龍兩個字，最近變成了最恐怖的字眼，警界高層有如驚弓之鳥，深怕又錯了什麼東西。這回縣警局送錯資料，沒有說清楚，差點又變成搞錯對象。壓力大，就得更小心謹慎。（東森新聞）

　　口語傳播分析：上述這則案例，警方提出的論證是：「第一次鑑識的指紋，特徵點不足，並不存在警察送錯資料的問題」。但是記者仍然加述自己的意見，宣稱警方是「送錯資料」。這則案例是在局內舉行的記者會上的警察發言，一般情況下，局內記者會的主動權大部份會在警察發言人這一邊，可以有充份準備，發言表現也比較穩當。但是，在其它定型的記者會時，則因為欠缺動態事件或畫面，新聞性與臨場感比較不被電視新聞青睞。例如警政宣導的記者會後，通常經過新聞守門行為後，很難成為顯著議題。

七、研究樣本：周政保案

　　語言行動背景：連日發生黑道火併槍擊案，警方全力偵辦之際，卻有TVBS 電視台獨家宣稱接獲周政保自拍錄影帶。在錄影帶中，周政保身著防彈背心，前方桌上放了 M16 步槍和各式手槍，自稱近日發生的「目仔興」槍擊命案為他的老大劉所主使，甚至在錄影帶中拉槍機嗆聲，對劉語多不滿，叫對方不要躲起來當龜兒子，「趕快出面解決問題，不要讓事情鬧到不可收拾」。在 TVBS 播出後，各家電視台跟進播出，社會嘩然，也挑釁警方維護治安的能力。警察必須出面回應媒體的大量報導，必須聲明立場。

　　發言人的目標：展現警力，向社會保證警方維護治安的決心，以心理戰震懾周政保。

新聞標題：呼籲自首，警稱已掌握自拍歹徒行蹤

（記者　O.S.）：周姓男子自拍影帶，承認自己就是持槍殺人和掃射案的真凶，警方第一時間舉行記者會，回應自拍影帶的內容

到底是不是真的。

（警察發言人）：影像是……我們確認這個就是阿保，沒有錯，啊他特別提到三月二十號所說的，我們本轄另外一件槍擊案，是否誠如他所講的，我們現在因為基於偵查不公開……

（記者　O.S.）：警方不願證實周姓男子是不是槍擊案的真凶，還說了五次的偵查不公開。但歹徒展示火力，還嗆聲要做掉角頭老大，行徑囂張，警方也向歹徒強硬喊話。

（警察發言人）：在這邊特別呼籲，周某的行蹤，我們早已掌握，我們這邊特別呼籲，周某能夠儘快投案。

（記者　O.S.）：自拍影帶中，周姓男子還說，他要做掉的劉姓角頭，就是殺掉林振興的主嫌，這表示林振興命案的真凶有了眉目嗎？警方同樣不願證實。（TVBS 新聞）

　　口語傳播分析：在這則案例中，警方發言人站立在講桌之後，其身邊及身後也站立多位著警服的高階警官陪同，這是意圖藉由畫面表達警方決心的畫面訊息。在這則新聞中，發言人說出「偵查不公開」，是值得商榷的。從記者要新聞的角度來看，發言人應該有很多話可以說，但不必說「偵查不公開」這五個字。就記者的問題，發言人固然明知屬於「偵查不公開」，但也不必直敘「偵查不公開」這五個字。在口語傳播訓練中，有「答非所問」這一項；在實施「答非所問」時，發言人還是要給人誠懇與可信任的感覺。發言人一旦提到「偵查不公開」，也就失去警察發言的機會了，反而會變成記者自下判斷或自己猜測的局面，造成警方更多困擾。換句話說，任何一位警察發言人都不應該說出「偵查不公開」，只要說出這五個字，就難以達成發言者的任務。

八、綜合分析

從本研究的七則個案分析中，可以發現，無論警察發言人面對鏡頭說了多少話，在一般情況下，只會出現大約 50 秒以內，而且，多數情況的開頭和結尾都是記者旁白；新聞組織的「守門」在新聞中表露無遺；SNG 作業的新聞則會讓警察發言超長。但是無論面對那一種新聞作業方式，警察發言的設計都應該以 20 秒作為一個段落，最多三個段落。即使面對 SNG也應該如此。若記者的問題超出發言人事先準備的範圍，發言人就應該給予婉拒。發言人要抱持「多言無益」的基本原則，以此原則準備發言內容。

此外，歸納出影響警察發言的外在與內在因素，綜合警察發言人口語傳播表現及所出現的問題，略如下圖所示：

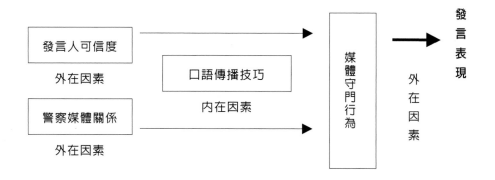

圖1：影響警察新聞發言表現的外在因素與內在因素

(一) 警察發言受到外在因素諸如媒體關係與新聞守門的影響，使得發言被切割，往往不能完整呈現發言者的原意。
(二) 警察發言人並不熟悉電視媒體作業模式，面對鏡頭時沒有妥善預擬，說了許多話，但是都沒有播出。

(三) 警察發言若事先未作好充份準備，很可能無法傳達警察的可信度與專業形象。

(四) 警察發言已不限於固定的發言人，所有警察都有上新聞的可能。

(五) 良好的媒體互動關係可以得到記者的合作，對警察作有利的播報。

(六) 警察應從影響發言的內在因素著手，學習語藝理論，練習改進口語傳播技巧。

　　警察發言表現受到內在因素和外在因素影響，如果不能掌握外在因素，至少掌握內在自主因素，警察面對記者時的發言表現，至少已經少輸一半。新聞報導塑造閱聽大眾對於周圍世界的認知印象，並且影響社會輿論對於各式議題的態度偏向[35]。本文則認為改進警察發言的口語傳播雖然方向與範圍都很廣，但以下四點可供發言人參考：

- 發言是具有戲劇性質的表演，包括使用非語文行動
- 發言是有目的性的行為
- 發言要有堅定、清晰的口語
- 發言的效果首要是對警察有良好的感覺

　　除了上述歸納，本研究認為，再多的修辭與口語技巧也改變不了已發生的事實，所以，儘量避免警察錯誤，警察發言人就可以有更多心力來建構警察正面形象。

第五節　警察新聞發言人
要務實面對當前新聞傳播環境

一、警察機關發言人欠缺專業

　　本章計研究分析了七則電視新聞實例，這些發言內容，可能是許多警察與警察發言人早已「視而不見」、「理所當然」的行為或表現。「發言人，不就是對媒體講話，接受採訪嘛」。但是，當把警察發言人的口語傳播內容文字化，並且進行了初步分析後，可以看到的是另外更多的問題，一點都不「理所當然」，也一點都不應該「視而不見」。而且暴露出警察發言人普遍欠缺專業的隱憂。

　　本章所作的研究分析，意在突顯警察發言人出現的全部問題，而不是個案比較。警察新聞發言人的表現並不會損及警察的專業能力或服務熱忱，但是發言表現，涉及全體警察的整體形象。當警察上電視已經成為每天都發生的事情時，警政高層與警政學者都應對此投入更多的關注；沒有其他人會比警察更在意警察的形象與發言表現。

　　對此，黃富源與侯友宜也注意到這個問題，他們在專著中提到：「新聞發言人代表警察機關，不僅面對媒體，也要面對社會大眾。發言人等於是警察機關的門面，因此發言人必須具有群眾魅力、穩重、說話易使人信服等特性」[36]。這說明，警察應該開始著手對於警察發言人進行有計劃的培訓。而且，警察發言人的培訓重點有兩項，一是「影響發言的外在因素」，這是傳播環境課題；一是「影響發言的內在因素」，這是說，發言人自己也要投入時間心力，練習面對鏡頭的口語傳播技巧。

二、警察機關發言人的改進策略

　　台灣現有八家 24 小時播出的電視新聞台，密度高居全球第一、競爭也最激烈。最近已有新聞台開始使用 3G 行動手機影像傳輸，出現了「手機 SNG」的新科技器材，電視台記者可隨時隨地利用隨身攜帶的 3G 行動手機，將新聞送回到新聞部副控和觀眾的眼前；新聞可以更接近「零時差」、「零距離」。這樣的科技進步，使得警察或公眾人物的言行，隨時隨地都被納入「監視」之中。

　　無論平面媒體或電子媒體，新聞內容都出現「小報化」現象，報紙會採用聳動的標題、大量的照片運用，照片也可不受限制的放大版面。「小報化」的新聞不關注理性公共論壇，也不在意有關公共利益的延伸的議題，而是關注事件過程中可被發掘的瑣碎、雞毛蒜皮但有些「賣點」的東西。

　　電視新聞「小報化」的典型表現，例如：電視新聞喜歡捕捉生離死別的哭泣、號啕的畫面與聲音，哭不夠，記者會請當事人再哭一次。例如：有人道歉或陳述冤屈時，鏡頭喜歡捕捉發言者的眼角，等著他掉下眼淚；如果最終眼淚沒掉下來，就不被當作是一條「好新聞」。這就是台灣媒體「作亂」、「作怪」的真實面。警察經常感覺無辜，卻成為不實新聞或誇大新聞的受害者，究其主因，就在這裡。

　　在自由市場經濟體制下，新聞媒體大致有一個運作的模式，就是「二分公共利益」、「八分煽色腥」的「二八開模式」。媒體不會完全丟掉公共利益，這是因為新聞台還想要維持「第四權」的地位；媒體把內容重心放在「八分煽色腥」，則是為了刺激消費、增加收入。明白的說，就是電視台是以關懷公共利益增加所有新聞報導的合理性，再藉「煽色腥新聞」作為賺錢營生的工具。

　　做為警政學術研究者之一，作者關心的是警察如何增進口語傳播表現，才能應付外在環境的變化。本文建議，警察發言人的改進策略是：先

處理好自己可以主導的，可以轉變的內在因素，再談外在因素。在欠缺口語傳播訓練下，任何人被推上第一線擔任警察發言人，都要承擔相當大的風險。主持警政發展的理論家或實務者，都宜重視警察發言人所遭遇到的難題。

【注釋】

1 黃富源，侯友宜，《談判與危機處理》，（台北：元照，2002）p.267.

2 M.J.Mcmains, & W.C.Mullins, *Crisis Negotiation:Managing Critical Incidents and Hostage Situations in Law Enforcement and Corrections.* (Cincinnati, OH : Anderson Publishing Co. 1996)

3 C.I.Hovland, I.L.Janis, & H.H.Kelley, "Credibility of the Communicator" In *Communication and Persuasion.* (New Haven, Conn. : Yale University Press. 1953) pp. 19-53.

4 J.D.Brown, C.R.Bybee, Wearden, S.T. & Straughan, D.M. "Invisible Power : Newspaper News Sources and the Limits of Diversity" *Journalism Quarterly*, 1987. 64 (1), pp.45-54.

5 J.C.McCroskey, "Scales for the measurement of ethos." *Speech Monographs.* 1996.33 (5) pp.65-72. D.Markham, "The dimensions of source credibility of television newscasters. "*The Journal of Communication.* 1968.18, 57-64., D.K.Berlo, J.B.Lemert, & R.Mertz, "Dimensions for Evaluating the Acceptability of Message sources. "*Public Opinion Quarterly.* 1969-70 .33.pp.563-576.

6 汪子錫，〈資訊社會中的警察媒介素養教育之研究〉，中央警察大學行政警察研究所編《警政論叢》，第五期，（桃園：中央警察大學，2005）pp.109-128.

7 W.Gieber, & W.Johnson, "The city hall beat : A study of reporters and sources roles. "*Journalism Quarterly.* 1961. 38 (3), 3. pp.289-297.

8 S.Chibnall, "The crime reporter : A study in the production of commercial knowledge. "*Sociology.* 1975.9(1), pp.46-66.

9 林東泰，《大眾傳播理論》，（台北：師大書苑，1997）。

10 K.Lewin, "Frontiers in group dynamics : II. Channels of group life: social planning and action research." *Human Relations.* 1947.(1) pp.143-153.

11 D.M. White, "The Gatekeeper." *Journalism Quarterly.* 1950.27:pp.383-390.

12 B.C. Cohen, *The Press and Foreign Policy.* (N.S. : Princeton University Press. 1963)

13 李金銓，《大眾傳播理論》，（台北：三民書局，1993）p.45.

14 W.Gieber, "News is What a Newspaperman Makes it" In L.Dexter, & D.M.White, (eds.) *People Society and Mass Communication.* (New York : the Free Press. 1964)

[15] A.Z.Bass, "Refining the Gate Keeper Concept : An UN Radio Case Study "*Journalism Quarterly*, 1969. (46) pp.69-72.

[16] G.A.Donohue, P.J.Tichenor, & C.N.Olien, "Structure and Constraints on Community Newspaper Gatekeepers." *Journalism Quarterly*. 1989. 66,pp.807-812.845.

[17] P.J.Shoemaker, *Gatekeeping*. (Newburry Park, CA:Sage. 1991)

[18] G.Tuchman, *Making news*. (NY: Free Press. 1978)

[19] 黃懿慧，〈西方公共關係理論學派之探討：90 年代理論典範的競爭與辯論〉，《廣告學研究》，1999 年 12 期，pp.1-37.

[20] 吳宜蓁，《危機傳播——公共關係與語藝觀點的理論與實證》，（台北：五南，2002）。

[21] W.T.Coombs, "An analytic framework for crisis situations : Better responses from a better understanding of the situation." *Journal of Public Relations Research*. 1998.10 (3). pp.177-191.

[22] S.J.Ray, *Strategic Communication in Crisis Management : Lessons From the Airline Industry*. (CT: Quorum. 1999)

[23] R.L.Heath, "Telling a story : A narrative approach to communication during crisis." Paper presented at the meeting of the Speech Communication Association, (San Diego. C.A., November. 1996)

[24] W.T.Coombs, "Choosing the Right Words the Development of Guideline for the Selection of the Appropriate Crisis-Response Strategies, Management. "*Communication Quarterly*. 1995.Vol.8, pp.447-476.

[25] W.R.Fisher, *Human Communication as Narration : Toward a Philosophy of Reason, Value, and Action*. (Columbia, S.C.: University of South Carolina Press. 1987)

[26] 鄭瑞城，《透視傳播媒介》，（台北：天下文化，1991）。

[27] D.Leith & G.Myerson, *The Power of Address : Explorations in Rhetoric*. (London : Routledge. 1989)

[28] S.Livingstone, & P.Lunt, *Talk on Television : Audience Participation and Public Debate*. (London and New York:Routledge. 1994)

[29] F.I.Hill, "The rhetoric of Aristotle. "In J.J.Murphy, (eds.) *A Synoptic History of Classical Rhetoric*. (Davis, C.A. : Hermagoras Press. 1991) pp.19-76 .

[30] 林靜伶，《語藝批評：理論與實踐》，（台北：五南，2000）。

[31] J.A.Herrick, *The History and Theory of Rhetoric : An Introduction*. (2nd). (Needham Heights, M.A.: Allyn & Bacon. 2001)

[32] S.K.Foss, K.A.Foss, & R.Trap, *Contemporary Perspectives on Rhetoric*. (New York: Waveland Press. 1991) p.198.

[33] J.R.Gusfeild, "Introduction." In J.R.Gusfield (eed.) *Kenneth Burke: On symbols and society*. (Chicago : The University of Chicago Press.1989) pp. 1-49.,林靜伶，《語藝批評：理論與實踐》，（台北：五南，2000）。

34 林靜伶，〈語藝學：西方發展與在台灣之現況〉，《台灣傳播學的想像》上冊，（台北：巨流，2004）pp.166-197.

35 D.McQuail, *Mass Communication Theory : An Introduction.* 4th Edition. (London:Sage .2000)。

36 黃富源，侯友宜，《談判與危機處理》，（台北：元照，2002）p.268.

Chapter 10

危機傳播：
警察危機管理與危機溝通策略的擘畫

第一節　警察危機的新形勢

一、警察出現新的危機課題

　　學界探討「危機」課題，從企業、組織角度出發；或者以政治名人、演藝名人為研究對象，已累積相當豐富的文獻成果。這些研究開創了與「危機」有關的學術課題諸如：危機預防與管理、危機公關與傳播危機；還有一些更專門與微觀的研究，例如危機語藝學、形象修復策略等。在風險及危機四伏的社會，這些理論與文獻分別從管理學、公共關係學、傳播學和語藝學出發，發展出形形色色的理論觀點。

　　警察機關探討危機課題，多數是放在以警察功能為前題的「重大治安危機」、「天災人禍、緊急救難危機」上面；有關警察組織為前題的危機課題，在「危機傳播」觀念被提出之後，因為「警察風紀問題」而爆發的警察醜聞頻傳，才開始有人研究。但是，這些少見的研究又多把焦點放在「警察如何處理別人的危機」，對於「警察如何處理自身的危機」極待充實。

　　台灣的大眾傳播極端商業化發展，在惡性競爭下，出現不少畸型現象；警察組織危機的課題，也以新的面貌出現。以往的觀念認為警察涉及不法，才會發生警察危機，但是，大眾傳媒以不完整的事件，斷章取義或揣測質疑出來讓警察「失面子」的報導，都因為媒體炒作而出現的危機。與傳統觀念中的處織危機並不一樣。

　　這些以警察為主角的負面報導或評論，如果涉及內容不實，警察當然可以去函更正或澄清，甚至可以訴諸法律，討回公道。但是，許多情況並非如此，也很難分辨媒體應負的責任。

二、被顛覆的新聞學理與新聞倫理

　　媒體正在改變傳統的新聞觀念，像是新聞學經典定義「狗咬人不是新聞，人咬狗才是新聞」已被顛覆；媒體實務已經轉向認為，「不管人咬狗或狗咬人，只要有報導，就是新聞；沒有報導，就不是新聞」。

　　傳統的新聞倫理要求記者應善盡「新聞查證」責任；但是媒體實務已經改變認為：「只要有人願說，媒體就能報導」，新聞查證並不是最重要的問題。台灣社會出現許多沒有新聞價值的新聞，主要原因還是基於商業利益競爭而出現的。而當它波及到警察時，便會浮現許多困擾警察的問題。

　　這些問題包括：警察發生組織危機案件時，如何面對危機傳播？各種負面新聞報導應否視之為警察危機傳播？媒體曲解或誇大強調警察言行表現是否可視之為警察傳播危機？無論是否可被視為危機，警察應該對這些由大眾傳播引發的新問題有所回應。

　　本章的進行層次，是先釐清組織管理中關於危機類型、危機管理等「危機」課題；再把大眾傳播的因素放進「危機」課題中，探討危機傳播的概念和危機傳播策略；然後以兩組案例進行分析比較。案例一是發生在 2007

年 3 月份的警察錯抓嫌疑人陳榮吉事件；案例二是警察負面新聞的「日常化」現象，論證警察是否出現危機傳播的新挑戰。

第二節 危機類型與危機管理

一、危機類型

　　由於社會環境變遷，在高度不穩定與不確定性的環境中，各式組織都面臨危機的威脅，而危機也以不同型貌出現[1]。隨著情境的不同、組織的性質不一等原因，學者從不同的角度，區分危機的類型。

（一）依危機肇因及環境要件區分

Shrivastava & Mitroff 以危機肇因及環境要件區分，建構出四種危機類型[2]：

(1) 外部因素造成的人為危機。
(2) 外部因素引發的自然危機。
(3) 內部因素引發的人為危機。
(4) 內部因素引發的自然危機。

Lerbinger 則指出，危機有三種類型[3]：

(1) 物質因素引發的危機，例如天然意外或技術性災害引發的危機。
(2) 社會衝突引發的危機，例如人為的對立和惡意態度引發的危機。
(3) 管理疏失引發的危機，例如扭曲的價值觀、欺騙與不當行為所引發的危機。

（二）依危機發展週期區分

Gonzalez-Herrero and Pratt 依據危機的發展週期，將危機區分為三種類型：

(1) 風潮型危機（fad）：來的快、去的也快，稍縱即逝，威脅性較低。

(2) 攀高型危機（scalable）：因為危機處理不當，使危機出現雪球效應益加擴大；或是危機本身的複雜度本來就高，原本的危機強度不斷累積，甚至發展成另一種危機。

(3) 循環型危機（cyclical）：通常指和季節循環出現的颱風對農漁業的威脅，或景氣循環造成的企業經營危機而言；這類危機通常會在預測的時間範圍內發生[4]。另一種循環型的危機是指「一波未平，一波又起」的波浪式危機，當一個危機要衰退終止時，突然又形成一個新的危機[5]。

　　Coombs 則由「蓄意、非蓄意」及「外部、內部」兩項構面，界定危機的類型可以分為：肇因於組織外部而且非蓄意的「過失」；肇因於組織內部而且非蓄意的「意外」；肇因於組織外部而且是有人蓄意的「恐怖行動」以及肇因於組織內部而且是蓄意的「違法」等四種類型[6]。如下圖所示：

	非蓄意（Unintentional）	蓄意（Intentional）
外部 External	過失（Faux Pas）	恐怖行動（Terrorism）
內部 Internal	意外（Accident）	違法（Transgressions）

圖 1：危機類型

資料來源：Coombs, W. T.（1995）:p.455.

（三）依治安事件危機談判區分

黃富源與侯友宜以危機談判為前題，列出 10 種危機基本類型：

(1) 絕困事件（barricaded subject incidents）

(2) 高危險企圖自殺事件

(3) 家庭暴力事件

(4) 監所暴動事件

(5) 心理困擾事件

(6) 高危險因素事件

(7) 糾纏事件（stalking incidents）

(8) 工作場所暴力事件

(9) 人質事件

(10) 劫機事件[7]等。

（四）依警察機關定義區分

警察機關以社會治安重大事件及警察風紀等所列舉的危機管理類型，列出了七個類型[8]：

(1) 災害防救危機管理

(2) 員警重大風紀案件危機管理

(3) 聚眾活動（尤其是政治性）防處危機管理

(4) 恐怖攻擊活動重大治安事件危機管理

(5) 涉及民意代表或政府官員等重大治安事件危機管理

(6) 銀行搶案重大治安事件危機管理

(7) 劫持人質（含公共運輸工具）重大治安事件危機管理。

　　在前述說明中可以發現，大多數的學者是以「天災」或「人禍」來區分危機的類型，警察也不例外；不過警察專注於解決人為的治安危害課題，尤其對於人民生命有立即危險的，都被視為重大危機事件。但也可以發現，警察所區分的危機類型，將社會治安、天災和警察風紀等問題融於一爐；將災難（disaster）與危機（crisis）混為一談，不但有欠周延，也欠組織管理思維。

　　學者 Quarantelli 認為災難與危機並不相同。依據 Quarantelli 的觀點，災難一般指的是如颱風、大規模的社區事件；而危機則是由於組織的錯誤、疏失（oversights）或無效率而引起，人為的成分比較重，二者並不相同[9]。不過，某些災害事件其實是包含了「災難」及「危機」的雙重意義，如人為疏失引起的空難、核電廠災變、化學毒物外洩等[10]。

　　區分危機類型應該是危機課題中的第一課，學者從不同面向所作的建議縱然並不一致，但都可供警察機關參考，警察機關應先釐清「危機」與「緊急救難」的差異，才有可能作好危機預防與管理。

二、危機管理一般概念

　　Pearson 與 Misra 指出，危機管理並非一種策略、公式或回應技巧，而是組織為防止危機的發生與擴大，或更有效的管理、抑制已發生的危機。換言之，危機管理具有事先防範與事件處理的成份，而且依據有計劃的流程進行的管理作為[11]。危機管理強調以「管理」為主導觀念，主要在於以功能為導向，可以明確建立危機處理的整合性機制。例如，美國在 1940 年代便成立了第一個政府危機管理委員會；至 1979 年卡特總統時代，成立

聯邦緊急事件管理局（Federal Emergency Management Agency，FEMA），
負責統合協調及規劃訓練的工作。這個單位還發展出一套「整合性緊急事
件管理系統」（IntegratedEmergency Management System）；意在提供緊急
天然災害與緊急人為事故的管理功能。從系統論（system theory）來看，
組織危機多肇因於該組織次系統與其它次系統或整個系統，發生了摩擦或
失衡所致[12]。

　　吳定在《公共政策辭典》中指出，公共政策所論的危機管理，是指政
府或組織針對潛在或當前的危機，於黃金時間利用科學方法採行一連串的
因應措施。這種有計畫、連續性的動態過程，就是危機管理[13]。

（一）危機的發展階段與管理

　　在連續性的危機管理過程中，將過程區分不同階段，有助於管理的遂
行。國內外都有學者針對危機階段作出說明，例如，Nunamaker 等人將危
機管理區分為危機發生前、危機發生時，以及危機發生後三個階段[14]。Steven
Fink 則區分為潛伏期、爆發期、善後期與解決期四個階段[15]。Charles 與
Kim 區分為舒緩、準備、回應、復原四階段[16]。Solomon 與 Evelyn 則區分
為威脅、警告、影響、救援、風險控制、穩定、調查等七個階段[17]。

　　學者對於危機管理階段區分有所不同，並且也對各個階段都賦予意義
與管理目標。首要之務，當然是「危機預防」，這是指在危機尚未成形之
前，管理者透過內部稽核，根據經驗預測若干可能發生危機的事件，或者
從先前的經驗中預測危機的模式，就可以事先加以模擬、演練；此即組織
危機預防的主要管理項目。

　　危機從潛伏期到爆發期之間，還有預防與抑制的可能；這個時期的危
機正在成形，如果可以發現並加以抑制，則是管理成本比較低的階段，如
果進入爆發期，管理成本將會暴增，甚至會由組織付出慘重代價。

（二）危機的處置與管理

　　一旦危機爆發，管理者必須採取合宜的手段或是具破壞性的手段來控制危機、縮短危機的的影響，若是不能有效管理，或處理不當或不完全，就有可能進入擴散期。危機擴散的另一個原因，是管理決策者低估或輕視了危機的威脅程度，使危機不但不能迅速被抑制，反而擴大了危機或讓危機存在的時間更拉長。反之，若能有效抑制，經歷過一段過程，危機就會結束，而進入善後期與解決期。

　　危機管理進入善後期，一般都會涉及到危機事件中的利害關係人，即使不能滿足所有的利害關係人，但善後方案仍然是危機管理的關鍵課題。如果善後方案奏效，危機就進入解決期。解決期的處理時間可能長也可能短，看個案性質與是否能有效管理。

　　危機管理的最後一個階段是學習期。這正是所謂「前事不忘、後事之師」或「經一事、長一智」的意思。管理者應將一場危機的解決視為下一次危機預防的開始，並且從中獲得學習與教訓。

　　上述的危機管理階段，包括了危機管理的前、中、後各個時期。但仍然有一個問題有待解決，就是在複雜的社會環境中，危機要如何判定？

（三）危機的動態性與管理

　　當某件事情發生後，管理者都在「靜觀其變」，因為可能還不構成危機；但也有可能隨時爆發成重大危機。這就出現難解的問題：由誰來判定事件已經進入危機狀態？由誰來啟動危機小組應變機制？這是危機管理實務上最困難的考驗；這也使得許多危機管理多半淪為「事後諸葛」的檢討

報告而已。不少案例都顯示,危機預防使用上述「線性模式」來模擬,但危機的動態發展卻不一定是線性移動;變化莫測的局勢,往往會使得管理者無法充份掌握危機的發展。這是組織面臨危機管理時。

黃煥德研究台灣警察機關的危機管理運用,是以重大治安事件作為危機類型,並以白曉燕案凶嫌陳進興挾持南非武官案作個案分析,從中驗證危機管理模式之有效性,同時發掘警察機關針對該案運作機制之缺失。他的研究認為,警察機關的危機管理,是一組動態性的過程,而危機管理的策略與整體運作模式之運用,比經驗法則更為有效。危機管理在警察機關的運用,首重危機意識與危機辨識之能力,進而制定危機應變計劃[18]。

以警察面對重大治安事件的「危機管理」課題來論,大眾傳播的應對處置佔據重要地位,尤其在人質挾持談判中,傳播媒體積極媒介刺探消息,更成為警察危機管理中重要的篇章[19]。對此,John W. Kingdon 提出了政策窗口(policy window)的概念。他認為,危機情境中必須有一個類似資訊窗口打開的時刻,讓政府、媒體與民眾三者能從窗口釋出或是接收危機相關資訊,以達到三方所需要的溝通。而他也認為,提供「政策窗口」的溝通契機,使政府、媒體與民眾各方皆能接受,就是危機管理之目的[20]。在他的說法中,已經將危機管理的概念推到危機傳播的概念了,這個有別於「危機管理」的「危機傳播」概念,並不始自 John W. Kingdon,存有這樣想法的學者大有人在,只是現今傳播資訊異常發達,傳播危機的概念也被提到更高、更明顯的位置被討論與運用。

第三節　危機傳播與危機溝通策略

一、危機傳播一般概念

以 Turner 的觀點而言，危機就是一系列錯誤假設、傳播失敗、文化差距再加上「過度樂觀」所產生的後果[21]。而其中的傳播失敗（failure in communication），成為最主要的因素[22]。哈佛管理學院行銷傳播教授 Greyser & Chapman 以空難事件、石油危機、環保污染進行的個案研究中也提出一個重點：「傳播是組織對抗危機的基本任務，因為有效的溝通正是危機處理的關鍵要素」[23]。上述這些說法，把危機傳播的功能，拉高到成為「消除危機與抑制危機的最重要行動」。他們的根據是什麼？

英文的「crisis communication」可譯為危機溝通，也可以譯為危機傳播。換句話說，前述譯文，或也可以將「傳播的失敗」改譯為「溝通的失敗」。在危機管理研究從系統論的管理學走向更微觀的危機傳播功能時，有一個說法，是在危機溝通的對象中，新聞傳播界已經佔據了核心地位[24]。所以「危機傳播」或「危機溝通」往往被視為性質相同、功能相同的管理作為。對此，學界以傳播學為基礎，建構傳播危機的理論化論述以及研究取徑的建議，也日益受到重視。

（一）危機傳播的整合思維

Coombs 以傳播學為基礎（communication-based）作跨學門整合，提出危機傳播架構。他在《動態的危機傳播》一書中，將危機管理視為一個「動

態的危機傳播過程」（a process of ongoing crisis communication）；更將危機傳播（crisis communication）視為危機管理過程中最重要的角色。Coombs認為：沒有一個組織可以對危機免疫，也沒有任何一個決策者可以對危機抱著僥倖的心態；相對的，組織若能在危機中迅速反應、與各利益關係人（stakeholders）達成良好溝通，或許可以樹立善盡社會責任的好印象，把危機化為轉機，讓組織蓬勃再生[25]。他的研究嘗試整合企業傳播、消費者研究、語藝學、組織傳播、及公共關係等領域，意圖提出一套危機傳播的「全盤途徑」（a comprehensive approach）。

（二）傳播媒體在危機中的作用

危機傳播可能是影響危機處理成敗的關鍵，對此，吳宜蓁提出四點來說明傳播媒體對危機事件所造成的衝擊，可以看出傳播媒體在危機中具有破壞作用[26]。

(1) 媒體報導增加危機處理的困難度，尤其電子媒體動輒以現場轉播方式報導危機事件，對組織的危機應變造成更大的挑戰。媒體在危機中會產生「擴音作用」（amplification），致使原本不起眼的議題擴大成巨大的雜音。

(2) 媒體報導影響大眾對組織形象的認知與評價，媒體在危機真相未明之前，常造成「媒體審判」（media trial）的效果，直接衝擊組織的形象。

(3) 傳播媒體成為危機事件中各方利益的角力場，為了爭取發聲的地位，各方利益會在媒體鏡頭競逐解釋權。

(4) 危機本身即具備新聞價值。

　　在危機管理的各個階段中，組織必須以行動來保護組織利益及公共形象，因此，公開而準確的傳播對於危機的控制至為重要。危機管理是要解決危機，使組織回歸正常運作；而危機傳播則尋求修復組織的形象，及增進公眾對組織的正面認知[27]。而 Heath 則將危機傳播作以下定義：「以道德的方式控制危機的高度不確定性，努力贏得外界閱聽人的信心」[28]。這個「贏得外界閱聽人的信心」，就是透過大眾傳播運作的危機傳播的溝通策略。而根據前述說法可以歸納出「危機管理」與「危機傳播」的比較如下。

（三）危機管理與危機傳播的比較

表 1：危機傳播與危機管理比較表

差異比較	危機傳播	危機管理
核心課題	危機處理過程中的溝通	危機預防及處理過程
目標	完成與閱聽眾溝通 修護形象	解決危機 使組織恢復正常運作 修補損害
作為	影響大眾對組織的形象認知	危機策略的設計 危機管理小組的建立 環境監控 偶發性的規劃 特定危機的管理策略
對象與期待	對人 達成有效溝通 做好形象維護	對事 危機管理策略規劃， 控制危機損害

資料來源：整理自吳宜蓁（2002：8-9）

　　從研究發展脈絡來看，危機管理的研究，發展在先；危機傳播研究從公共關係分枝而出，發展在後。傳播危機在加入溝通策略的語藝批評取向後，已經在危機課題研究中，另樹一格[29]。

（三）警察機關危機傳播研究

危機傳播的概念，也引起警察機關的研究興趣。陳銘政研究台灣「警察傳播媒體危機管理」時，便認為警察的傳播媒體危機，是由於不當的新聞報導引起的。

陳銘政的研究目的是探討如何控管與降低警察負面新聞危機。研究發現警察負面新聞的消息來源，可能是民眾檢舉、業者告發；也可能是由法院、地檢署、調查局透露；還有就是記者主動發掘。然而，絕大多數的警察風紀消息是從警察內部得知。他提出的改進策略是建議警察機關，平時要和媒體保持好的互動，若發生負面新聞時也要盡快提供澄清新聞稿，避免造成更嚴重的傷害。警察局公關室平時應找媒體記者、編輯及各單位主官餐敘，培養私人情誼，所謂「見面三分情」；遇事時也可透過這些私人情誼，請媒體記者「手下留情」[30]。

陳銘政的「傳播媒體危機」研究，與本文之前探討的「危機傳播」概念不盡相同，但提出「因為新聞傳播曝光所引起的警察傳播媒體危機」課題，這提醒了一向專注於處理他人危機的警察，應該將眼光拉回來，正視媒體引起的警察組織危機。「日常化」的負面報導可能是警察危機的新面貌，本文將在個案研究分析時，再深入探討。

二、危機傳播策略

危機傳播的研究取徑不同於危機管理，但危機傳播仍屬危機管理過程中的作為。在危機傳播建構的危機管理觀點，很重要的是選擇適當的傳播策略。由於危機發生的原因是否能夠課責？是否能夠卸責？各不相同，要視危機情境來判定。因此，Coombs 認為，危機傳播策略（crisis communication strategies）是評估危機情境之後所作的選擇，如果決策者能

夠掌握危機情境，就有機會對外傳達有效的反應策略[31]。傳播策略可以說是影響危機傳播成敗與否的關鍵[32]，能否改變主要閱聽眾的形象認知，就是危機處理是否成功的主要評判標準[33]。

（一）卓越公關模式策略

Grunig & Grunig 所發展出的「卓越公關四種模式」，對於危機傳播策略具有深遠影響；早期的危機傳播策略，也大量參考了四種模式[34]。這四種模式是：（1）新聞代理／宣告模式（the press agentry／publicity model），透過單向傳播，使閱聽人知曉某項訊息，並沒有回饋的管道（2）公共資訊模式（the public information model），透過單向傳播，將公共資訊具體的告知閱聽人，具有說服的企圖（3）雙向不對等模式（the two-way asymmetric model），蒐集公眾的意見或態度，作為擬定說服策略的依據，使公眾採納組織的立場（4）雙向對等模式（the two-way symmetric model），企圖達成組織與公眾的相互了解（mutual understanding）所進行的雙向溝通。雙向對等模式也被稱為「卓越」模式（excellent model），被視為是基於公眾利益，所採行的理性與尊重的溝通模式，有助於達成協商與認同[35]。

由於談判溝通要達成協商與認同，就可能會有妥協、讓步；公關四模式曾經主導一時，但已被認為有其缺點，主要是因為真正的理性與尊重的溝通模式，不易出現。政府或組織通常採取過份強勢的態度，使得民眾並不相信公平的溝通、談判真的會達成[36]。

（二）危機傳播溝通協商策略

對此，Plowman 在分析溝通的對等或不對等模式後，提出危機傳播的溝通協商策略，歸納成五種運用方式，即：合作、對抗、逃避、讓步、妥協等協商策略，策略內容及運用方法略如下表所示[37]。

表 2：危機傳播的各種協商策略

策略	內容	運用方法
合作 （collaberating）	對等策略 滿足雙方最高利益為考量 找出各種衝突所在 依衝突性質採取個別解決	樹立顯著目標 一同努力 透過溝通達成顯著目標
對抗 （contending）	非對等策略 只顧自己的利益 忽略對方的需要	對抗是因為有一方進行強制 可能透過第三者或本身權威進行 強制
逃避 （avoiding）	非對等策略 拒絕面對，企圖維持現狀 易產生僵局	運用退出或忽視的方式逃避
讓步 （accommodating）	非對等策略 是一種消極的屈服 犧牲自我利益來成就別人利益	屈服接受
妥協 （compromising）	非對等策略 一種利益折衷方式 雖不滿意但可接受	請第三者仲裁 雙方各退一步 強調共同利益或可行的替代方案

資料來源：Plowman（1997：40）

　　Plowman 的五種協商策略，各個不同，以動態管理角度來看，五種協商策略可能會交互出現、交互運用，依危機情境作出選擇。

（三）危機傳播形象修復策略

　　Ray 提出了五種危機傳播溝通策略的訊息設計，可作為危機傳播對於修復組織形象的參考。組織要修復形象，傳播策略的核心課題，就是在於訊息的設計[38]：

　　(1) 否認責任（deny responsibility）：可以採取直接否認，或擴充解釋（expand denial）與轉移指控（redirect blame）的方式。直接

否認是指對事件指控的簡單直接陳述；擴充解釋是進一步解釋為何組織不必對事件負責；轉移指控是將指控的矛頭轉向另一來源；也可以攻擊指控者或與其對抗，採取更有侵略性的戰略。

(2) 規避責任（hedge responsibility）：讓組織與事件責任「保持距離」的策略；組織在危機中向外界提出藉口或托詞來正當化行動；或以「代人受過」的說法來規避主要責任；或以資訊不足為由訴諸無知；再者亦可以提出駁斥證據來減輕責任。

(3) 討好（ingratiation）：這是爭取利益關係人支持的策略，並減少對組織的負面情感。此一策略可藉由強化正面訊息，強調組織的正面態度；也可以透過組織過去的良好基礎建立利益關係人對組織的認同。

(4) 矯正（make amends）以改過向善來贏得寬恕的策略，訊息設計方式可以採取：道歉、賠償、修正錯誤並保證不會再犯等等。

(5) 引出同情心（elicit sympathy）：引出同情心的策略，是強調組織本身也是受害者，以減少利益關係人的批判。

　　在危機遍佈的現代社會，危機傳播策略顯示出相當的實用性，不少學者相互補充資料投入研究，提供危機傳播許多不同的情境與不同的傳播策略與訊息設計。但在大範圍內都具有相似性，像是 Benoit，W.L.，Coombs W. T.等人，以及國內學者吳宜蓁、黃懿慧；游梓翔等都有關於危機傳播訊息、形象修復（image repair）等研究[39]。

（四）危機傳播憐憫同情策略

　　對警察機關而言，還有一個重要的觀念可以援引，就是在危機傳播策略中，應「向受害者表達憐憫之情」。學者的建議是發生危機的組織，應

向受害人表達憐憫同情之意，主要是指危機造成當事人的不幸，組織向這些人表達同情，並不意謂組織應負起所有責任。相對的，只是表達組織對這群受害者之同理心（sympathy）與關懷（concern）之意[40]。這種對受害者表達憐憫之情的溝通策略，可以建立組織在溝通公眾心目中「值得信賴」（trustworthy）的觀感，因為這顯示組織確實關心利益關係人的需求[41]。警察發言人經常在刑案偵查過程中面對媒體，可以把握發言時機，向受害人表達憐憫同情之意，這對警察正面形象有所幫助。

危機傳播策略有許多可供參考的模式，每種危機傳播策略皆有其適用的時機，但組織以可信賴而一致的聲音，向利益關係人或廣大閱聽人建立一種「危機已在掌控中」的認知，才是最重要的[42]。這對於警察機關而言，尤其具有參考價值。

以下試由兩組案例來分析警察危機管理課題，並以傳播危機的概念來檢視各項作為是否恰當，最後則提供對警察機關的建議。

第四節　警察傳播危機案例分析

一、案例：錯抓嫌疑人陳榮吉案

　　錯抓嫌疑人陳榮吉案，是警察機關近年已極少出現的一次重大危機，突顯出許多危機管理課題。大眾傳播介入危機事件，扮演了重要的角色。警察最終採取立刻放人、立刻道歉的方式結束危機，終止了繼續發生危機的可能。較之早年的「王迎先刑求」案，本案已表現出警察對人權尊重的進步，也表現出警察危機管理的進步。但是，警察也必須為了一連串的錯誤與巧合，付出巨大代價。陳榮吉事件，警察全部危機過程 6 天。（參見附件一：〈表：陳榮吉事件報紙新聞報導主要內容表列〉。）

（一）案例說明

(1) 危機第一天

　　3 月 15 日晚間 8 時 30 分許，國道警察二人，於南二高南下 321 公里處執行勤務時，遭嫌犯搶走佩槍。歹徒先用劫來的警槍擊斃路過駕駛蕭姓男子，又攔下李姓女子所駕的自小客車逃逸；現場警察無力制止。危機突然發生，電子媒體大肆報導。這是全案第一個危機爆發：「員警失槍，警槍被歹徒擊斃無辜民眾，歹徒逃逸無蹤」。

(2) 危機第二天

3 月 16 日李女車輛凌晨在永康市尋獲。警方另查出嫌犯棄留奪槍現場的車輛是 3 月 6 日搶自民雄工業區。在這輛贓車中，採到歹徒指紋以及統一發票，並依統一發票線索，調閱超市監視錄影器，初步確認兩名歹徒身分。經員警指認及相關跡證，警方確定涉案兩嫌是石國慶及陳榮吉，台南縣警方傍晚公布二嫌檔案照。陳榮吉當晚在家中被逮捕，並經近距離接觸的國道警察指認，認定陳榮吉就是兩名嫌犯之一。

(3) 危機第三天

檢警全面清查石、陳二人電話通聯紀錄。陳榮吉下午 4 時 30 分被移送南檢偵訊，由嘉義地檢署檢察官偵訊。晚間陳榮吉被檢方以強盜殺人、重罪、串證等罪嫌聲押。地院檢察官複訊後依強盜殺人移送，訊後聲押獲准。另在逃主嫌石國慶，檢方也限制出境。陳榮吉向警方否認在民雄鄉搶車，聲稱不認識石國慶；又說六甲交流道發生襲警奪槍、開槍殺人、奪車時，他在家樂福量販店嘉義門市購物，不在台南。刑事局南部打擊犯罪中心與台南警方追緝在逃的石國慶，但無所獲。

(4) 危機第四天

檢警查證陳榮吉的手機通聯顯示，案發當時，陳榮吉的手機通聯未出現在南二高烏山頭交流道和六甲交流道附近，加上雙匪劫持逃離現場的紅色汽車上，只採得石國慶的指紋，並沒有陳榮吉的指紋。落網並遭到收押的榮吉住家鄰居認為他不可能犯案，打算連署替他申冤，嘉義市殘障福利協進會表示將全力協助陳家面對問題。警方內部也有人質疑，是否錯抓了陳榮吉。是否錯抓人？這是全案出現的第二個危機，但此時，尚未被確認。

(5) 危機第五天

平面媒體強烈質疑警方抓錯陳榮吉，全案充滿疑雲。

上午，警方發言人不願承認有抓錯人；電視新聞播出警察發言人的說詞。

警察比對案發時陳榮吉的手機訊號，發現他的手機訊問不在案發現場。檢察官並準備提訊陳榮吉並傳訊證人調查。警方另查出方旭良（36歲）案發當天與石國慶有密集通聯紀錄，上午11時到方家逮人。經員警與方旭良面談，確定方旭良才是石國慶同夥。全案第二個危機爆發：「警察未依刑訴程序逮捕殘障人士，而且錯誤逮捕嫌疑人，侵犯無辜民眾」。

下午，警方在媒體面前公開承認抓錯人，並向當事人陳榮吉及家屬道歉。

台南地檢署傳訊陳榮吉的四名友人，證實案發當時他確實不在場，下午6時撤銷羈押，當庭釋放。

晚上，警察送陳榮吉返家，地方警察首長到陳榮吉家中再次道歉，並帶來專人允諾為陳榮吉申請國家賠償。全案第二個危機結束。

(6) 危機第六天

石國慶攜槍投案後遭收押，石對襲警奪槍和劫車等犯行全部坦承，但辯稱非故意開槍，係槍枝走火。方旭良未實際參與襲警殺人，廿萬元交保。全案第一個危機結束。

(7) 善後

行政院長及內政部長在立法院，公開向當事人及家屬致歉，並強調失職人員一定會懲處。警政署傍晚召開人評會決議懲處7人；警政署長則向內政部長自請處分。

（二）危機傳播分析

本案被媒體質疑的顯著問題有二：（1）警方逮捕身心障礙者的程序有違失，未依刑事訴訟法規定執行；侵犯人權（2）員警未於適當時機用槍，間接導致無辜路人死於警槍下，應有國家賠償的責任。因此，在危機處理的善後期，警政署立即被請到立法院司法委會專案報告，提出有關於訴訟程序中的「人身保障」的解釋。警政署在報告結論中表示：「本署將持續加強員警法治教育，強化科學偵查能力，遵循憲法及刑事訴訟法之法定程序偵辦刑案，以杜絕各類違法侵害人身自由之情事」[43]。

從危機傳播的角度來看，本案出現兩個獨立的危機事件。第一個危機是「員警失槍」；第二個危機是「錯抓陳榮吉」。第二個危機一爆發就「壓」過第一個危機，傳播的熱點不再是警察失槍案。

參考 Coombs 的危機類型，本案交叉出現了兩個類型的危機，員警失槍案是「非蓄意、外部因素」造成的「過失型危機」。錯抓陳榮吉是「非蓄意、內部因素」造成的「意外型危機」。因為這二個都屬於非蓄意因素造成，比較容易引發社會同情。所以在第一案中，警察的危機傳播策略是以「員警不是故意的」來為失槍案辯解。同時，也對失槍案表示遺憾，並且承諾會加強員警執勤訓練教育。在第二案中，警察是以「被證據誤導，包括指認的誤導而發生的錯抓意外」來為組織辯解。同時，也對被錯抓的當事人表示歉意，並承諾會以具體行動對利益關係人進行處理。包括協助被錯抓的陳榮吉申請三天的冤獄賠償；也向外界承諾，警察內部將會有責任追究、行政處分。警察採取這樣的危機傳播策略基本正確。

不過，在本案中也出現了媒體干擾危機處理的現象。媒體的報導內容與澄清後的事實有所出入，媒體急於「公審嫌疑人」的報導手法，一再上演。但在危機之後，媒體出現的「烏龍報導」卻被「一筆勾銷」，媒體沒

有對錯誤報導道歉，也無人追究媒體錯誤報導的消息來源是誰？以下例舉數則，並提出主要質疑以供參考。

(1) 干擾報導內容一

根據警方調查，陳嫌是單親家庭，有弟妹各一人，母親在工廠打工，平日少與鄰居來往，對於警方偵訊，陳母一度隱瞞稱兒子是租屋房客，但經鄰居指證陳嫌就是兒子本人；全案由專案小組深入偵辦中（中央社960316）。

質疑：事後有報導說，陳家與鄰居相處和睦；並且都為陳榮吉打抱不平。則前述所謂「平日少鄰居往來」，是記者揣測？

(2)干擾報導內容二

涉嫌在南二高烏山頭交流道襲警殺人的男子陳榮吉，昨晚在嘉義市保仁三街落網。陳嫌有竊盜前科，3月5日才在民雄工業區搶奪黑色三菱轎車，警方已追捕他多日，不料他又犯下重案。25歲男子陳榮吉，有竊盜、搶奪等前科，平常混跡嘉義市，與黃姓酒店業者手下綽號「明賢仔」的男子是同一掛人。以前常出入博愛路一家名噪一時的「城市獵人」PUB，如今PUB已經歇業，黃姓業者則因涉嫌招待警察喝花酒，官司纏身（中國時報2007-03-17第A3版）。

質疑：只因為被警察逮捕，陳榮吉就成為記者眼中「有竊盜、搶奪等前科，平常混跡嘉義市，與黃姓酒店業者手下綽號明賢仔的男子是同一掛人。以前常出入博愛路一家名噪一時的城市獵人PUB」？陳榮吉和明賢仔是不是同一掛人？媒體在事後不再說明，也不對此澄清。但這則報導似乎是警方逮捕一名前科累累的不良份子。

(3) 干擾報導內容三

昨晚八時卅分，大批員警衝入陳家，陳榮吉的母親見狀，雖明知兒子說謊，但護子心切，面對員警追問，她先是謊稱，陳榮吉只是朋友介紹的房客，但隨即被戳破，她只好氣急敗壞騎上機車，趕往派出所了解狀況。最後她再面對警方詢問時，改口承認陳榮吉是她兒子（聯合報 2007-03-17 第 03 版）。

質疑：記者所述「陳榮吉的母親見狀，雖明知兒子說謊，但護子心切」。陳榮吉並未說謊，記者怎麼能說「陳母明知兒子說謊」？

(4) 干擾報導內容四

陳榮吉（25 歲，有竊盜前科）落網後，辯稱奪槍殺人都是綽號「石頭」的石國慶（28 歲，有強盜前科）所為，他在石國慶與警員扭打時，偷偷逃離現場，並溜回住處睡覺（聯合報 2007-03-17 第 03 版）。

質疑：記者所述「陳榮吉供稱，他在石國慶與警員扭打時，偷偷逃離現場，並溜回住處睡覺」。這段描述，是記者的想像？或者是警察透露的自白？或者是陳榮吉被刑求後說的？事後也都沒有答案。

從上述內容歸納，可以發現，當傳播媒體介入後，危機的發展過程就出現干擾。這些干擾包括：

(1) 傳播媒體擴大渲染危機事件中的人物背景，事後未見媒體作任何表示。

(2) 媒體緊迫追蹤事件發展，警方回應時間欠缺從容，尤其面對即時播出的電視新聞媒體，警察對案情的相關發言，容易出錯，造成新的傳播危機。

(3) 危機傳播擴大危機的性質。

(4) 危機不見得是一般危機管理教材的單一事件，一個危機引發另一個危機的「複合式」危機。而且因為危機傳播未定出策略，而增加危機處理的流程。

(5) 「誠實」與「認錯」是避免危機惡化的好方法；對組織比較有利。

二、案例：警察負面報導的「日常化」現象

本研究所選出的新聞報導案例，係經由立法院新聞資訊管理系統（http://nplnews.ly.gov.tw/index.jsp）所選取的報紙、中央社通訊報導，並不包括電視或廣播媒體新聞。在沒有窮盡搜尋案例的情況下，已經出現了警察負面新聞每天至少一則的「日常化」（routine）現象；如果窮盡搜集廣播電視媒體，則只是更增加佐證的力量。本研究將 2007 年 3 月 15 至 5 月 15 日逐日檢視後的結果，製成警察相關負面新聞製表參考（參見本章附件二）。

（一）案例說明

除了涉及犯罪相關的警察違法新聞之外，每天都會出現至少一則警察的負面新聞，經過初步分類，出現七種型式：

(1) 因為對警察開單不滿，而出現的日常危機傳播。

台中縣石岡社會福利館前，常有警察取締闖紅燈，警車還偷偷放在住宅的騎樓內，等到民眾闖紅燈，警察才跑出來開單。（2007-05-07 中國時

報）。新店警方在安豐路與安康路 2 段路口強力執法，取締違規闖紅燈，
引發民怨；縣議員批評，警方未事先宣導即猛開罰單，簡直就是「搶錢」。
（2007-04-28 聯合報）。

(2) 因為對警察辦案引起不滿，而出現的日常危機傳播。

行政院前副院長葉菊蘭表妹的張姓女子指控，在被擄、毆打前，曾向三
重警方求救卻被冷漠對待。北縣警方澄清，張女當時婉拒提出妨害自由、傷
害告訴，並向員警表示未遭任何脅迫，員警處置並無任何不當（2007-03-27
中國時報）。台南縣民邱俊明遭人冒名，向各地檢警機關檢舉他人違反洗錢
防制法，已有十二個單位通知他前往說明，令他跑不勝跑，希望檢警「嘜攔
傳啦！」（2007-04-22 聯合報）。

(3) 因為警察身分，而出現的日常危機傳播。

台北市大安分局安和派出所前蔡姓巡佐疑爆不倫戀之事，葉女表示，
蔡員常在執勤時帶她上派出所做愛（2007-05-02 自由時報）。霧峰警分局
1 名女警，將住宅頂樓提供電信業者架設基地台，附近居民質疑與居民接
連死亡或罹患癌症有關，到該女警住處拉白布條抗議（2007-04-30 自由時
報）。高縣一名員警以服務證借錢，檢察官深入偵辦，傳喚該員警以證人
出庭，因屢傳不到，下令拘提（2007-04-23 自由時報）。台中市警員被鄰
居以監視器拍攝資料向媒體檢舉，警員佩帶警槍，溜班休息。（2007-03-15
聯合報）。

(4) 因為警察人際關係而被強調報導，而出現的日常危機傳播。

和警察老公離婚後，擔任幼教老師的陳姓女子，獨力扶養 2 子，為了
讓就讀高中的兒子順利完成學業，不惜下海援交，籌措學費（2007-05-03
中國時報）。女兒任職刑事警察局的中年男子邱某，昨天凌晨以罕見的縱

向方式臥路自殺，遭一輛由張姓運將駕駛的計程車輾斃（2007-04-24 中國時報）。

　　(5) 因為民意代表作秀，而出現的日常危機傳播。

　　立委踢爆，警校學生用槍態度不佳，竟把警槍當玩具，甚至拿槍打壁虎（2007-03-24 中國時報）。立委繼續公佈警專學生被扒光衣服，拿啤酒瓶塞入肛門，並在私處塗抹食物等舉動（2007 -03 -31 民眾日報）。繼警校生拿槍射壁虎、屁股後，國民黨立委江連福再公布警校生「集體性虐待」的限制級圖片。但警專表示，這只是學生嬉戲的「生活花絮」，不是性虐待。（2007-03-31 中國時報）。

　　(6) 因為警察內部抱怨，而出現的日常危機傳播。

　　台中縣警察局製作「簡要勤務執行安全行動要領」指示牌，明確規範執行防搶程序，卻被員警吐槽，不但有錯字，而且語意不明，看不懂（2007-05-10 中國時報）。高雄市警察局大陸事務科長質疑警局高層涉嫌違法任官，將展開自力救濟行動，向公務人員保訓會提出人事案複審，讓市警局長成了被告。（2007-05-09 中國時報）。基層員警表示，開雙 B 車的人通常社經地位較高，與其攔車後不開單，不如一開始就不攔。該員警還說，這已成了同事們的默契。（2007-04-25 中國時報）。桃園縣警局印製單位電話號碼表出錯，分局偵查隊全誤植為「偵察隊」，還連錯 4 個（2007-04-09 自由時報）。

　　(7) 沒有特別原因，而出現的日常危機傳播。

　　台南縣 1 起小車禍，兩分局員警為了誰來處理車禍，路邊吵架、互踢皮球，爭執得面紅耳赤。（2007-04-08 自由時報）。

（二）警察日常危機傳播分析

警察的負面新聞，已經成為損害警察形象的危機事件，值得警察機關加以重視。前述「沒有特別原因，而出現的日常危機傳播」中，所指的是「警察在路邊吵架」；這樣的新聞，當然會讓警察「沒面子」。如果警察機關要對這則新聞加以辯解，則外人很難判定，當時兩個轄區警察是在「溝通」或是「吵架」？是在「分清轄屬」或是「互踢皮球」；有沒有「面紅」或「耳赤」？都已難由外人證明；媒體不會關心這樣的澄清。

媒體報導這些雞毛蒜皮的內容，也相當脫離了新聞學理研究所歸納的「新聞價值」取向。但卻足以深深困擾警方；被報導的警察當事人，也會飽受身心壓力。

對這類負面新聞，警察能有什麼對策？

Bradford and Garrett 根據他們所提的四種危機情境（行為情境、控制情境、標準情境、同意情境），提出另一套危機的情境分類與其對應策略，或許可供參考。略如所示[44]：

表 3：Bradford and Garrett 的情境策略分類

情境	對應策略
行為情境	當受控者處於行為的情境，不能承認不當行為發生時，行為者將使用否認。
控制情境	當受控者可以證明他無力控制這個不當行為發生時；受控者會使用藉口。
標準情境	當受控者能證明他被控制的不當行為，是被不當的標準評估時，會使用辯護。
同意情境	當受控者推斷這些指控是有根據的，則會採用讓步策略。

資料來源：（Bradford and Garret,1995:875-892）

　　面對警察日常傳播危機，需要警察機關首長及所有成員一齊來面對、解決。並且對於媒體，也要有基本的認識。其中，關於「媒體是否報導事實」，學界已有定論：「新聞不在報導事實；新聞是在建構事實[45]。換言之，媒體對於某一事件的報導，並非被動地反映這件事的真相，而是主動建構此事件的「符號性真實」，強迫社會公眾不知不覺地接受媒體所訂定的觀念法則，並具有意識型態中自然化與政治性的功能[46]。如此一來，警察機關除了對於觸犯法律、有違風紀的負面新聞應件討自己以外；對於「無因」的負面新聞，則要檢討媒體，而不是檢討被報導的當事人而已。

　　以下是警察日常危機傳播的幾點歸納，期盼能進一步充實研究及立論。

　　警察的日常新聞危機現象包括：

(1) 警察處在「媒體隨時監視」的狀態下執勤；甚或在非執勤的時候，只因為警察身份，便會被以更高的要求來檢視個人私領域問題，並且擴大渲染報導。

(2) 沒有報導，沒有危機；有負面報導，就是危機。台灣極度的新聞自由環境出現警察機關、警察個人「失面子」的傳媒報導，已達到逐日出現的情況，成為日常課題的一部份。

(3) 由於媒體報導的商業價值取向，警察的日常危機傳播類型中，不限於蓄意、非蓄意；過失、意外。而由媒體所決定。

(4) 台灣警察面臨一個特殊的「危機環境」；這個「危機環境」是由「小報文化」、「狗仔文化」盛行，而且新聞自由度居亞洲第一，傳播機構密度居世界第一的條件下形成的。

　　前述台灣僅有的這種情況是否可稱之為「警察危機」或「警察日常傳播危機」、「警察日常負面新聞危機」，也有待警政學界釐清探討。

第五節　警察危機傳播時代來臨

危機的發生是組織與其外在環境不完美「相處」的系列產物[47]。Turner 則將危機的發生解釋為「大規模心智上的失誤」（large scale intelligence failures）或「沒有先見之明」（failures in foresight）[48]。如果組織文化是封閉的，則危機傳播的使命與進行就會大幅萎縮。警察機關也應該以「完美的相處」和「先見之明」，以開放的態度來面對「危機新課題」和「危機傳播時代的來臨」。

Berge 指出，由於積極社會運動團體聯盟的興起、電子科技的快速傳播、以及公民意識的提振，導致組織發生危機的機率大增[49]；這或許就是危機傳播愈來愈受到重視的原因。本研究採取的兩則案例分析，顯示出危機增加的現象，也顯示出媒體製造「人為危機」的嚴重性。

兩則案例顯現出在人為危機之後，因為具備「故事性」與「衝突性」的商業報導價值，所以媒體趨之若鶩。媒體因素出現的危機傳播是指媒體過份突顯警察相關事言行，並且採取負面陳述或質疑方式報導，讓警察失面子。而本研究首度提出，警察可能面臨「日常危機傳播」的現象；則是其它研究所未見的首創觀點；需要更多檢驗與研究來充實立論。

由於經濟與便利的原因，本研究的案例都取材自報紙媒體。然而，向電視媒體搜集資料是一個很有必要的研究設計，因為，電視新聞具有快速、即時、影音符號衝突元素更強過文字符號等等特性。

警察危機傳播時代已經來臨，然而相關的研究卻少得可憐，警察沒有應對的策略，這個攸關警察形象與警察公共價值評價的重大課題，有賴警政首長及其上級，由上而下提出指導性對策，以謀改善。

【注釋】

[1] 吳宜蓁，《危機傳播：公共關係與語藝觀點的理論與實證》，（台北：五南，2002）。

[2] P.Shrivastava, & I.I.Mitroff, "Strategic management of corporate crisis. "*Columbia journal of World Business*, 22(3), 1987 .,5-11.

[3] O.Lerbinger, *The Crisis Manager : Facing Risk and Responsibility.* Mahwah, NJ : Lawrence Erlbaum Associates. 1997.

[4] A.Gonzalez-Herrero, & C.B.Pratt, "How to manage a crisis before-or-whatever-it hits. "*Public Relations Quarterly*, 40 (1), 1995.25-29.

[5] 吳宜蓁，《危機傳播：公共關係與語藝觀點的理論與實證》，（台北：五南，2002）pp.7-19.

[6] W.T.Coombs, "Choosing the Right Words-The Development of Guidelines for the Selection of the Appropriate Crisis-Response Strategies." *Management Communication Quarterly*, 1995.4. 447-476.

[7] 黃富源，侯友宜，《談判與危機處理》，（台北：元照，2002）pp.7-19.

[8] 臺北市政府警察局建構專業團隊強化危機管理能力所列之項目，參考陳銘政，《傳播媒體危機管理之研究：以台北市政府警察局為例》，（彰化：大葉大學事業經營研究所碩士論文，2005）。

[9] E.L.Quarantelli, "Disaster crisis management : A summary of research findings." *Journal of Management Studies,* 25, 1988., 373-385.

[10] S.J.Ray, *Strategic communication in crisis management : Lessons from the airline industry.* (CT: Quorum. 1999)

[11] C.M.Pearson, & S.K.Misra, "Managing the unthinkable." *Organizational Dynamics,* 1997.26(2), pp.51-65.

[12] 詹中原，《危機管理：理論架構》，（台北：聯經，2004）。

[13] 吳定，《公共政策辭典》，（台北：五南，1998）p.95.

[14] Nunamaker, et. al.,"Organizational Crisis Management Systems : Planning for Intelligent Action." *Journal of Management Information System*, Vol.5, No.4, 1989, pp7-32.

[15] S.Fink, *Crisis management : Planning for inevitable.* (New York: American Management Association. 1986)

16 M.T.Charles, & J.K.Kim, *Crisis Management : A Casebook.* (Illinois, Spingfield : Charles C Thomas Publisher. 1988)

17 S.Grab, & E.Eng, *Disaster Handbook.* 2nd ed. (New York : Springier Publishing Company, Inc. 1969) pp.89-94.

18 黃煥德，《危機管理運用之研究：以警察機關為例》，（桃園：中央警察大學行政警察研究所碩士論文，1998）。

19 黃富源，侯友宜，《談判與危機處理》，（台北：元照，2002）pp.243-282.

20 J.W.Kingdon, *Agendas, Alternativea, and Public Policies.* (New York: Harper Collins College Publishers. 1995) pp.87-90/165-195.

21 B.A.Turner, "The organizational and interorganizational development of disasters." *Administrative Science Quarterly*, 21, 1976., 378-397.

22 S.J.Ray, *Strategic communication in crisis management : Lessons from the airline industry.* (CT: Quorum. 1999)

23 參考 M.Ogrizek, & J.Guillery, *Communicating in Crisis.* (NY: Aldine De Gruyter. 1999)

24 D.E.Williams, & B.A.Olaniran, "Expanding the crisis planning function: Introducing elements of risk communication to crisis communication practice." *Public Relations Review,* 24(3), 1998.,387-400.

25 W.T.Coombs, *Ongoing Crisis Communication : Planning, Managing, and Responding.* (CA: Sage. 1999)

26 吳宜蓁，《危機傳播：公共關係與語藝觀點的理論與實證》，（台北：五南，2002）。

27 S.J.Ray, *Strategic communication in crisis management : Lessons from the airline industry.* (CT: Quorum. 1999)

28 R.L.Heath, *Management of corporate communication : From interpersonal contacts to external affairs.* (Hillsdale, NJ: Lawrence Erlbaum. 1994)

29 吳宜蓁，《危機傳播——公共關係與語藝觀點的理論與實證》，（台北：五南，2002）。

30 陳銘政，《傳播媒體危機管理之研究：以台北市政府警察局為例》，（彰化：大葉大學事業經營研究所碩士論文，2005）pp.81-82.

31 W.T.Coombs, "The internet as potential equalizer: New liverage for confronting social irresponsibility." *Public Relations Review,* 24(3), 1998. 289-303.

32 F.J.Marra, "Crisis Communication plans : Poor predictors of excellent crisis public relations." *Public Relations Review,* 24(4), 1998. 461-474.

33 L.Barton, *Crisis in Organizations.* (Cincinnati, OH : South-Western Publishing Publishing. 2001)

34 K.Fearn-Banks, *Crisis communication : A casebook approach.* (N.J. : Lawrence Erlbaum. 1996)

[35] J.E.Grunig, & L.A.Grunig, "Models of public relations and communication." In J.E.Grunig (ed.) *Excellence in public relations and communication management.* (Hillsdale, N.J. : Lawrence Erlbaum Associates. 1992)

[36] V.Rodino, & K.DeLuca, "Unruly relations: Not managing communication in the construction of the activist model of public relations." Paper presented to the PRSA Educator Academy Second Annual Research Conference,(College Park, MD. June 1999)

[37] K.D.Plowan, "Conflict Resolation and Power for Public Relations." Paper presented in the annual conference of the Asssciation of Journalism and Mass Communication, (Chcago, I.L. 1997)

[38] S.J.Ray, *Strategic communication in crisis management : Lessons from the airline industry.* (C.T.: Quorum. 1999)

[39] W.L.Benoit, "Image repair discourse and crisis communication." *Public Relations Review, 23,* 1997.177-186., Coombs, W. T. *Ongoing crisis communication.* (London: Sage. 1999)., 吳宜蓁,《危機傳播：公共關係與語藝觀點的論點與實證》,（台北：五南,2002）。黃懿慧,《科技風險與環保抗爭：台灣民眾風險認知個案研究》,（台北：五南,1994)。游梓翔、溫偉群,〈從語藝取徑評析《獨家報導》在璩美鳳事件中的形象修護策略〉,《世新大學學報》,12 期,2002. pp. 209-231.

[40] K.R.Fitzpatrick, "The quidelines for reducing legal risks in crisis management. "*Public Relations Quarterly*, 40(2), 1995.33-38., L.Tyler, "Liability means never being able to say you'resorry: Corporate quilt , legal constraints, and defensiveness in corporate communication."*Management Communication Quarterly,* 11(1) 1997.,51-73., W. T.Coombs, *Ongoing Crisis Communication: Planning, Managing, and Responding.* (C.A.: Sage. 1999)

[41] J.C.MaCroskey, *An introduction to rhetorical communication.* (7th ed.) (Boston: Allyn & Bacon. 1997)

[42] R.L.Heath, *Management of corporate communication: From interpersonal contacts to external affairs.* (Hillsdale, N.J.: Lawrence Erlbaum. 1994)

[43] 警政署〈刑事訴訟程序之人身保障及警察人員用槍時機報告〉,立法院第六屆第五會期司法委員會第八次全體委員會會議資料。民國 96 年 3 月 29 日。

[44] J.L.Bradford, & D.E.Garrett, "The Effectiveness of Corporate Communicative Responses to Accusations of Unethical Behavior." *Journal of Business Ethics*,14. 1995., 875-892.

[45] G.Tuchman, *Making News : A study in the construction of reality.* (New York : the Free Press. 1978)., H.Adoni , & S. Mane, "Media and the social construction of reality: Toward an integration of theory and research. "*Communication Research* , 11, 1984.323-340.

[46] 張錦華，《媒介文化、意識型態與女性：理論與實例》，（台北：正中，1993）。

[47] S.J.Ray, *Strategic communication in crisis management: Lessons from the airline industry*.(C.T.: Quorum. 1999)

[48] B.A.Turner, "The organizational and interorganizational development of disasters. " *Administrative Science Quarterly*, 21, 1976. 378-397.

[49] D.T.Berge, *The first 24 hours*. (MA: Basail Blackwell. 1990)

附錄一

陳榮吉事件報紙新聞報導主要內容表列

	案情事件發展
96.03.15	晚間 8 時 30 分許，國道警察第八隊白河分隊員警林裕崇、賴文卿二人，於南二高南下 321 公里處執行勤務時，攔查車號 G3-8235 超速自小客車，遭嫌犯搶走佩槍。歹徒在攔截路過車輛，蕭名享（47 歲，台南縣新營市人）駕駛車號 5181-LT 自小客車，因拒停車遭擊斃。歹徒又攔下由李姓女子所駕的自小客車逃逸。
96.03.16	1. 台南地檢署主任檢察官李靜文上午於柳營奇美醫院進行驗屍，勘驗發現死者左後肩有彈孔，子彈還卡在死者體內。 2. 李女車子凌晨在永康市中正北路 301 號前尋獲，警方將該作案車輛拖回麻豆警分局進一步蒐證。 3. 警方從兩名兇嫌所留下的作案車輛，查出是 3 月 6 日凌晨在嘉義縣民雄工業區搶來的。從贓車中採集到歹徒指紋，以及留在贓車內的統一發票，並依統一發票線索，調閱嘉義市南京路 7-11 超市監視錄影器，確認兩名歹徒身分。 4. 經員警林裕崇、賴文卿指認，以及遺留現場相關跡證，確定涉案的兩名嫌犯為石國慶及陳榮吉，台南縣警方傍晚公布二嫌檔案照。 5. 警方前往嘉義市保仁三街，逮捕在家看電視的陳榮吉，將他帶到北斗派出所偵辦。 6. 陳榮吉落網後，被害車主也由警方通知出面指認，確認這輛車子是嫌犯搶來的贓車。 7. 陳姓車主乍看口卡相片，起初指證無誤，但後來態度轉為游移不定，待警方另提供石國慶相片，陳姓車主則咬定石國慶才是持槍搶車的嫌犯。縣刑大再持陳榮吉口卡相片給近距離接觸的國道警察第八隊警員林裕崇指認，林員認定陳榮吉就是兩名嫌犯之一。
96.03.17	1. 檢警為蒐證齊全，已調閱家樂福量販店嘉義門市監視器影帶，並全面清查石、陳兩人電話的通聯紀錄。

	2. 陳榮吉下午 4 時 30 分被移送南檢偵訊，由嘉義地檢署檢察官王輝興偵訊。晚間陳榮吉被檢方以強盜殺人、重罪、串證等罪嫌聲押。 3. 陳榮吉經警方漏夜訊問後，依強盜殺人移送檢察官劉順寬複訊，訊後聲押獲准；在逃主嫌石國慶，檢方也限制出境。 4. 陳榮吉否認在民雄鄉搶車，聲稱不認識石國慶；又說六甲交流道發生襲警奪槍、開槍殺人、奪車時，他在家樂福量販店嘉義門市購物，不在台南。 5. 刑事局南部打擊犯罪中心與台南警方追緝在逃的石國慶，但無所獲。
96.03.18	1. 落網並遭到收押的榮吉住家鄰居認為他不可能犯案，打算連署替他申冤，嘉義市殘障福利協進會表示將全力協助陳家面對問題。 2. 檢警查證陳榮吉的手機通聯顯示，案發當時，陳榮吉的手機通聯未出現在南二高烏山頭交流道和六甲交流道附近，加上雙匪劫持逃離現場的紅色汽車上，只採得石國慶的指紋，並沒有陳榮吉的指紋，間接證實了陳嫌「不在場」的說法。
96.03.19	1. 媒體傳出警方抓錯人疑雲。 2. 劉順寬上午偕法醫到台南市立殯儀館解剖蕭名享屍體。劉順寬表示，蕭名享確實遭警槍擊中一槍，子彈由左背部射入，造成蕭名享肺臟、肝臟破裂致死，彈頭卡在左肩胛骨。 3. 警方比對案發時陳榮吉的手機訊號，發現他的手機訊問來自嘉義，並非國道三號六甲交流道一帶。檢察官劉順寬準備下午提訊陳榮吉並傳訊證人調查，不排除對質或測謊。 4. 專案小組是比對手機通聯紀錄後，發現在代書事務所工作的方旭良（36 歲）案發當天與石國慶有密集通聯紀錄，上午 11 時到方家逮人。到案的方旭良否認與石國慶同車，但警方調出 15 日晚上 8 時嘉義市軍輝橋附近的路口監視器影帶，拍到兩人同車的鏡頭；他才承認。 5. 員警林崇裕與方旭良面談，方旭良清楚說出 15 日晚上兩人的對話，林崇裕確定方旭良才是石國慶同夥。 6. 方旭良供稱，當時目擊槍擊狀況，又見警員林裕崇似乎中彈倒地，嚇得拔腿逃離現場，並以行動電話撥打 119 說有員警中彈負傷，要求儘速派救護車到場搶救。翌日他從報導發現警方居然逮捕陳榮吉，並且聲稱是在逃主嫌石國慶襲警殺人案的共犯，方旭良一度擬主動到案說明，最後仍因害怕而作罷。 7. 台南地檢署傳訊陳榮吉的四名友人，證實案發當時他確實不在場，下午 6 時撤銷羈押，當庭釋放。 8. 刑事局鑑識科澄清，專案小組和台南縣警方，送來的贓車比對檢體，都沒有陳榮吉，也沒有方旭良的指紋，確定只有石國慶的指紋。

| 96.03.20 | 1. 行政院長蘇貞昌及內政部長李逸洋在立法院，公開向當事人及家屬致歉，並強調相關失職人員一定會懲處。
2. 石國慶攜槍投案，對襲警奪槍和劫車等犯行全部坦承，但辯稱非故意開槍殺人，純係槍枝走火，晚間經台南地院裁定收押；至於案發時同車的方旭良被警拘提後，因未實際參與襲警殺人行動，台南地檢署檢察官劉順寬諭命廿萬元交保。
3. 石國慶投案後僅作初步偵訊，他原只同意繳出奪自國道員警的警用佩槍及七發子彈，情緒較平靜後，經專案小組勸說，才又繳出另一把改造手槍與七發子彈。
4. 警政署傍晚召開人評會決議懲處 7 人，台南縣警局長黃富生、刑警大隊長林坤村各記一大過，國道公路警察局長陳子敬記過二次，另國道八隊隊長黃道立、分隊長侯釋淵，以及攔檢失敗、指認錯人的國道員警林裕崇、賴文卿，則各記過一次。警政署長侯友宜則向內政部長李逸洋自請處分。 |

附錄二

警察危機傳播日常化現象例舉

日期	案情	媒體
2007-05-10	台中縣警察局製作「簡要勤務執行安全行動要領」指示牌,明確規範執行防搶程序,卻被員警吐槽,不但有錯字,而且語意不明,看不懂。	中國時報
2007-05-09	高雄市警察局大陸事務科長質疑警局高層涉嫌違法任官,將展開自力救濟行動,向公務人員保訓會提出人事案複審,讓市警局長成了被告。	中國時報
2007-05-08	一名女子在台中市大墩路違規停車,要移車。沒想到,員警竟朝女子的車輪、車身開了八槍,嚇得她呆坐車內,也嚇壞路邊的民眾。	中國時報
2007-05-07	台中縣石岡社會福利館前,常有警察取締闖紅燈,警車還偷偷放在住宅的騎樓內,等到民眾闖紅燈,警察才跑出來開單。	中國時報
2007-05-06	警方近年來採購槍械,從 90 手槍到反恐用的衝鋒槍,屢遭立委抨擊單價過高,甚至質疑採購過程是否有人謀不臧。	中央社
2007-05-05	北市警局員警在處理一批市值高達 2 億元的古董「贓物」發放時,讓具有古董所有權的「被告」蒙受損失,要求國賠。	中國時報
2007-05-04	台中市第五分局四名員警涉嫌利用警用電腦從事網路運動賭博簽賭,昨天遭台中地檢署傳訊並諭令各以一萬元交保,	台灣時報
2007-05-03	和警察老公離婚後,擔任幼教老師的陳姓女子,獨力扶養 2 子,為了讓就讀高中的兒子順利完成學業,不惜下海援交,籌措學費。	中國時報
2007-05-02	台北市大安分局安和派出所前蔡姓巡佐疑爆不倫戀之事,葉女表示,蔡員常在執勤時帶她上派出所做愛。	自由時報
2007-05-01	92 年 10 月間擔任彰化縣警局刑警隊偵查員的黃俊山,酒後因細故將男子張柏村圍毆致死。法官判決黃俊山應給付 377 萬餘元。	中國時報
2007-04-30	霧峰警分局 1 名女警,將住宅頂樓提供電信業者架設基地台,附近居民質疑與居民接連死亡或罹患癌症有關,到該女警住處拉白布條抗議。	自由時報

2007-04-29	屏東地檢署認為檢警淪為「討債打手」，今年起從嚴審查相關案件核發搜索票，主因為部分縣市取締盜版光碟案驟增，事後多以和解收場。	聯合報
2007-04-28	新店警方在安豐路與安康路 2 段路口強力執法，取締違規闖紅燈，引發民怨；縣議員批評，警方未事先宣導即猛開罰單，簡直就是「搶錢」。	聯合報
2007-04-27	台北市爆發警察栽贓案，有竊盜前科的徐肇車、潘萬宏表兄弟，被警方指控涉 13 件竊案，他們向檢察官翻供說遭警方栽贓，被迫承認犯下竊案。	聯合報
2007-04-26	高雄市警局任務編組成立的「勤務觀察小組」，昨天被議員指其存在影響基層員警士氣，要求市警局局長蔡以仁撤掉。	中國時報
2007-04-25	基層員警表示，開雙 B 車的人通常社經地位較高，與其攔車後不開單，不如一開始就不攔。該員警還說，這已成了同事們的默契。	中國時報
2007-04-24	台南地檢署檢肅黑金專組偵辦台南市警察局警政大樓新建工程弊案，查出市警局秘書室股長涉嫌洩漏評選委員名單以取得設計監造標。	聯合報
2007-04-24	女兒任職刑事警察局的中年男子邱某，昨天凌晨以罕見的縱向方式臥路自殺，遭一輛由張姓運將駕駛的計程車輾斃。	中國時報
2007-04-23	高縣一名員警以服務證借錢，檢察官深入偵辦，傳喚該員警以證人出庭，因屢傳不到，下令拘提。	自由時報
2007-04-22	台南縣民邱俊明遭人冒名，向各地檢警機關檢舉他人違反洗錢防制法，已有十二個單位通知他前往說明，令他跑不勝跑，希望檢警「嘜擱傳啦！」	聯合報
2007-04-21	台南地院審判長鄧希賢、法官張銘晃、包梅真認為警方違法搜索在先，取得的毒品不具有證據能力，將永康市男子陳某判處無罪。	中華日報
2007-04-20	昨天凌晨法院裁定涉嫌插股、包庇的北縣淡水警分局柔道教官黃炳嘉，與業者陳景陽、劉翰 3 人羈押禁見，北縣警局也立刻將黃炳嘉停職處分。	自由時報
2007-04-19	再傳員警風紀弊案，台北縣淡水警分局柔道教官黃炳嘉與台北縣刑大偵查佐劉熊，涉嫌包庇經營地下期指與網路簽賭的「金沙公司」賭博集團。	自由時報
2007-04-18	淡水警分局員警黃炳嘉與台北縣刑警大隊劉姓員警涉嫌插乾股網路簽賭集團「金沙財經網」。並包庇業者，公關費每月高達百萬。	聯合晚報

2007-04-17	警察及殯葬部門風紀不佳時有所聞,台北市長郝龍斌已指示新成立的廉政肅貪中心將警察、殯葬風紀列入今年工作重點,	中國時報
2007-04-16	警界又傳弊端疑雲,前台北市警松山分局偵查隊偵查佐顏明輝,去年閃電辭職,分局發現顏某手中多筆機密公文及查扣毒品證物,未依規定清點移交,且在他離職後都不見了。	自由時報
2007-04-15	移民署專勤隊官員涉嫌與販運人蛇集團掛勾案,移民署昨天舉行考績會對涉案人員作出懲處,專勤隊科員侯永弘次記兩大過免職。	台灣時報
2007-04-15	高雄市警員兼差經營餅乾店,涉嫌對女員工性騷擾,遭檢方起訴,共求刑七年餘。	聯合報
2007-04-14	南投縣派出所副所長、警員、警分局偵查佐被查獲在集集鎮一家KTV由女侍陪酒、喝花酒。	中國時報
2007-04-13	彰化縣分局警備隊員涉嫌在電玩店插股,並收受賄賂,被檢方以涉嫌重大為由,聲押獲准。	中國時報
2007-04-12	台北市警備隊隊員涉嫌持電擊棒到桃園幫友人討債,桃園警方據報將他逮捕。	聯合晚報
2007-04-11	屏東縣車禍處理小組郭姓警員隱匿民眾酒駕,依貪污罪判處郭員有期徒刑 1 年 10 月。	民眾日報
2007-04-10	台南市銀樓業者抱怨,警勤區巡邏簽到簿流於形式,有的一簽一個月,有的一個月都不簽。	聯合報
2007-04-09	桃園縣警局印製單位電話號碼表出錯,分局偵查隊全誤植為「偵察隊」,還連錯 4 個。	自由時報
2007-04-08	台南縣 1 起小車禍,兩分局員警為了誰來處理車禍,路邊吵架、互踢皮球,爭執得面紅耳赤。	自由時報
2007-04-07	6 萬 8 警察年記 200 萬嘉獎,警察「濫獎薄懲」、「一犯數獎」情況令人瞠目結舌。	聯合報
2007-04-06	宜蘭縣 3 名員警涉包庇賭博性電玩,被檢調約談偵查獲飭回。	中國時報
2007-04-05	台北市偵查佐涉嫌至少吸收 3 名逮捕過的毒販,提供資金供對方買毒、販毒獲利。	聯合晚報
2007-04-04	警察與黑道聯手包庇的連鎖按摩養生館,這個有組織的犯罪集團,甚至販運人口。	中國時報
2007-04-03	台中縣國道公路警察填寫違規單太粗心,將超速車牌英文寫錯,造成婦人禍從天上來。	中國時報
2007-04-02	宜蘭縣上任才三天的派出所所長,觸犯禁酒令,當場被分局長撤換,是最「短命」的所長。	聯合報

2007-04-01	嘉義縣員警提供包商資料給治平對象，由治平對象勒索包商三百萬元，警察遭停職。	中華日報
2007-03-31	立委繼續公佈警專學生被扒光衣服，拿啤酒瓶塞入肛門，並在私處塗抹食物等舉動。	民眾日報
2007-03-30	桃園縣偵查佐帶警用 92 配槍，到台北縣汽車旅館房間舉槍自盡，疑似感情糾紛。	自由時報
2007-03-29	新竹縣警察將佩槍攜帶回家，質疑警方的槍械管理出現漏洞。	中國時報
2007-03-28	台中縣二處派出所遭民眾踢爆，晚上十時就關門，直到上午才開門，導致民眾報案不便。	民眾日報
2007-03-27	花蓮警員遺失交通罰單，怕被懲處，偽造罰單執行告發，因條碼不符穿幫。	中國時報
2007-03-26	葉菊蘭表妹遭人挾持向北縣警方求救，卻被當成一般糾紛草草處理，導致二度被綁凌虐。	中國時報
2007-03-25	台南縣連續兩起奪警槍案，奪槍的毒犯李睿隆還逍遙法外。台中市半個月四起街頭槍戰。	中國時報
2007-03-24	立委踢爆，警校學生用槍態度不佳，竟把警槍當玩具，甚至拿槍打壁虎。	中國時報
2007-03-23	台中縣警察四處借錢、製造假車禍請公傷假、酗酒、上班從事私務等，遭民代向媒體爆料。	自由時報
2007-03-22	台中縣派出所主管被檢舉常穿制服在路邊小店喝酒划拳，滿臉通紅執勤，被督察員查獲。	聯合報
2007-03-21	國道員警遭奪警槍案發生抓錯人烏龍事件，警政署將縣警察局長記一大過。	中國時報
2007-03-20	警方偵辦國道襲警奪槍殺人案，因抓錯人，鬧成大烏龍。各級長官震怒、痛心，要求嚴懲。	聯合晚報
2007-03-19	中度智障的陳榮吉因涉襲警奪槍案被逮，卻傳出警方可能捉錯人。	聯合晚報
2007-03-18	新竹縣防暴網槍內的火藥疑似裝填不足，射出去時未及時張開，引起外界批評操作不熟練。	中國時報
2007-03-17	南縣警未強勢攔查，如能先制止，就不會有歹徒攔查路人、1 駕駛慘遭射殺等憾事。	聯合晚報
2007-03-16	嘉義縣女警涉嫌利用擔任出納的機會，3 年間侵佔公款 576 萬餘元，吳美秀坦承犯行。	中國時報
2007-03-15	台中市警員被鄰居以監視器拍攝資料向媒體檢舉，警員佩帶警槍，溜班休息。	聯合報

Chapter 11

傳播與執法：
偵查不公開原則與媒體關係的檢討

第一節　傳播自由與民主普世價值

■ 一、言論自由是人權的普世價值

　　古典理論認為，自由的言論有助於人類追求真理，所謂「真理愈辯愈明」就是這個意思。人類文明，也必須在真正擁有言論自由的社會才能見到。1948 年聯合國頒布《世界人權宣言》，以聯合國為核心的國際人權組織體系就在逐步建立。人民所應享有的權利已經不僅僅是憲法所保障的國內民權，同時也加入了國際人權條約的普世人權概念；國際法也因而增加了國際人權法的內容。「人」與「國家」開始並列為國際法的主體。國際上評價一個國家的正當性，不再以主權為唯一要件，還要看這個國家如何對待他的人民，看它是否尊重與保護人權。

　　言論自由的追求真理說（Truth-Seeking），也稱為「意見自由市場說」（idea free marketplace），是密爾頓（John Milton）所提出，對現代自由主義新聞觀念做出劃時代貢獻。十七世紀時，Milton 為對抗英國君主專制，提出他的看法，他指出，「真理是在戰場上產生的；真理不怕挑戰，不怕

廝殺，不怕自由的辯論」。追求真理說，後來成為憲法保障言論自由的基
礎理論。

「追求真理說」的觀點認為，人類社會難免出現一些不同的主張，這
些主張有好有壞、有真有假；這沒有關係，應該讓它們共同出現。各種真
假意見並存，看起來似乎不利於社會；但人的本質會追求真理、相信真理；
所以，讓真理與異端邪說並存，相互爭辯，最終，就會出現真理。

19 世紀的英國哲學家密爾（John Stuart Mill），繼承發展了這一觀念。
認為新聞言論、出版自由有助於人們發現真理；所以政府不應該用任何方
法禁止或限制言論。Mill 認為，「任何言論不論其為完全真理、完全謬誤，
或是部份真理部分謬誤，均有助於吾人追求真理，因而應允許其自由發表，
不得限制禁止」[1]。

我國憲法第十一條規定：「人民有言論、講學、著作及出版之自由」，
此四項自由，也稱為意見自由、表現意見自由或意見表現自由。人民有將
思想發表為意見，而不受非法侵害之自由[2]。大法官在釋憲文中，對於新聞
自由也有闡釋。

司法院大法官釋字 509 號解釋：「憲法第十一條規定，人民之言論自
由應予保障，鑑於言論自由有實現自我、溝通意見、追求真理、滿足人民
知的權利，形成公意，促進各種合理的政治及社會活動之功能，乃維持民
主多元社會正常發展不可或缺之機制，國家應給予最大限度之保障」。

司法院大法官釋字第 445 號解釋：「本於主權在民之理念，人民享有
自由討論、充分表達意見之權利，方能探究事實，發現真理，並經由民主
程序形成公意，制定政策或法律。因此，表現自由為實施民主政治最重要
的基本人權。國家所以保障人民之此項權利，乃以尊重個人獨立存在之尊
嚴及自由活動之自主權為目的」。換言之，言論自由乃是凝聚社會的原動
力且為民主政治最重要之基礎，為民主政治存續與發展之必要條件，無論
人們所表現出的言論內容為何，是否具有崇高的目的，都是憲法言論自由
保障的範圍[3]。而言論自由衍生為新聞、傳播自由，大法官 364 號解釋也有
所闡明：「以廣播及電視方式表達意見，屬於憲法第十一條所保障言論自

由之範圍」[4]。可見，言論自由不但是重要人權普世價值；在當代社會，也被擴充到傳播自由，傳播媒體意見表達自由，也受到相當保障。

二、新聞特權是民主制度的特殊現象

（一）言論自由與健全民主程序

言論自由本來是用來推翻專制，建立民主生活方式的動力；當人類實現民主制度後，言論自由繼續扮演健全民主、鞏固民主的角色。這是言論自由的「健全民主程序說」（Theory of Democratic Process）。

健全民主程序說源於「人民自治」（self-government）的民主政治理論，亦即統治者進行統治的合法權力基礎，係來自於被統治者，也就是人民的同意。這個見解，最早是由 Alexander Meiklejohn 教授所提出；學者 Robert Bork 也承繼了 Meiklejohn 的理論，加以發揚闡釋。

做為統治者權力行使具體表現的政府，其組成必須以人民同意為前提之外，還必須建立各種直接和間接的方式，讓人民得以行使其最終的同意權。透過定期選舉的方式參與民主政治的決策，就是具體表現之一[5]。然而，民主政治的選舉運作，涉及不同政治認同和政治勢力之間的競爭，也需要選民意志做最後的判斷。要讓不同政治勢力之間的挑戰和互動具有公平遊戲的特質，至少應該以不任意箝制挑戰者的意見和質疑為前提，否則便是一場籌碼或武器不對稱的競賽。

而且，一旦針對任何和民主程序的健全運作有關意見加以限制，選民能夠獲取的資訊內容和範圍便極可能不夠充分，因而導致其做出的判斷決定未臻明智，或者即使同樣是根據自主意志做出的判斷，和聽取各種意見具有充分資訊的情況下所做出的判斷相較之下，也極可能不會是同樣的判

斷，因而造成決策不周的遺憾[6]。因此，Meiklejohn 認為，要達成人民自治
的民主目的，必須保障言論自由。

　　被譽為新聞自由之父的美國第三任總統傑佛遜（Thomas Jefferson）認
為，不受限制的政府會趨於腐敗，因此必須接受人民監督。他強調：「人
是可以受理性和真理支配的，因此我們的第一個目標是給人打開所有通向
真理的道路。迄今為止，新聞自由是最好的辦法。由於我們政府的基礎是
人民的輿論，首先就應當使輿論保持正確。如果讓我來決定，到底應該有
政府而沒有報紙，還是有報紙而沒有政府，我將毫不猶豫地選擇後者」[7]。
由是觀之，新聞在必要時，可以鼓吹言論，推翻一個貪腐的政府；如果政
府動用公權力，傷害新聞自由，就不惜推翻政府，捍衛新聞自由。

（二）民主制度下新聞自主的特權

　　大法官 Stewart 在 1975 年，重提新聞自由「第四階級」的重要性，
對於保障新聞自由的觀念，有重大影響。Stewart 認為，「新聞自由要保
障的是新聞媒體的自主性，以便監督政府，本質上並不專指保障大眾交
換意見的言論廣場」。這樣的見解不但獲得新聞工作者支持，這個觀點
還進一步成為支持新聞工作者追求公益，自惕自省的動力。然而，反對
者的見解則認為，此一「監督說」必須建立在新聞媒體可影響社會的前
提下成立，但目前尚欠缺足夠支持證據[8]。在資訊社會傳媒進行惡性競爭
的情勢下，監督說在某些時候，也被媒體自己濫用自由而破壞掉。因此
Hocking 便質疑，新聞自由只是道德權利（moral rights），連基本人權都
不是，當然更非特權[9]。

　　Stewart 的觀點具有理想性，這個理想，是支持新聞傳播事業要成為民
主制度的「防腐劑」。縱然民主制度三權彼此分立制衡；司法、政風制度，

都是職司反貪腐與制裁貪腐，但不如新聞監督可靠。為了防制政府貪腐，民主制度下的新聞應該享有某些特權。

新聞學者 Baker 曾舉出八種新聞媒體與記者，應該享有的特權[10]：

(1) 取得政府資訊及進入監獄等地取得資訊；
(2) 為獲資訊，有時可不受法律規範，如必要時侵入他人財產；
(3) 可基於公益，報導有損他人名譽的訊息；
(4) 可以起身對抗政府禁止報導的命令；
(5) 不受大陪審團偵訊，對某些問題可以拒絕回答；
(6) 民事訴訟時，可以拒絕回答新聞工作人員之心神狀態；
(7) 非因刑事案件，不受政府搜索及扣押；
(8) 新聞媒體免於政府為了經濟、社會、傳播公平與多元所為之規範[11]。

新聞媒體與記者是否應該享有特權，應該考察其是否基於公益、基於民主鞏固而定。如果傳播媒體只是在競逐本身利益，不惜製造社會紛擾，那麼，就不應該允許其無限制用「言論自由」做為「商業競利」的掩護。而現在的情況比較模糊，在大多數的時候，傳播媒體發展出的商業新聞運作形式，是以鞏固民主、監督權力、傳遞知識和關懷社會的面貌出現，但其本質仍會回歸到商業利益。面對這種不確定的傳播，學者嘆息這是一個「窮民主、富媒體」的時代[12]。

第二節　警察機關偵查不公開及作為

一、機關偵查不公開之現行規定

（一）刑事訴訟法之規定

民國 89 年 6 月 30 日立法院三讀通過修正刑事訴訟法第 245 條，除第 1 項規定「偵查，不公開之」外，並增訂第 3 項「檢察官、檢察事務官、司法警察官、司法警察、辯護人、告訴代理人或其他於偵查程序依法執行職務之人員，除依法令或為維護公共利益或保護合法權益有必要者外，不得公開揭露偵查中因執行職務知悉之事項」。

採行偵查不公開原則，主要考量有兩個方面，其一為基於維持偵查效率，避免因偵查內容外洩而導致證據遭到湮滅（如：證人遭殺害或證物之滅失等）、偽證等不利偵查之情形發生；其二為基於無罪推定原則，對尚未達到起訴嫌疑程度之被告的名譽提供適切保護，尤其是媒體揭發隱私導致一般人民心理傷害[13]。

就法條規定而論，所謂偵查不公開，除指偵查程序不公開外，相關人員於偵查程序中所得知事項之揭露，亦應受有相當限制。此一規定，為限制檢、警、調等執法人員及辯護人不當對外揭露偵查中所知悉事項行為更為明確。我國人權保障也從此展開新頁。本法實施後，對於違反偵查不公開原則規定者，會被課予相關責任。

至於違反偵查不公開可能的責任，主要如下：參與偵查工作之人員就偵查所知悉事項，故意洩漏或因過失洩漏，不僅侵害犯罪嫌疑人之基本人

權，也可能構成公務員洩密罪（刑法第 132 條參照）或洩漏業務上知悉或持有之他人秘密罪（刑法第 316 條參照）。

　　由於受偵查不公開約束的公務人員包括檢察、警察、調查等單位，為期偵查刑事案件慎重處理新聞，以符合刑事訴訟法偵查不公開原則，避免發言不當，並兼顧被告或犯罪嫌疑人及相關人士之隱私與名譽，以及便利媒體之採訪，法務部訂定了《檢察、警察暨調查機關偵查刑事案件新聞處理注意要點》，以統一各單位作法。

（二）檢察、警察暨調查機關偵查刑事案件新聞處理注意要點

　　《檢察、警察暨調查機關偵查刑事案件新聞處理注意要點》是目前檢警調在處理媒體關係和新聞發布時的主要依據與行為準則。此要點主要內容包括：

(1) 指定發言人：非發言人不得對外發言。

(2) 指定地點：在機關固定的地點接待記者，媒體採訪時以電話聯絡發言人到記者休息室或適當處所為之。

(3) 限制媒體事項：不得任被告、犯罪嫌疑人或少年犯供媒體拍攝、直接採訪或藉由監視器畫面拍攝。

(4) 不得提供：被告或犯罪嫌疑人、其親屬或配偶之隱私與名譽。照片、姓名或其他足以識別其身分之資訊。

(5) 不得提供：少年犯之照片、姓名、居住處所、就讀學校及其案件之內容。

(6) 不得提供：檢舉人及證人之姓名、身分資料、居住處所、電話及其供述之內容或所提出之證據。

　　同時，偵查機關亦不得提供相關人之偵查自白。不過，也有例外許可事項，主要是為了維護公共利益或保護合法權益，可以發布以下事項：

(1) 現行犯或準現行犯，已經逮捕，其犯罪事實查證明確者。

(2) 越獄脫逃之人犯或通緝犯，經緝獲歸案者。

(3) 對於社會治安有重大影響之案件，被告於偵查中之自白，經調查與事實相符，且無勾串共犯或證人之虞者。

(4) 偵辦之案件，依據共犯或有關告訴人、被害人、證人之供述及物證，足以認定行為人涉嫌犯罪，對於偵查已無妨礙者。

(5) 影響社會大眾生命、身體、自由、財產之安全，有告知民眾注意防範必要者。

(6) 對於社會治安有重大影響之案件，依據查證，足以認定為犯罪嫌疑人，而有告知民眾注意防範或有籲請民眾協助指認之必要時，得發布犯罪嫌疑人聲音、面貌之圖畫、相片、影像或其他類似之訊息資料。

(7) 對於社會治安有重大影響之案件，因被告或犯罪嫌疑人逃亡、藏匿或不詳，為期早日查獲，宜請社會大眾協助提供偵查之線索及證物，或懸賞緝捕者。依前項發布新聞之內容，對於犯罪行為不宜作詳盡深刻之描述。

　　如果機關人員違反《檢察、警察暨調查機關偵查刑事案件新聞處理注意要點》，按其處分辦法是：檢警調人員違反本要點規定，擅自透漏或發布新聞者，由主管機關依有關規定，按情節輕重予以申誡記過或記大過之處分。如涉嫌洩漏偵查秘密者，應追究其刑事責任。各機關首長或相關監督人員，如未切實督導所屬依本要點規定辦理，一併追究其督導不周之責任。

　　為加強服務民眾，增進警民溝通合作，積極宣導警政重要措施與績效，提昇新聞發布及傳播媒體協調聯繫功能，警政署也頒行《警察機關新聞發布暨傳播媒體協調聯繫作業規定》，內容除「偵查不公開」規定以外，也加入警察任務之需要。

（三）警察機關新聞發布暨傳播媒體協調聯繫作業規定

　　《警察機關新聞發布暨傳播媒體協調聯繫作業規定》，是目前警察機關處理媒體關係和規範警察與媒體互動的主要依據。其主要內容包括：

(1) 警察機關便民措施、員警好人好事或重大功績、貢獻，應充分收集資料，主動提供媒體記者協助宣導。

(2) 嚴重影響民眾安全與社會治安之重大突發案件，各單位應視實際需要，主動發布新聞或提供資料說明澄清，以使社會大眾瞭解事實真相，惟事件僅影響機關本身業務時，各該單位得自行協調處理或酌情適時發布新聞。

(3) 為保護民眾生命財產安全，避免遭受不法侵害，得適時提供資訊，呼籲社會大眾注意防範。

(4) 為便於指認犯罪嫌疑人早日偵破刑案，得適時發布犯罪嫌疑人之相片或畫像。

(5) 對於直接或間接關連本單位之新聞，不論報導是否確實，凡足以影響政府信譽或社會安寧秩序，均應分析研判其可能發展及影響，並研訂對策，協調聯繫有關單位共同處理。

(6) 對於影響本機關形象、聲譽或不實報導，應適時發布新聞說明澄清或要求更正。

　　督導考核：實施成果獎懲，依警察人員獎懲標準表規定辦理，並於嘉獎（申誡）範圍內核實辦理獎懲；至如有特殊功績、成效或重大缺失者，專案從重獎勵或議處。

　　偵查不公開列入刑事訴訟法將近七年時間，在實施第五年的時候，法務部曾經對於檢警調是否遵守「偵查不公開」作為進行檢討。

二、機關偵查不公開作為檢討

（一）法務部對偵查不公開作為的執行說明與檢討建議

　　從法務部檢討文件來看，法務部對於「偵查不公開」的觀點是：為維護公共利益或保護合法權益有必要者，仍得公開部分偵查資訊。偵查不公開所要保障者，係偵查之效能及案件當事人或關係人之權益，故偵查不公開並非絕對。

　　另依刑事訴訟法第 245 條第 3 項規定解釋，依法令或為維護公共利益或保護合法權益有必要者，案件偵辦人員仍得公開偵查中之相關事項。但為使執法人員有所具體依循，最高法院檢察署所頒《檢察、警察暨調查機關偵查刑事案件新聞處理注意要點》第 3 點、第 4 點分別列出應保密不得公開之情事及為維護公益或保護合法權益而得公開案件資訊之具體情形或事項。綜言之，消息之公布有助於案件之偵辦、安定人心、澄清視聽、或防止危害繼續擴大，且有必要時，得適度發布新聞。

　　換句話說，法務部認為，「偵查不公開主要在保障偵查的有效性、被告公平受審權及相關當事人之人格權，在與此不相違背的情況下，基於大眾知的權利及公共利益，仍允許或要求偵查機關發布相關訊息」。

關於「偵查不公開」實施以來缺失，法務部提出的檢討主要有以下三項：

(一) 檢警調雖非公開發布新聞或接受媒體採訪，但仍私下透漏消息給記者。建議應於現行要點第 2 點第 1 項加入：新聞發言人，除公開及以書面說明外，不得私下循媒體要求，透漏提供任何消息予媒體；並於第 5 點後增訂 1 點：偵查資訊除依本要點之規定發布新聞外，檢警調人員不得私下透露偵查內容予媒體，亦不宜任意與辦案無關之非直屬長官、同仁談論或透漏與案情有關之訊息。

(二) 以記者會形式公開有關偵查之訊息後，反而造成負面後果。建議應於要點第 6 點第 1 項「檢察、警察暨調查機關首長，應指定該機關有關人員 3 至 5 人，組成新聞處理檢討小組，就當月媒體報導本機關有關偵查案件等之新聞加以檢討」之後增訂：檢討之事項包括發言及回應之時機及內容是否妥適、新聞發布後對引發之評論是否適當加以處理。

(三) 警方辦案仍時常任意公開蒐證錄影帶或帶同媒體辦案之違規作為。建議仍請明文具體禁止，於要點第 3 點增訂第 3 項：檢警調不得帶同媒體辦案，不得公布蒐證之錄影、錄音。

（二）法務部對違反偵查不公開發現與懲處情形

台灣高等法院檢察署自民國 90 年 2 月 15 日起至 94 年 1 月 14 日止，對於所屬各檢察機關發布新聞違反要點規定者，共發函或口頭糾正 25 件，報部懲處 2 件（分別為當事人記申誡一次及首長記警告一次）。另自 90 年 8 月 15 日起至 10 月 15 日止，發現警察機關發布新聞違反要點規定情形，檢附相關資料送請內政部警政署刑事警察局處理者，共計 91 件；自 90 年 10 月 15 日起，警察機關新聞處理不當部分改由刑事警察局自行監錄查處，

有關檢察機關辦案人員違反該要點規定，遭該署糾正及報請懲處者，各年統計資料如下：90 年度 9 件，91 年度 10 件，92 年度 6 件，93 年度 2 件，94 年度 2 件[14]。

三、違反偵查不公開的究責

刑事訴訟法雖明定偵查不公開，但刑事司法實務上卻成為公開偵查原則，司法警察之偵查行動常與電視媒體配合，每日之新聞報導均有「警察破案」的相關內容。此種違反偵查不公開原則之情形比比皆是，並且有侵害人權及破壞人性尊嚴之虞；但國家機關及一般人民卻早已習以為常[15]。

（一）違反偵查不公開的公務人員處分

警察機關是否違反偵查不公開或新聞處理不當，目前係由刑事警察局自行監錄查處，依查處統計，遭糾正及報請懲處者逐年下降。但民間團體指控檢警違反偵查不公開，或者媒體評論質疑警察違反偵查不公開的案例，卻並未少見；只是警方不肯承認而已。

根據臺灣桃園地方法院刑事判決 93 年度訴字第 1152 號摘要：「又按偵查，不公開之。檢察官、檢察事務官、司法警察官、司法警察、辯護人、告訴代理人或其他於偵查程序依法執行職務之人員，除依法令或為維護公共利益或保護合法權益有必要者外，不得公開揭露偵查中因執行職務知悉之事項。刑事訴訟法第二百四十五條第一項、第三項，分別定有明文。此即所謂偵查不公開原則，立法者並明定應受偵查不公開原則所拘束之對象及範圍。換言之，為顧及被告之名譽及國家追訴犯罪之資訊優勢，偵查中

與案件有關之事項，原則上不得揭露。如不符前述「依法令或為維護公共利益或保護合法權益有必要者」之除書例外，而竟貿然將偵查中應保守秘密之事項，逕予揭露者，此等偵查中之公務員，除可能面臨被告等訴訟關係人之民事損害賠償請求外，尚須負行政上之懲處、懲戒行政責任，甚或該當刑法第一百三十二條之洩漏國防以外之秘密罪刑事責任。足見偵查中公務員如違反偵查不公開原則因而所取得之證據，即有可能無證據能力，而不得作為證據，執法人員不可不慎」[16]。

（二）違反偵查不公開的媒體處分

在檢警調違反偵查不公開的案件中，都會有媒體參與，誰來處分媒體？包括學者、律師、民間團體、其它行政部門很多人都認為應該由國家通訊傳播委員會（NCC）來處理。但 NCC 委員卻表明不願插手管媒體。參考美國 FCC 運作而成立的台灣 NCC，不願調查違反偵查不公開的媒體責任，此種態度，頗讓人質疑。縱有法律條文的限制，媒體不是刑事訴訟法 245 條所規範偵查不公開的對象，NCC 亦應思其它方式監督與糾正電子傳播媒體濫用新聞自由，以期對人權保障有所作為。

美國依據 1934 年通過的通訊法（Communications Act of 1934），成立 FCC，同年 7 月 11 日正式掛牌運作，是美國獨立的政府機關之一，負責規範州際及美國境內的廣播、電視、電纜、有線播送系統與衛星等通訊，雖然隸屬於行政部門的一環，但實際上並不是行政機關，是一個部會之外的準司法獨立管制機關，直接向美國國會負責，在參議院是受到通訊小組監督，眾議院則由通信、財政與消費者保護小組負責。

我國則在 2006 年成立「國家通訊傳播委員會」，主管有線、無線、衛星或其他電子傳輸設施傳送聲音、影像、文字或數據的業者或個人。自

NCC 成立之日起，通訊傳播相關法規，包括電信法、廣播電視法、有線廣播電視法及衛星廣播電視法，原屬交通部、行政院新聞局、交通部電信總局等主管機關，也都變更為由 NCC 主管；NCC 還掌管監督管理及證照核發的權力；也擁有對業者的監督、調查、裁決、取締、處分等五項權力。

依據廣播電視法第 22 條規定，廣播、電視節目對於尚在偵查或審判中的訴訟事件，不得評論，若有媒體評論或誤導司法案件，依同法第 43 條第 1 項第 3 款規定，可以加以處罰；其次，媒體報導的利害關係人有權利要求廣電媒體提出澄清與相對篇幅的說明，這是廣播電視法第 23 條課予媒體的義務。NCC 成立後，有關廣電監理業務由 NCC 負責，但 NCC 成員卻對外表示，該委員會之宗旨在維護新聞自由。而且，「偵查不公開原則所規範的對象應是指司法人員而非媒體，媒體有本事問到內容，是新聞自由的範圍，媒體沒有不公開報導的義務」[17]。換言之，在違反偵查不公開中的「被害人」，除了向法院提出訴訟之外，NCC 並不想管媒體。然前述 NCC 成員的見解，尚有待商榷。

第三節　警察機關違反偵查不公開之質疑與究責

　　行政部門不願干涉媒體報導，並賦予極大的新聞自由。警察機關在太多的「例外許可」中，找到可以公開偵查內容的依據，出現的是「質疑很多，究責很少」的現象。也就是說，外界質疑偵查機關違反偵查不公開的不少，但是都被偵查機關否認。經由法院判定違反「偵查不公開」需國家賠償的案例，也僅有一件。有些案例在檢警調機關內部依行政處分解決，有些案件由監察院提出糾正。但監察院的糾正對行政機關僅具參考價值，並無太多意義。試將違反「偵查不公開」相關議題例舉若干如下：

一、質疑警方違反偵查不公開的案例

（一）軍事檢察官函請偵辦警察違反偵查不公開，獲不起訴（2007 年）

　　台南縣警局 2006 年 12 月 11 日發布破案新聞時，宣布逮捕到聯勤司令部楊姓中校油庫庫長等人涉及盜賣紀德艦柴油、航空用油數十萬加侖，並有職業軍人勾結油蟲，開油罐車進軍區載油，並在嫌犯電腦中查獲「軍事油管地圖一批」。本案由國防部北部軍事檢察署於同 12 月 15 日發函台南地檢署，認定警方涉及妨害機密罪，要求檢方以此罪名偵辦台南縣警局 3 名官警。軍方認為，軍事油管地圖是否涉及機密是另外一回事，台南縣警方在偵辦過程中違反偵查不公開原則，請台南地檢署偵辦[18]。本案經台南地檢署於 2007 年 4 月偵結，認為被告並未就機密情節清晰描述，以證據不足處分不起訴。

（二）各界質疑檢警違反偵查不公開，導致民眾上吊自殺（2006 年）

民間司改會與台灣媒體觀察基金會、婦女新知基金會 2006 年 3 月 23 日對李雙全案發表聲明指出，發生於 2006 年 3 月 17 日的南迴莒光號翻車案，不幸釀成一死二傷的悲劇，經媒體不斷深入報導，成為深受社會矚目的重大交通事故。3 月 22 日晚間，媒體開始披露翻車案死者丈夫已從受害人家屬，轉而被檢警在「合理的懷疑」之下，改列為「犯罪嫌疑人」訊息。3 月 23 日上午，死者丈夫被人發現於住家附近上吊身亡。民間團體在聯合聲明中指出，目前此案雖然尚未偵破，但相關媒體報導內容似有不妥，舉凡檢警所掌握之相關案情、嫌疑人資訊、偵查方向，都被媒體鉅細靡遺加以報載，應有違反刑事訴訟法之「無罪推定」、「偵查不公開」原則以及罔顧「當事人之隱私與名譽」之嫌[19]。

（三）立委質疑警方違反偵查不公開原則，侵犯人權（2006 年）

立法委員召開記者會，質疑警方偵辦奧運金牌國手朱木炎遭詐騙案時，疑將他與網友雪兒的網路對話錄音帶外洩，違反偵查不公開原則，侵犯人權。警政署官員則說，會進行內部查處。立委質疑，落實偵查不公開原則，主要是為保障基本人權，其次是輔助犯罪偵查的進行。以朱木炎案件為例，檢警人員將被害人身分曝露給媒體報導，不但違反偵查不公開原則，且又在未經被害人同意的情況下曝光，造成被害人人格權益受侵害。警察是人民保母，偵查犯罪案件，除維護治安外，更應注意保障人權。警方提供偵搜帶，違反偵查不公開原則，侵犯人權、破壞隱私權，造成未審先判效應；由於目前無法懲處，建議公布警察姓名以為懲戒[20]。

（四）民間團體指責警方洩密，嚴重破壞人權（2005 年）

　　台中警方將嫌犯肛門藏毒、上廁所取出毒品的偵蒐錄影帶提供媒體播放；警察改革聯盟等民間團體認為，警方做法嚴重破壞人權，應嚴格貫徹「偵查不公開原則」，革除警界洩露偵蒐錄影帶給媒體公然播放的行徑。民間團體表示，毒犯上廁所與犯罪行為無關，警方卻提供偵蒐影帶畫面，供媒體播放，搏版面、彰顯辦案績效。這種與公益無關、業績掛帥的行為，嚴重破壞人權。何況，毒犯私藏毒品，並不涉及尚需指認問題，警方做法顯有不當[21]。

（五）警方在同志轟趴事件，被質疑違反偵查不公開（2004 年）

　　台北市人權保障諮詢委員會召開首次會議，委員以同志轟趴事件在媒體曝光為例，認為警方處理方式帶有「歧視性」，戕害同志人權。市長指示警察局應加強員警性別教育，辦案時提高性別敏感度，以免侵犯同志人權。學者與民間團體質疑，年初警方在農安街一處公寓臨檢，查獲 93 名同志開派對，但在犯罪偵查不公開下，媒體竟會得知，所有同志在媒體趕到前，還被勒令不准穿上外衣，僅著內褲蹲在地上等媒體拍攝。警方否認違反偵查不公開原則，也不承認有洩漏給媒體[22]。

（六）質疑警方違反偵查不公開，嫌疑人羞愧燒碳自殺（2004 年）

　　陸軍鄭姓上尉上網援交被警方誘逮，因新聞曝光，導致羞愧自殺。警方上網釣援交客的方式合法性原本就被存疑，現在導致嫌犯自殺，警方為

求績效的執勤方式不僅違法，甚至違反憲法中保障人民言論及思想自由之虞。鄭某軍人節當天，在網路談到援交，之後被誘捕。新聞曝光後，鄭不堪羞愧，而燒炭自殺，這不但反映國內網路援交的氾濫，更顯示警方誘捕尋芳客犯罪的非法辦案方式。警方「破案」後，通常昭告媒體，在電視、報紙上公佈其姓名，不但違反「偵查不公開」的原則，也在未定罪前，徹底毀了當事人名譽[23]。

（七）監察院糾正內政部等機關違反偵查不公開（2003 年）

喧騰一時的宋七力顯相館案，監察院調查政府機關偵辦過程，對內政部、法務部、台北地檢署與台北市警察局提出糾正。調查監委認為，警方洩密、不遵守法定偵查程序，導致人民權益受到損失，有重大疏失。糾正文也指出，檢察官在全案未定讞時，就公開在媒體上發表認定被告有罪的言論，違反「無罪推定」與「偵查不公開」原則，斲傷司法威信，有損政府形象。糾正文指出，憲法規定人民集會及結社的自由，是基本人權不容侵犯，內政部罔顧程序正義，草率予以剝奪，應檢討改善[24]。

（八）警察違反偵查不公開被判賠償民眾（2003 年）

台南縣警局新營分局民國 88 年偵辦一起強盜殺人案，警方依方姓嫌犯供述，逮捕兩名黃姓、宋姓等一共三嫌到案；事件並經新聞媒體報導。不過黃姓等三人經檢方偵結不起訴，三人反指控警方違反「偵查不公開」原則，損害其人格權，請求國家賠償。經司法偵審終結，最後台南縣警方敗訴，判賠新台幣九十六萬五千元。這起判例創下警方辦案反遭判賠金額

最高紀錄。警政署表示，警察機關公佈破案消息，但讓媒體拍攝嫌犯圖像，形同媒體審判或人民公審，並侵害其人格權。面對民眾法律素養不斷提升，人權意識逐漸高漲，此類案件必然增加，警政署已指示加強員警教育，也希望媒體記者採訪拍攝時能配合遵守「偵查不公開」原則[25]。

（九）監察院糾正內政部、法務部違反偵查不公開（2002 年）

監察院於 2002 年 10 月 9 日針對檢警調機關在偵查案件過程中，未能嚴守偵查不公開原則，通過對內政部、法務部的糾正案。糾正文指出，偵查機關在辦案過程中，有新聞媒體隨警辦案，播出警方查案、搜索、緝捕嫌犯之過程，鉅細彌遺地將員警部署、跟監、攻堅、搜身、翻箱倒櫃畫面，甚至讓記者詢問嫌犯；而嫌犯重回現場模擬，其遭被害人家屬拳打腳踢的畫面也一再被媒體播放。還經常讓媒體全程跟拍，甚至訊問嫌犯。前南投縣長彭百顯因案羈押，媒體居然也可拍攝彭在囚房及餐廳的畫面。前台南市長張燦鍙案中，調查機關讓媒體拍攝張燦鍙在候訊室等候法院裁定羈押的畫面，有損機關形象及當事人尊嚴。監委指出，這些現象對於標榜人權、民主法治的政府實是一大諷刺；檢警調機關偵查案件未切實踐履偵查不公開原則[26]。

二、違反偵查不公開，受害人放棄究責

如前述所舉案例，為什麼會出現「質疑很多，究責很少」的現象？這和遭受人權侵害的對象，一般都無力也無意願追究檢警調有關，並不代表機關可以繼續目前的辯護模式，繼續以違反偵查不公開，造成侵犯人權。

　　檢警調和媒體違反「偵查不公開」，少被課責，主要原因是遭受侵害的對象均為極度弱勢族群，無力對抗。檢警調違反偵查不公開原則之受害者大致是(一)被告(二)被害人(三)其他利害關係人。

　　三者都以不同原因放棄追究責任：

(1) 被告在刑案偵查中本來就處於極度弱勢；人權不受重視。

(2) 被害人已是求助無門的刑案受害者；無心追究或不知應如何追究。

(3) 利害關係人大多數是證人身分，證人惟恐隨時可能轉為被告。

　　被告、被害人及其他利害關係人，對於檢警調違反偵查不公開原則侵害人權時，多半只能逆來順受。這使得因違反偵查不公開原則而遭處分的案例屈指可數[27]。

　　例如陳榮吉錯抓案中，可佐證警察違反偵查不公開的媒體事證隨手可得，但當事人已選擇原諒，希望警察應以此為戒，鑑往知來；警察不能無視當事人的善良之意。

　　犯罪被害人是依其所遭遇之犯罪行為內容及程度而蒙受不同損害，其損害大別有來自加害人對生命、身體的侵害、對財產的侵害、對個人私生活隱私權之侵擾、不當惡劣的精神打擊等，是所謂的因犯罪行為直接蒙受的第一次被害。其次，警察單位對事件展開被害情事的調查、事情曝光引起媒體的取材報導續而引發人們的興趣與好奇，致被害人一再被迫回憶因犯罪所受害惡情節，漸漸自我隔絕於社會，均是所謂第二次被害、第三次被害的施加，甚至被害人的親族或遺族也受被害之波及。上述的情狀無疑的是對被害人的一種人權侵害；首先是生命、身體的自由被侵害、財產的流失、人格權被不法侵擾，人性的尊嚴飽受折磨。按被害人不一定是相對於犯罪所發生，例如，對他人嚴重精神干擾的騷擾電話，有時對受話人精神壓力及傷害甚可致人崩潰[28]。

報紙犯罪新聞在導言中直接以故事性以及特定犯罪嫌疑人和被害人的手法來報導，最容易使閱聽人認為犯罪新聞報導侵害了相關當事人的人權[29]。當新聞媒體運用自身力量披露政府之腐敗與謊言時，儼然成為監督國家的看門犬；當其漫步於個人隱私之上時，卻顯得危險而具有掠奪性。由憲法保障人權之觀點，人民之隱私權當不容被不法侵犯，惟從新聞傳播之社會功能觀察，為了使人民能夠實現知的權利，卻必須賦予新聞媒體最寬廣之新聞自由，以運用其採訪權及報導權，揭發不為人知之重大弊端或不公義現象。對於事關人民基本人格尊嚴之隱私權與民主政治所賴以維繫之新聞自由，在發生衝突時，應如何取捨或調和，乃法治國家中必須慎重檢視之課題[30]。

三、警察作媒體線民？外界對警察違反偵查不公開的批評

隨著資本主義的發展，大眾傳播媒體呈現集中化、獨占化之傾向。由少數資本家控制資訊之供給、傳播；而多數人僅能被動接受資訊。這使得新聞自由被垢病為新聞工作者的專屬特權，一般人民並未充份享受新聞自由。質上是傳播財團的商業行為，卻假新聞自由之名恣意而為，導致媒體成為社會亂源；侵犯隱私權的爭議，也頻頻出現。

但是在「偵查不公開」的討論中，除了譴責媒體侵犯了人權隱私，還要問是誰提供了媒體侵犯隱私的線索？是誰洩漏偵查內容，提供消息來源？

警察說「不是我」；警察說「我沒有」。但別人都說：「是警察提供的」！

一則網路民調，題目是：「根據刑事訴訟法，偵查資訊不應對對媒體與大眾公開。但若遇到影響社會治安之重大案件，請問您認為檢警調機關在維護公益或保護合法權益的前提下，是否應該公開部分偵查資

訊」？統計民調結果認為「不應該或非常不應該」的有 66%[31]。換言之，以前述調查結果來探究，多數的民眾並不想知道媒體播出的內容才對；但為何違反偵查不公開、侵害人權的案件頻頻出現，警察也頻頻被人質疑。回答這個問題，或許可以從以下三則來自學界、記者、律師具名發表的觀點尋找答案。

（一）對警方以新聞誇功邀獎的批評

在鬧出軒然大波的周政保自拍黑道嗆聲帶事件中，媒體和警察雙雙成為輿論垢病的焦點。警政學者具名評論到：「今日台灣媒體搶頭香、爭獨家的惡質競爭下，警察辦案、小偷生平於三餐新聞時段中，竟成家常便飯。同時，警察亦樂於藉公開辦案情節，證明自己辛勤英勇，並用以邀功報獎」。「長久以往，有關犯罪案情的公布與報導，漸成台灣民眾獲致奇聞軼事不可或缺的管道。另一方面，警察期盼日後仍有版面時段得以持續誇功，記者亦圖獲致豐富素材確保未來創作源源不絕，在魚幫水、水幫魚之利益相賊下，警察機關對於嗆聲影帶自然心無防備轉手流出，電子媒體亦毫無戒心順手播放」。所謂警察專業紀律、記者職業倫理，至此也完全繳械、投降。類此情節的背後是商業掛帥、利害算計，不能通過「偵查不公開」、「個人隱私保障」的檢驗[32]。

（二）對警方主動提供犯罪新聞的批評

在一個廣電基金主辦的「暴力犯罪防治新聞報導之檢視」電視座談節目中，談到社會案件的新聞中，為什麼各電視台都能在找到附近商家監視

錄影畫面播出？對此，曾是社會記者的一位出席人當場提出：「我要強調的就是，監視器的錄影帶到底是誰給記者的？就是警察，而且現在警察用手機或直接打電話通知我們『這邊有個新聞你來採訪』，他一定還會附帶一句『我有蒐證帶』。只要他講這一句，不只記者要到現場，搞不好連 SNG 車都開過去。警察內部有一個很好玩的比賽，叫做『上報紙比賽』，言簡意賅，不是只比上報紙的次數，連上電視台的次數也要比。以前我在電視台服務，經常接到警察朋友的電話，要我拷個 DVD 給他，因為要比每個單位的破案新聞，見報跟見電視數量最多的第一名」[33]。

（三）對警方制度與角色錯論的批評

而在民間組織司改會成員的觀察中，現今的檢警調及媒體工作者，根本就是違反偵查不公開，侵害人權的共犯結構。在司改雜誌中，一位司改會成員具名指出：「檢警與媒體合作，藉由不當洩漏偵查資料，違反偵查不公開原則而獲取自身利益。檢警調辦理刑事案件背後除背負著績效壓力外，更希望於辦案過程中求取『受矚目』的表現。正因表現受到極大矚目，所屬上級長官便獲得讚美；接獲到關愛的眼神便水到渠成。如何達成「受矚目」，使得上級長官易於發現，當然是藉由新聞媒體的報導搏版面才能達成此一目的。在媒體方面，偵查中之刑事案件，正可滿足媒體與一般閱聽人之八卦窺秘或嗜血胃口；如能獲得任何獨家消息，加以報導收視率、銷售量攀高必定能獲得主管的青睞。有了如此上下游的食物鏈，各取所需、互蒙其利自然是樂此不疲。至於人權保障，對檢警調或媒體而言，倒不是重點了」。「筆者更曾經親身經歷過某刑事警察單位主管每月定期舉行社會矚目案件評比，要求所轄各單位提出媒體報導該單位所承辦案件相關資料，依據報導數量作為獎勵依據，此舉無異變相鼓勵警方違反偵查不公開

原則；與媒體套交情而違反偵查不公開原則，將侵害人權之行為當作自己利益的墊腳石」[34]。

前述三則內容對警察違反偵查不公開的指控相當明確、具體、生動；也相當犀利。從上文發現，警察甘冒違反偵查不公開懲處風險，其背後主因，竟然是警察內部功獎制度造成的。這個功獎制度以警察「媒體曝光度」評比定績效，在「拼業績」的氛圍下，警察「一邊辦案，一邊發新聞」就一點也不奇怪了。警察甘作「媒體線民」，雖是基於自利行為，但警察也在輔助媒體作亂，自己也走在「侵犯人權」與違法的鋼索上，而不以為意。

四、借鑑先進國家警察偵查不公開的作法

美國維吉尼亞理工學院的校園槍擊慘案，震驚全球。案發後不久，有線電視新聞網（CNN）停止一切正常新聞，全面報導此一慘案，美國警察在媒體前的表現，或可供台灣警方參考。

2007 年 3 月 16 日早晨，一名槍手在美國維吉尼亞理工學院開槍濫射，造成 32 人被害死亡，凶手作案後飲彈自戕。造成 33 死、多人受傷的慘案，也是美國歷史上死傷最慘重的校園槍擊事件。全美媒體，包括美國有線電視新聞網（CNN）、三大電視新聞網、福斯電視台等，從早到晚持續播出這則駭人聽聞的不幸事件。電子媒體之外，《紐約時報》、《紐約郵報》、《每日新聞》，甚至一向以報導財經新聞為主的《華爾街日報》等網站，也隋之以顯著頭版網頁報導這則新聞。案發初期，訊息不明，CNN 播出目擊學生當時用手機拍下的錄影，可清晰聽到陣陣槍擊聲。媒體的消息只能指出，凶手是一名年輕的亞裔男子，至於其他相關資訊則不詳，包括此人是否為學生，也都等有待警方訊息加以澄清。

在 24 小時內，聯邦調查局發言人發表聲明指出，沒有任何跡象顯示，校園槍擊慘案是一起恐怖攻擊；任何可疑的線索都會一一查證。發言人還

表示，這起槍擊事件由學校駐衛警和維吉尼亞州警察局共同調查，聯邦調查局從旁協助。目擊者則說，凶手是一名亞裔男子，他在開槍行兇後朝著自己頭部開了一槍，由於凶手臉部毀損，因此為辨認身分帶來困難。

　　然而《芝加哥太陽報》卻在此時報導，「行兇男子是一名持學生簽證赴美就學的 24 歲中國留學生，嫌犯是去年 8 月 7 日搭乘美國聯合航空公司班機從上海出發，在加州舊金山登陸美國，持學生簽證入境」[35]。

　　過了 24 小時之後，警方才察出凶手真實身分是已經自盡的一名韓裔學生，警方隨之將此一獲得證實的訊息對外界公布。這就戳破了《芝加哥太陽報》早先發布的，其實是煞有其事的烏龍報導。

　　美國警方後來公布了偵查過程，在其說明中提到，警方曾經依據情報，一度鎖定兩位亞裔學生涉嫌，並對其實施偵訊，後來都飭回。但是，這些過程都是在確定凶手自盡，危機落幕後才被外界得知的。美國警察偵辦本案，沒有出現「一邊辦案，一邊發新聞」的情事。

　　這個重大案件，讓人見識到美國警方埋頭清理事證，並不熱衷隨媒體起舞的辦案風格。美國司法偵查機關和警察都謹言慎行，即使需要花時間清查事證，也要完全封鎖偵查內容。美國警方封鎖新聞，偵查不公開的作法，是基於公益出發的，媒體不會因此修理警方。不要違反「偵查不公開」，也不要隨媒體起舞，先進國家的辦案手法，確實值得台灣警察借鑑。

第四節　踐履警察公共價值應遵守偵查不公開原則

一、違反偵查不公開，損害警察公共價值

　　窺諸實際，警察機關內部以「媒體報導數量進行績效評比」，這項制度產生巨大的負面作用。警察為了自己「英勇行為」能在媒體報導，也為了滿足媒體的需求，不惜置「偵查不公開」規範於不顧，以暗示、默許方式侵犯民眾人權。這種飲鴆止渴，討好記者於一時的作法，不但有違警察長期利益，也損害警察公共價值；這種不正常的媒體關係對警察弊大於利。

　　新聞自由與個人隱私都是人權保障的課題，擺在警方面前，看似一個顧此失彼的難題。但其實並非如此難以解決，只要警察依法辦理，就不致於陷入價值錯亂之中。

　　違反偵查不公開，侵犯人權的首謀是濫用新聞自由的媒體；媒體當然可以報導事實，但亦應對侵犯人權的後果負責善後。而警察被質疑是「幫助犯」，則似乎得不償失。包括學者、律師甚至記者，都宣稱「警察通風報信，是媒體主要的消息來源」。而警察通風報信的主要動機，卻是因為警察機關要對新聞報導數量實施獎勵，這個獎勵評比鼓勵警察扮演「媒體線民」的角色，十分荒謬而且不值。

　　偵查不公開的人權保障意義，在使刑案當事人，包括被害人、被告和利害關係人等，甚或與之有關的個人，不因機關偵查過程，洩漏相關內容，致使個人遭受侵擾，或發生個人隱私被傳播媒體揭露的結果。此一結果可能讓當事人身心受創，甚至因不堪羞憤而自盡的嚴重後果。

　　警察機關辦理警察「新聞見報數」評比，應該排除「刑案」與「衝突事件」二類；只評比「非刑案」、「非衝突事件」。因為，警察在媒體曝光有助於形象並可宣導警政，這類報導需要警察花力氣爭取才會出現，應該辦理評比獎勵。而反觀刑事案件或衝突事件，正是媒體採訪所好，根本不需要警察花力氣；不應列入評比。唯有如此，警察向媒體通風報信的事件才會減少；才能進一步降低警察侵犯人權的風險。

二、協助媒體侵犯人權，警察得不償失

　　人權（human rights）是做為一個「人」所必須擁有的自然權利（natural rights），與生俱來，神聖不可侵犯。國家機關不但不能侵犯人權，同時也有落實保障人權的責任與義務[36]。人民權利受侵害之救濟除可追究公務員之民事、刑事、行政責任外，並可依憲法第 24 條後段規定及國家賠償法或其他法律請求國家賠償。公務員侵害人民自由、權利係有故意或重大過失時，國家於賠償後，對公務員仍有求償權[37]。但偵查不公開是基於保障人民，避免造成損害人民的冤案或冤獄的損害，是人民支持警察的公共價值基礎，警察應該正視此一問題。

　　人民的權利義務非來自天賦，而是因應社會生活的需要而衍生，故自由權利必須受到限制，已成為大眾共識。德國威瑪憲法「倘少數人之自由，與多數人之自由，不能並存時，則兩害相權取其輕，寧可犧牲少數人之自由，而保護多數人之自由，所為公益重於私益也」[38]。新聞自由被列為基本政治權，是所有人權項目中極重要的。然而，環顧當前商業媒體盛行，神聖而不可侵犯的新聞自由權利，已被媒體財團偷渡到無關公益的八卦新聞報導中。以營利為目的的媒體，擁有不顧一切揭發隱私的特權，是一個不幸的現象，也不是一個號稱「人權立國」的國家應該有的現象。而如果

警察在其中扮演媒體協助者的角色,那就是破壞警察自己最珍貴的公共價值,得不償失。

三、固守偵查不公開原則,有利警察媒體關係

隱私權毫無疑問是基本人權的一部份,應予保障。但是媒體卻高舉「新聞自由」的大纛,辯稱媒體公器係遂行社會大眾「知的權利」的基本人權。不受侵擾的基本人權對上新聞自由的基本人權;個人隱私權與媒體自由權相爭,表達與不表達的自由相爭,警察站在中間,應該怎麼做?

警察先釐清自己踐履公共價值的功能與角色,答案就會很清楚。

當新聞表達自由與民眾隱私不表達的自由同等重要時,警察面臨的抉擇,只有一個,就是依法行使偵查不公開原則。警察應該將保障隱私權置於對傳播媒體服務之上。

警察固守偵查不公開原則,並沒有阻礙新聞自由的疑慮。傳媒仍然可以進行神通廣大的新聞剌探工作,只不過,不必由警察擔任「洩密者」或「供料者」而已。

綜合上述分析,警察在偵查不公開原則下,與媒體要採取的關係模式,以及其後果,可歸納如下:

(一) 警察偵查案件同時通知記者採訪,違反偵查不公開原則。警察有違法洩密之虞,記者沒有違法洩密之虞;但二者可能同時都在侵犯人權。

(二) 警察機關新聞檢查處理小組辦理新聞見報評比獎懲,出現偏差,有間接鼓勵警察洩密、違反偵查不公開之虞,應檢討此一作法。

(三) 警察違反偵查不公開如果有故意或重大過失,機關要負國家賠償責任,公務員要負民事責任、行政處份及國家賠償追償,已有判例。

(四) 偵查不公開是基本人權保障，警察必須切斷和媒體共構的洩密管道，避免侵犯人權的風險。

(五) 警察應依法行政，固守偵查不公開原則，加強憲法人權保障素養。

　　違反偵查不公開的侵犯人權作為，並不利於警政長遠發展，也會累積許多警民對立的緊張關係；人民亦可因此質疑警察是在追求「公共利益」或是「自身利益」；人民甚至可以進一步質疑警察行使職權的合法性。

　　警察應該固守涉及民眾隱私人格、名譽等人權保障課題；並且把這個人權保障的重要性，放在警察媒體關係之上。傳播與執法都是警察的重要任務，但是警察固守偵查不公開原則執法，警察就能得到各界尊重，最後新聞傳播也不得不尊重此一法律原則。唯有如此，才是真正有利於警察的正常媒體關係。

【注釋】

1 林子儀，〈言論自由之理論基礎〉，收於《言論自由與新聞自由》，（台北：元照，1999）pp.9-10.

2 林騰鷂，《中華民國憲法概要》，（台北：三民，2006）p.54.

3 趙伯雄，《從憲法上言論自由的保障論著作權的限制》，（台北：東吳大學法學院法律學系碩士論文，2005）。

4 管歐著，林騰鷂修訂，《中華民國憲法論》，（台北：三民，2006）pp.56-57.

5 引自孫立行，《商業性言論：從保障言論自由觀點出發》，（台北：東吳大學法律學系碩士論文，2000）pp.72-75.

6 劉靜怡，〈言論自由導論〉，《月旦法學教室》第 26 期，2004 年 12 月，p.75.

7 朱曾汶譯，《杰斐遜選集》，（北京：商務印書館，1999）。

8 林子儀，《言論自由與新聞自由》，（台北：元照，1999）。

9 W.E.Hocking, *Freedom of the press, a framework of principle.* (Chicago: University of Chicago Press.1947) p.11.

10 E.Baker, *Human liberty and freedom of speech.* (N.Y.: Oxford University Press.1989) pp.98-109.

11 傅崑成等譯（1991）。《美國大眾傳播法：民主傳播與憲法》，（台北：123 資訊公司，1991）pp.211-216.。原書：Zuckman, H.L., Gaynes, M.J., Carter, T.B., & Dee, J.L. 1988. *Mass communications law.*

12 R.W.McChesney, *Rich media ,poor democracy: Communication Politics in Dubious Times.* (University of Illinois. 1999)

13 參閱林山田，《刑事程序法》，（台北：五南，2000）p.55。陳運財，〈偵查之基本原則與任意偵查之界線〉，收於《刑事訴訟與正當之法律程序》，（台北：月旦，1998）p.154。陳志龍，〈法治國檢察官之偵查與檢察制度〉，《台大法學論叢》，第 27 卷第 3 期，1998 年 4 月，p.23.

14 參考法務部全球資訊網資料，最後更新日期：2005/11/27 http://www.moj.gov.tw/ct.asp?xItem=28144&ctNode=11600&mp=001

15 李松翔，《交付審判制度之研究》，（台北：國防管理學院法律研究所碩士論文，2003）。

16 參考 http://blog.yam.com/themis2006/article/6126855

17 參考 2006-06-21／中央社／國內交通／中社記者徐毓莉／台北二十一日電。

18 參考 2007-01-14《聯合報》第 18 版／南部新聞／記者洪肇君台南報導。

[19] 參考 2006-03-24《聯合報》第 03 版／焦點／記者王聖藜／台北報導。

[20] 參考 2006-01-07 中央社／國內國會／中央社記者謝佳珍／台北七日電。

[21] 參考 2005-12-14 中央社／國內社會／中央社記者郭美瑜／台北十四日電。

[22] 參考 2004-10-05《中國時報》第 C2 版／北市新聞／喬慧玲。

[23] 參考 2004-09-21《台灣時報》國際／林雅惠特稿。

[24] 參考 2003-07-10《聯合報》第 08 版／社會／記者黃雅詩／台北報導。

[25] 參考 2003-01-08 中央社／國內社會／中央社記者孫承武／台北電。

[26] 參考 2002-10-09《中時晚報》第 07 版／焦點話題／陳彥伯／台北報導。

[27] 馬在勤，〈公開偵查不公開原則：媒體報導不是檢警的辦案業績〉，《司改雜誌》第 62 期，資料日期：2006/8/8。http://blog.yam.com/themis2006/article/6315463

[28] 諸澤英道，《被害者學入門》，（東京：成文堂，1992）。轉引自陳柏廷，《我國刑事訴訟程序中犯罪被害人權能之研究》，（台北：台北大學法學學系碩士論文，2000）。

[29] 蕭憲文，《報紙犯罪新聞之報導手法對閱聽人認知與態度之影響研究》，（台北：臺灣大學新聞研究所碩士論文，2004）。

[30] 沈君玲，《刺探新聞所涉法律問題研究》，（台北：世新大學法律研究所碩士論文，2002）。

[31] 參考 2006 年 3 月 24 至 25 日的雅虎網路民調結果，http://tw.yahoo.com/

[32] 林裕順，〈嗆聲影帶，警察繳械，媒體投降〉，《聯合報》第 15 版，民意論壇，2007-04-01。

[33] 財團法人廣播電視事業發展基金座談會內容紀要，「暴力犯罪防治新聞報導之檢視」。發布時間：2004-09-16 http://cyan.bdf.org.tw/forumDetail.php?ep_id=37

[34] 馬在勤，〈公開偵查不公開原則：媒體報導不是檢警的辦案業績〉，《司改雜誌》第 62 期，資料日期：2006/8/8。http://blog.yam.com/themis2006/article/6315463

[35] 參考 2007-04-17 中央社國外社會新聞；中央社台北十七日電；中央社華盛頓十六日法新電；中央社維吉尼亞州黑堡十七日法新電。

[36] 洪葦倉，《中華民國憲法》，（台北：揚智，2002）p.69.

[37] 林騰鷂，《中華民國憲法》，（台北：三民，2005）p.177.

[38] 林紀東，《比較憲法》，（台北：五南，1991）p.36.

Chapter 12

展望：
警察與傳播相處的機會與挑戰

第一節　警察公共服務與傳播問題

今日政府與人民的關係，已經出現變化，公共管理學關於「服務型政府」的口號，早已喊得震天價響；「服務型政府」也成為不可違逆的主流思維。警察機關作為政府的一部份，需要從許多新的角度，重新檢視警察公共服務、公共價值的實務與論述。

一、警察公共服務與傳播素養

當政府以服務人民為主要的職能及目的時，公共服務就成為政府重要的產出（product）；當人民與國家的關係，從單純權利義務轉為隱含生產者與消費者的關係時，人民就是顧客（consumer）；人民的需要才是政府施政的依據，服務品質才是民眾是否滿意的關鍵因素[1]。國內目前八萬警察，散佈社會各角落，隨時隨地和民眾發生關係，每位警察都在扮演政府公共服務的第一線角色。

透過「傳播」的角度看警察職能與表現，那麼，傳播素養（media literacy）或者說「媒介識讀」能力，就應該被放在警察機關的「核心」課題之中，而不應該是可有可無的「邊陲」課題。

　　掌握資訊社會的傳播知識，警察才有機會再塑造新的服務形象；運用整合的傳播工具，警察服務產出的「產品」，才能和民眾溝通順暢，得到「顧客滿意」的結果。不過，情況也不是這麼單純。

　　從另一個角度來看，在民意高張的台灣社會，警察的一舉一動，幾乎無時無刻不被置於傳播媒體監視之下。傳播媒體以其社會公共利益的「第四權」角色，監督著另一個扮演公共利益職能的「警察」角色，這使得情況有些複雜。一方面警察要「用」傳播，提供社會服務；另一方面警察要「防」傳播，避免媒體製造組織的危機傳播。

　　展望台灣社會，當警察與傳播相遇時；警察既有機會，警察也有挑戰。

二、警察組織效能的再思考

　　去官僚化（de- bureaucratization）是全世界各國政府在面對後工業時代、資訊社會來臨時，展開的新思維。在官僚體制下，警察的觀念，只需要忠實、有效、公平的執行政策指令即可。並不需要在意目的與價值問題，也沒有正當性與否的困擾。因為警察的資源、價值和授權都假設在立法過程中形成。因此，從來都不鼓勵警察有太多想像力；就算有想像力，也不太容易受到重視。警察上級都是用他們自己的方式，來指揮、指導與形塑警察公共利益的觀念。

　　但實際上，警察從來都不曾置身在一個穩定和諧的社會服勤，警察要面對的是一個充滿棘手問題的世界。各式各樣的外力挑戰，讓現存操作根本無法完美實現；警察需要的是組織結構和技術能力的新策略，以改善組織效能。

　　組織效能從廣泛的意義而言，是一種關於組織是否運作得令人滿意的人為判斷（human judgment）。這些判斷，對管理者而言，就成了採取組織變革的依據[2]。組織為了因應環境的需求和挑戰，進而追求組織效能，所採取的策略可以分為理性行動策略以及人文系統策略；前者強調客觀的計

算如成本，效益利潤等分析；後者強調的是人的認知，價值和主觀的判斷[3]。警察機關的管理者對於警察遇到的傳播課題，應該適時的重新檢視與重新判斷。

三、增進警察組織效能的基本技能

警察在「服務型政府」中，最重要的是警察的踐履公共價值；而展現警察公共價值，必須要有相當的管理技能。

管理學者 Katz 在 1974 年提出，為追求組織效能，有效的管理者應具備三種技能，他的說法到今天仍然受到重視。這三種技能是：技術性技能（technical skills）、概念化技能（conceptual skills）與人際間技能（human or interpersonal skills）[4]。對警察而言，技術性技能是警察執法的專業技能，包括法律運用與強制人犯的體技都是。概念化技能是警察對於維護治安、維護公共秩序等的職能認識概念；而人際間的技能，就是人與人相處，人與人溝通的技能。

傳播就是溝通，傳播是處理人際關係、社會關係的技能，對警察而言，更應體會到傳播、溝通技能的必要性與重要性。

第二節　傳播媒介的立場與公共利益

一、傳播媒體的權利

（一）傳播媒體的第四權

　　傳播媒體以「第四權」口號主張新聞自由，這並不是台灣的獨特現象，全世界的民主國家，多少都允許並默認媒體的新聞自由。

　　新聞自由有多種傳承，其核心價值包括：言論自由與出版自由是天賦人權、有助於個人的自我實現、有助於思想經討論後獲致真理、有助於公共事務的民主決策、可以避免壓制言論而造成社會不安等等都是[5]。國際新聞組織（International Press Institute, IPI）提出四項新聞自由衡量標準：採訪自由（free access）、傳遞自由（free transmission）、出版自由（free publication o）、表達自由（free expression）等。無疆界記者組織（Reporters Without Borders）提出「新聞自由指標」，針對新聞媒體與記者享有的自由及國家尊重與保障新聞自由的努力等列出 52 個評分項目[6]。

　　新聞自由不應該是絕對的、必然的；制度性的新聞自由容易獨厚某些特定菁英，而形成媒體政治（mediacracy）的偏差。傳播媒體會刻意偏袒有權有勢的權貴；擅長操弄媒體的社會名流，更會因為此如魚得水[7]。這個偏差，使得新聞自由的本意與健全民主制度愈來愈遠[8]。制度性權利的新聞自由，只有新聞媒體可享，不再屬於一般公民。

（二）記者的工作自主權

傳播媒體是一種科層組織，記者因此內化了組織的需求而外顯在工作表現，記者的採訪優先考慮的是，組織會不會採用他所採訪到的消息[9]。媒體組織為了掌握採訪對象和機構，便給記者特定的採訪範圍，這種分工方式就是通常稱之的記者的路線。而記者就在路線上自主尋訪事件的當事人、關係人與舉證者。

記者工作的自主權，是記者可以自由選擇寫作和生產新聞，免於政府、組織中的所有人和經營因素的干擾。衡量記者的自主權，可以四個問題做指標：（1）決定新聞應強調的重點；（2）選擇報導的題材；（3）組織中有人會指派工作給記者採訪；（4）記者的報導內容由組織其他成員刪改次數的多寡[10]。

（三）傳播機構的立場

記者和社會產生的互動，是新聞的來源。但傳播機構也有其立場，尤其顯現在政治態度上。傳播機構的立場由多由媒介所有權（ownership）所決定，這在台灣的情況也非常明顯。影響傳播機構政治立場的原因，有的是因為政治理念決定的，大多數的情況是因為經濟利益。

執政者擁有龐大預算分配權，政府可以撥給媒體最需要的廣告、製作費或者專案補助費用等。執政者收買傳播媒體已經是民主社會的常態，被收編的媒體則透過偏頗的新聞產製，回報金主。傳播機構在這個部份已經十分專業，多是隱晦或暗示的內容，以標榜「客觀中立」的立場，製作對執政者有利的新聞；長此以往則可對閱聽人產生傳播涵化效果（cultivation effect）。因此，並無所謂傳播中立、客觀的可能性。這使得新聞自由的崇高理念，因為遭到濫用，而令人沮喪。解決之道，就是透過公民教育，培養公民媒介識讀的能力，學會如何分辨傳播機構的偏頗立場。

二、傳播媒體的義務

傳播媒體在享有新聞自由之外，也有被期待應盡一些義務：

（一）真實報導義務

這是對於傳播媒體最基本的要求，也是最重要的要求。新聞媒體作為公共訊息的散佈者，應該窮盡其查證的可能。真實報導的義務，並不是「必須保證一切真實」，法律上的解釋是「已經謹慎審查報導之真實性」，這是民主制度下對於新聞自由的尊重。

（二）權益衡量義務

組織團體或個人之間難免利益衝突，傳播媒體應盡權益衡量的義務，以決定何種法益於各該具體事件中必須優先保護。

（三）民主基本秩序義務

為保護社會多元意見，傳播媒體應善盡客觀、中立，並能維持獨立地位，避免被政治經濟勢力所左右，傳播媒體應該善盡促進民主並維持基本秩序的義務。

（四）傳播商品消費資訊義務

　　傳播媒體所產出的是傳播商品，對待閱聽人，如同對待消費者。傳播機構不應排除消費者在消費時發生的疑問與消費意見管道。傳播商品上應有公開傳播機構及負責人等消費資訊義務，或者提供明顯易尋的通路給社會大眾。

三、媒體公共利益已成泡影？

　　民主社會的一個理想是，大眾有知的權利；傳播媒體有反映民意、監督政府的責任。這是民主制度下，傳媒最重要的公共利益所在，也就是傳播媒介以「鞏固民主」作為傳播公共利益的最大化。但今天看來，似已成泡影。

　　傳媒的商業化發展與財團壟斷，造成情勢發展惡化，無關公益的八卦或「小報化」現象盛行，傳播媒體只剩下「反智」的庸俗娛樂功能。有人因此提出了「民主參與」（democratic participant）的傳媒理論模式，希望能保持公民需要的、有利於鞏固民主生活方式的傳媒模式[11]。

　　這個理論認為，既定政黨和傳媒系統，已經對人民背信忘義。傳播自由理想，因為資本主義自由經濟的力量反動，看來要失敗；而且，「傳播社會責任論」，也成為傳播機構與官僚政府掛勾的表象而已。想要解決傳播亂象，無論是自由，還是自律，看來都已失敗[12]。因此，公民應該採取行動加以改變這個現象。

　　民主參與理論鼓勵多種的、小範圍、地方性的、非制度性的、觀點明確的傳媒，讓這些傳媒把傳播者和接受者聯繫起來，同時也支持水平的互動模式（horizontal patterns of interaction）。實際體現民主參與理論的方式

許許多多，並且各不相同，諸如地下的，或另類的報刊（alternative press）、社區有線電視、鄉村環境中的微型傳媒（micromedia）、小功率的傳媒、大字報以及婦女傳媒和少數民族傳媒等。在網際網路與資訊匯流的時代，傳播媒介個人化工具盛行的時刻，傳播的參與民主理論模式，也有值得期待之處。

第三節　警察面對傳播的機會與挑戰

一、警察的外部傳播環境及內部條件整合策略

傳播學者 McQuail 認為傳播機構，是在外部政治結構、經濟結構和技術結構的擠壓下進行運作的。如果把警察放進來看，就是外部的傳播結構如何擠壓警察內部條件，然後展現警察基本職能，與踐履警察公共價值的角色。這對警察而言，充滿了機會與挑戰。

警察的內部條件主要指警察的三種特殊身份：

(1) 警察是執行公權者，是執法者；

(2) 警察是被監督者，是傳播輿論監督的對象；

(3) 警察是科層組織的成員，是上下與平行關係的溝通者；

執法者的身份，讓警察會因為打擊犯罪，保護民眾生命財產，而成為傳播媒體塑造的英雄與勇者。這是警察最歡迎的，也是警察在爭取的一種宣揚策略。

被監督者的身份，也是因為執行公權力，隨之而來的。警察在蓄意或過失的原因下，從外部或內部發生不名譽事件或違法的事件。這是傳播媒體最佳爆料題材，卻是警察最不願出現，卻也無法阻止的。

警察組織成員的身份，是指警察在內部的溝通作為，是否能從上而下，或由下而上，暢通溝通的機會與掌握溝通的時效，內部溝通是警察面對傳播課題時，重要的內部條件。

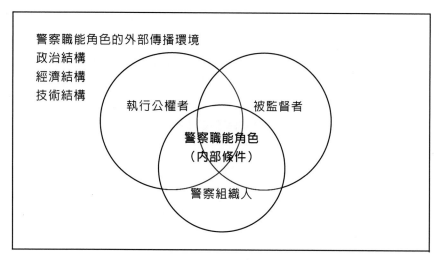

警察職能角色的外部傳播環境
政治結構
經濟結構
技術結構

執行公權者　　　　被監督者

警察職能角色
（內部條件）

警察組織人

圖 1：警察與傳播的外部環境及內部條件整合策略

　　唯有提出一個警察面對傳播的整合策略，警察才能掌握機會，克服挑戰。

二、警察新聞發言人與媒體關係

　　警察對傳播媒體缺乏一個客觀的認識，因此警界存在「防搶防盜防記者」的心態。警察把傳播媒體視為挑釁者或麻煩製造者，卻也把傳播媒體視為宣傳警察績效的通路。兩種反向心態並存，是警察對媒體關係無法正常定位的原因。這也使得警察發言人不容易表現。

　　警察發言人在媒體鏡頭面前，應該淡化執法者的「官員權威意識」；而以「服務的」發言人的角色出現，會更容易得到媒體青睞。如果，警察發言人能夠從追求公共利益的觀點出發，就很容易找到恰如其份的發言內容。

　　警察的養成教育，都是教導必須要把事件來龍去脈交待清楚；在處理一般業務時，講求程序完整是對的，但是運用到新聞發言時卻是錯的。

　　傳播媒體不要警察發言人的長篇大論，也不重視發言人面面俱到的資訊發佈方式。警察發言人要發現新聞點，以三段話、九十秒的發言最為恰當，也才能夠掌握記者在發稿時的正確性與精準度，符合警察的最大利益。（參閱本書第九章）

三、警察公共關係與行銷傳播作為

　　市場競爭可能導致媒體內容意見多元化，在媒體重建事件的敘事時，媒體會考慮以多元方式製作傳播內容。所以，即使警察發言人已經善盡職責，表現不俗，但不保證媒體就會如實呈現；這就需要輔以公關人員的公關作為。

　　在採訪過程前後，或議題建構的過程中，公關人員的角色不容忽視[13]。公共關係人員可以透過公關技巧，例如發新聞稿、召開記者會、建立記者名單、規劃媒體報導、建構警政公共議題等來達到符合組織利益的目標。

　　公關人員與媒體歷經一段時間的互動，很可能會從合作關係培養出共生關係（symbiotic relationship）。這種共生關係，可能因為公關人員規劃議題策略而出現，也可能是新聞競爭的關係所造成的[14]。

　　警察行銷傳播是警察公共關係的一環，現代警政管理者，必須將傳播溝通、資訊處理與政策行銷作為基本的管理能力。警政資源涵蓋龐大的公務人力、不少的財務預算及繁雜的警政資訊等等。民主體制下，作為以服務為導向的警察，必須具有與外部各種利害關係人溝通的能力，才能做好對外關係與外部管理工作。

四、警察應該認識傳播建構的虛擬世界

社會每天都在發生大小事件，這些事件都不在個人親身接觸的範圍以內，所以，個人需要依賴媒體來感知事件的原貌。傳播媒體因此有機會形塑人們腦海中感知的圖像。也因此，新聞是媒體對某一事件加上某種觀點而產生出來的，不可能是絕對的真實。

Lippman 認為新聞報導，「只是一支不斷移動的手電筒，使我們能看到一片黑暗中的部份情景」。人們所見的事實，取決於所在的地點和觀察的習慣；而人們的觀察習慣又受制於既有的刻板印象（sterotype），因此客觀報導事實上不能等同於絕對的真實[15]。警察如果對於這點有所認識，那麼在面對媒體時，就更能採取相對應的策略。尤其當警察面對危機傳播時，警察採取的回應策略（參閱本書第十章），基本上也是在這個認識上形成的。無論警察能否在傳播課題上運用機會，克服挑戰，警察惟有回歸到踐履公共價值，才是在傳播課題前，維繫警察組織績效與組織利益的根本課題。

第四節　踐履警察在傳播課題前的公共價值

　　警察的公共價值應該體現在鞏固民主，追求公共利益上的。而要達成
這個目標的兩個核心課題，就是警察行政中立和警察人權保障（人權保障
參閱本書第十一章）。而期待警察踐履這個公共價值，必須正視警察的專
業倫理。

一、民主公共利益：警察行政中立與人權保障

　　由於人類社會在變遷，觀念在改變；因此，現有的法律並不能永遠完
美地契合現實狀況。這就讓執法的警察，手中擁有了「行政裁量權」，作
為執法時的補充。行政裁量權讓警察有了選擇作為，或不作為的空間；有
時候，警察也可以決定民眾能夠得到什麼，或失去什麼。

　　這種選擇與分配的行為，其本質是一種政治的行為。由於這個行政裁
量權，讓行政不再是單純的技術工具，它與政治之間的關係密不可分。
Gulick 認為行政人員在執行立法託付時，所持有的裁量範圍已達到「每一
行為都是裁量與行動的天衣無縫之網」[16]。這個意思是指法治之外，人治
猶存的實際問題。警察是否能夠行政中立，因此特別受到重視。

　　行政中立指的是行政系統中之成員，對於政治事務保持超然之地位[17]。
官僚體系必須服膺政治上司的領導，完成向上級負責的要求
（accountability），另一方面又必須謹守公共利益的原則，負起責任
（responsibility）。行政既已深刻影響政治，而政治又常須行政提供資源
與協助，以便爭取選票；行政很難與政治劃清界線，行政中立自然不易達

到。這對警察而言,更成為嚴苛挑戰。加上傳播媒體也在其間活動,不夠中立與客觀的媒體,讓警察想要做到行政中立,也不容易。

台灣社會的媒體,循著藍綠政黨立場不同,而被畫入不同陣營。媒體不再是被認為是監督政府、扮演正義中立角色。在台灣,這種媒體偏頗,淪為政黨附庸的質疑四起。這種偏頗的現象,在雜誌、報業和電視台都可以清晰看到。

雖然如此,現代的公共行政所注重的是倫理責任,除了法令的規定外,更應加強行政人員主、客觀的專業倫理,期使公務員能夠成為勇於任事的公務員。從行政倫理的角度來看行政中立,希望行政人員能夠負起「個人責任」,重視行為者個人意志的展現與實踐。對警察而言,這就是警察的專業倫理。

二、民主公共利益:警察專業倫理

Nigro & Nigro 認為,行政倫理是在執行政策的過程之中,反映在價值的選擇和行為的具體標準[18]。Souryal 則認為公共事務的專業人員,要履行兩項義務,一個是公眾服務(public service)的義務,另一個是專業主義(Professionalism)的義務;而公眾服務與專業主義息息相關,一體兩面。進一步解釋「專業主義」,他認為,專業主義致力使公共事務的專業人員,能夠樂於追求完美技能與知識,在民主方式下,呈現績效表現[19]。這個說法,適用於警察身上,因為警察正是公共事務專業人員之一。警政學者 Kleinig 即主張,專業主義不是制度規範或者紀律機制(disciplinary mechanisms),而是應該包含一種可以對「善行」加以度量的準繩;也是對於提供服務或者從事活動的一種承諾(commitment)[20]。

警政學者 Pike 則認為,建立警察專業倫理,是提高警察形象的重要方法;而警察專業倫理的核心意涵,就是忠誠與廉正(loyalty and integrity)。

只有秉持忠誠與廉正，才能減少警察徇私；也才能提醒警察更廣泛地考慮到大多數人的利益，也就是公共利益[21]。

　　警察專業倫理有助於踐履警察公共利益。只有在踐履公共利益後，才能讓民眾體會警察的公共價值。即使在傳播媒體面前，也是如此。

第五節　警察傳播即警察溝通

一、以溝通代替對抗

這是一個以溝通代替對抗的年代，對抗不但無法解決問題，反而會擴大問題，或許衍生更多的後遺症與新的衝突。

現代公共管理者為了達成任務，必須作到對民眾的「意見回應」，和「責任回應」，這可以說是以溝通代替對抗，以服務帶替指揮的「服務型政府」的公務溝通意涵。

（一）意見回應（responsiveness）

人民與政府之間的「偏好-回應」互動關係，是民主政治的正當性基礎。因此，在民主社會當中，不管是民選的首長或非民選的官僚，都有義務對人民的意見作出回應。回應民意，可以藉由正式管道或非正式管道，官僚體系必須對於民眾意見有所回應，已經是負責任的專業倫理之一。這種回應也是溝通的型態之一。

（二）責任回應（responsibility）

政府的資源有限，而民眾的需求無窮，有時二者之間還存在著衝突；政府也經常無法完全滿足民眾的需求。然而，公共管理者是運用公權力提

供服務的專業人員，既然擁有權力，就應負起責任。這個責任應該建立在依法行政與捍衛公共利益之上的。而這個責任回應，也應該透過溝通，達成政府與民意之間的妥協或諒解。對於「服務型政府」而言，責任回應是必要的溝通方式。

二、警察傳播與警察溝通

英文的「communication」是傳播，也是溝通。

警察的傳播課題，也就是警察的溝通問題。

警察在社會互動的最小單元中，要和民眾進行人際之間的傳播、溝通；還要和警察組織內的上下級、平級的同僚溝通。放在社會環境裡，警察還要和傳播媒體溝通；以便建立良好的媒體關係。

此外，警察還需要通過傳播媒體，和社會溝通。這是「服務導向」的警察職能轉變下的需求，也是現代警察遂行公共服務的基本技能之一。

「新公共管理」（New Public Management，NPM）風潮從上世紀 90 年代開始，從美國吹向世界各地。這個將企業改革模式代換到公部門，以提升公部門效能的新思維，不僅開創了公共行政管理的新頁，也感染到警察機關的職能變革。警察機關推出各種「消費者導向」的服務概念，就是移植了企業的管理方法；嘗試能讓民眾對警察服務更加「滿意」。警察機關還爭取通過了 ISO 服務認證，被視為警民關係的里程碑。

將諸多警察轉變的現象放在台灣民主化歷程來看，可以發現，「新公共管理」思維與「威權體制轉型」影響警察職能，出現的時間十分接近。

論及威權體制轉型和警察職能的轉變；就沒有人能忽略傳播媒體對台灣民主化的促進作用；尤其爭取言論自由、新聞自由，是促成台灣民主化不可或缺的推手。而在民主鞏固的時期，傳播自由，也成為民主化的果實。

警察正在面臨一個轉變的政治環境，和轉變的傳媒監督的環境。傳媒監督，讓警察承受了本職工作以外的壓力。在台灣如此惡性競爭的商業傳播環境中，更形沉重。

警察的工作壓力比一般工作沉重；警察工作的環境惡劣而且危險，本來已是「警察難為」。但既然不可迴避傳播帶來的新課題，警察就應該正視這個課題。傳播課題並不困難，當警察踐履公共價值的時候，傳播課題就不是什麼難以解決的麻煩。

展望未來，警察若能夠對媒介素養（media literacy）有愈多的重視，就愈能夠掌握機會，妥善處理傳播問題；警察若愈能踐履公共價值，就愈能克服挑戰，無懼面對傳播媒體。

【注釋】

1   金玉珍，《洽公民眾對台北市區公所服務品質看法之研究》，（台北：政治大學公共行政學系碩士論文，2000）。

2   V.Narayanan, & R.Nath, *Organization Theory: A Strategic Approach.* (Homewood: Richard D. Irwin. 1993) pp.164.

3   M.M.Harmon, & R.T.Mayer, *Organization Theory For Public Administration.* (Boston: Little, Brown and Company. 1986) p.36.

4   R.L.Katz, "Skill of an Effective Administration. "*Harvard Business Revie.* 52.1974(5): 90-102.

5   T.I.Emerson, *Toward a general theory of the first amendment.* (N.Y.: Random House. 1966)

6   賴祥蔚，〈新聞自由的臨摹與反思〉，《新聞學研究》87 期，2006，pp.97-129.

7   K.P.Phillips, *Mediacracy: American parties and politics in the communications age.* (Garden City, N.Y.: Doubleday. 1975)

8   S.H.Shiffrin, *The First Amendment, democracy, and romance.* (Princeton: Princeton University Press. 1993)

9   李金銓，《大眾傳播理論》，（台北：三民，1994）。

10 J.W.C.Johnstone, E.J.Slawski, & W.W.Bowman, *The News people: A Sociological Portrait of American Journalists and Their Work.* (Urbana: University of Illinois Press. 1976)

11 H.M.Enzensberger, *The Consciousness Industry : On Literature, Politics and the Media.* (New York: A Continuum Book. 1974)

12 D.McQuail, *Media Performance: Mass Communication and the Public Interest.* (Newbury Park, C.A. : Sage. 1992)

13 J.Turow, "Media industries, media consequences: rethinking mass communication." In J. Anderson (ed.)*Communication yearbook 13.* (Newbury park, C.A.: Sage.1989)

14 G.Tuchman, *Making News: A Study in the Construction of Reality.* (New York: Free Press. 1978)

15 W.Lippman, *Public Opinion.* (New York: MacMillan. 1922)

16 L.Gulick, "Politics, Administration, and the New Deal." *Annals of the American Academy o Political and Social Science.* 1933.169:55-66.

17 蕭武桐，《公務倫理》，（台北：智勝，2001）p.299.

18 F.A.Nigro, & L.G.Nigro, *Modern Public Administration.* 7th ed. (New York:Harper & Row. 1989)p.49.

19 S.S.Souryal, *Ethics in Criminal Justice in Search of the Truth.* Sec. Edition.(O.H.: Anderson Publishing Co. 1998)

20 J.Kleinig, *The Ethics of Policing.* (New York: Cambridge University Press. 1996) p.45.

21 M.S.Pike, *The Principles of Policing.* (London: The Macmillan Press. 1985) p.62.

參考文獻

第一章

朱金池，2000，〈警察組織變革之研究〉，收於《警察行政學術研討會論文集》，桃園：中央警察大學。

李震山，1992，《警察任務法論》，高雄：登文書局。

李震山，1997，《德國警察制度》，高雄：登文書局。

李震山主持，1999，《警察職務執行法草案之研究》，內政部警政署委託研究案。

吳庚，1999，《行政法之理論與實用》，台北，三民書局。

林鍾沂、林文斌譯，1999，《公共管理新論》，台北：韋伯。Owen ,E. Hughes 原著。

孫文超，2003，《我國警察組織廉正管理》，台北：台北大學公共行政暨政策研究所碩士論文。

展江等譯，2005，《一個自由而負責的新聞界》，北京：中國人民大學出版社。原書是美國新聞自由委員會 The Commission on Freedom of the Press 的調查聽證報告。

梅可望，2002，《警察學原理》，桃園：中央警察大學。

章光明，2000，《警察業務分析》，台北：五南。

章光明、黃啟賓，2003，《現代警政：理論與實務》，台北：揚智。

陳正國譯，1993，《瞭解庶民文化》，台北：萬象。

張國振，2003，《從犯罪預防理論的角度來看我國警勤制度的改善》，台中：東海大學公共事務研究所碩士論文。

葉毓蘭、李政峰，2002，〈以信賴為基礎的社區警政作為〉，《警學叢刊》第33卷3期，桃園：中央警察大學。

Breed, W. 1955."Social control in the newsroom. " Social Forces,33:326-335.

Cohen, B. C. 1963. The press and foreign policy. Princeton , NJ: Princeton University Press.

Crank, J. R. & Kuykendall, J. 2000. Police and Society.Los Angeles, CA:Roxbury Publishing Company.

Dye, T. R. 1978.Understanding Public Policy. New Jersey: Markham.

Gamson, W. A. & Modigliani, A. 1989."Media discourse and public opinion on nuclear power: A construction approach." American Journal of Sociology. 95: 1-37.

Hall, S. 1979. "Culture , the media and theideological effect."In Curran,J. Gurevitch,M. & Woolacott ,J. (Eds.), Mass communication and society. London: Edward Arnold.

Hood, C. 1995."The New Public Management in the 1980s:Variations on a Theme." Accounting, Organization and Society, 20.,(2/3), 93-109.

Klockars, C. B.1985. The Idea of Police , California:Sage.

McCombs, M. E. & Shaw, D.L.1993."The evolution of agenda-Setting research: Twenty-five years in the marketplace of ideas. Journal of Communication.

McQuail, D.1992. Media Performance: Mass Communication and the Public Interest. Newbury Park, CA: Sage.

McQuail, D. & Windahl, S.1993. Communication Models: For the Study of Mass Communication. "NY: Longman Publishing.

Moore, M. H.1995. Creating Public Value : Strategic Management in Government. London: Camdriade, Mass.

Pike, M. S. 1985. The Principles of Policing. London: The MaCmillan Press Ltd. pp41-62.

Rosenbloom,D. H., Kravchuk, R. S. 2002. Public Administration Understanding Management Politics, and Law in the Public Sector. 5th ed. McGraw-Hill Companies.

Tankard,J. W. Jr. et al. 1991. Media frames: Approaches to conceptualization and measurement. Paper presented to the AEJMC convention, Boston, August.

Trowler, P. 1988.Investigating the media. London : Unwin Hyman Limited.

Tversky, A ., & Kahneman, D. 1981."The framing of decisions and the psychology of choice ." Science , 211, pp.450-458.

Tuchman, G. 1978. ",Making News : A study in the construction of reality. New York : the Free Press.

Wilson, W. 1992."The Study of Administration." In Jay M. Shafritz & Alber C. Hyde , eds., Classics of Public Administration, 11-24. CA: Brooks/ Cob Publishing Company.

Wolfsfeld, G.1991. Media and political conflict. Cambridge university press.

第二章

田心喻譯，1991，《文化霸權》，台北：遠流。

李彬，1998，《傳播學引論》，北京：新華出版社。

林東泰，2002，《大眾傳播理論》，台北：師大書苑。

胡正榮等譯，2000，《傳播政治經濟學》，Vincent Mosco 原著。北京：華夏出版社。

彭懷恩，2002，《政治傳播與溝通》，台北：風雲論壇出版社。

楊志弘、莫季庸譯，1988，《傳播模式》，台北：正中書局。

熊自健，1989，《義大利共產黨的歷史道路》，台北：台灣商務印書館。

Adorno,T., & Horkheimer, M.1972." The Culture Industry : Enlightenment as Mass Deception. " In *The Dialectic of Enlightenment* . New York : Herder and Herder.

Althusser, L. 1971." Ideology and Ideological State Apparatuses." in *Lenin and Philosophy and Other Essays* . London : New Left Books .

Anderson, P. 1976-1977." The Antinomies of Antonio Gramsci." *New Left Review* . No.100.

Castells, M. 1989. *The Informational City : Information Technology , Economic Restructuring , and the Urban–Regional Process* . Oxford : Blackwell .

Curran, J. M. , Gurevitch, M., & Woollacott, J.1984."The study of the media: Theoretical approaches."In M.Gurevitch, , T.Bennett , J. Curran, & J.Woollacott , (eds.) *Culture, society and the media.,*New.York: Methuen & Co. Ltd.

Foss, S. K. et. al. 1991.*Contemporary Perspectives on Rhetoric.* Illinois: Waveland.

Golding, P., & Murdock, G .1991." Culture , Communication and Political Economy ." In J . Curran, & M. Gurevitch, eds. *Mass Media and Society.* 15-32.London : Edward Arnold.

Habermas, Jürgen.1973. *Legitimation Crisis* . Trans by Thomas McCarthy . Boston : Beacon Press .

Habermas, Jürgen. 1989.*The Structural Transformation of the Public Spheres* . Trans. by T. Burger , & F. Lawrence ,London : Cambridge Press .

Herman, E., & Chomsky, N.1988. *Manufacturing Consent : The Political Economy of Mass Media* .New York : Pantheon .

Horkheimer, M. 1947.*The Eclipse of Reason.* New York : Oxford University Press .

Lazarsfeld, F .P., Berelson, B., & Guadet, H. 1944.*The People's Choice : How the Voter Make up his Mind in President Campaign* . N.Y. : Columbia University Press.

Lenin, V. I. 1961. *What is to be done ?* Moscow : Foreign Language Publishing House .

Lipietz, A.1988." Reflection on a Tale : The Marxist Foundations of the Concepts of Regulation and Accumulation ." *Studies in Political Economy* .Vol . 26.

Marcuse, H. 1964. *One-Dimensional Man.* London : Routledge and Kegan Paul .

McNair, B . 1977.*An Introduction to Political Communication.* Sage Publication .

McQuail,D. 2000. *McQuails Mass Communication.* 4th Edition. London : Sage .

Milbrath,L. W., & Goel, M .1977. *Political Participation* . Rand McNally.

Nimmo, D. 1978. *Political Communication and Public Opinion in American* .Santa Monica : Goodyear .

Noam, E. M . 1987." The Public Telecommunications Network : A Concept in Transition. " *Journal of Communication.* Vol .37 No. 1.

Owen, B. M. , & Wildman, S. S . 1992.*Video Economic*. Cambridge, MA : Harvard University Press .

Picard, R. G. 1989.*Media Economics:Concepts and Issues.* Newbury Park: Sage.

Schramm,W. 1954."How communication works." In W.Schramm, & D. F.Roberts(eds.)T*he process and effects of mass communication* .Urban: University of Illinois Press.

Wright,C.R. 1986. *Mass Communication:A Sociological Perspective* . N.Y.:Rondom House Inc.

Wood, E. M. 1981." The Separation of the Economic and the Political in Capitalism ." *New Left Review.* No.127.

第三章

王淑慧，2003，《警察形象行銷之研究：以台北市政府警察局為例》台北：台北大學公共行政暨政策學系碩士在職專班碩士論文。

古添洪，1984，《記號詩學》，台北：東大圖書。

李天鐸譯，1993，《電視與當代批評理論》，台北：遠流。

林東泰，2002，《大眾傳播理論》，台北：師大書苑。

林煥木，1984，《警察形象決定因素暨評估群體特性之研究：台北市實證分析》，桃園：中央警察大學警政研究所的碩士論文。

林崇陽，2002，《警察人員對警察品牌形象認知之研究》，台北：中國文化大學國際企業管理研究所碩士論文。

程之行譯，1993，《傳播理論》，台北：遠流。

邱炳進，1987，《公共宣導與形象塑造之研究：警察學校專五期、甲種班 119 期招生宣導效果案例》，台北：輔仁大學大眾傳播研究所的碩士論文。

張錦華等譯，2004，《傳播符號學理論》，台北：遠流。

張舜南，2000《台北市社區警政宣導成效研究》，桃園：中央警察大學行政警察研究所碩士論文。

黃新生，2002，《媒介批評》，台北：五南。

黃恆正譯，1991，《符號社會的消費》，台北：遠流。

廖振榮，2003，《我國警察形象管理制度之研究》，台北：台北大學公共行政暨政策研究所碩士論文。

彭芸，2004，〈SNG 現場直播與警察，大眾傳播的世紀〉，《警光雜誌》，第573 期。

劉潤清，1995，《西方語言學流派》，北京：外語教學與研究出版社。

羅蘭巴特，1999，《符號學原理》，北京：三聯書店。

Barthes,R. 1964. *Elements of Semiology.* Trans. By Richard Howard. New York : Hill & Wang.

Barthes,R. 1972. *Mythologies.* Trans . by Annette Lavers . New York : Hill & Wang.

Burgelin, O. 1972. "Structural analysis and mass communication"In D. McQuail (ed.)*Sociology of Mass Communications* , Harmondsworth : Penguin .

Eco, U.1976. *A Theory of Semiotics* . Bloomington : Indiana Univ . Press.

Gora,A. Jardine ,A. & Roudiez ,L.1980.(Trans.)*Design In Language* . New York : Columbia Univs. Press .

Greenlee, Douglas1973. *Peirce's Concept of Signs* .The Hague : Mouton .

McQuail,D. 2000. *McQuail's Mass Communication.* 4th Edition ,London:Sage .

Wimmer,R. D. & Dominick,J. R. 1994. *Mass media Research* . CA :Wadsworth.

Winfried, N.1995. *Handbook of Semiotics.* Indianapolis:Indiana University press.

丁和根，〈論大眾傳播研究的符號學方法〉，參考「中華傳媒網」http://academic. mediachina.net/xsjd_view.jsp?id=1584

李彬，2004〈語言符號交流：談布拉格學派的傳播思想〉。資料來源：http://academic. mediachina.net/xsqk_view.jsp?id=300

陳陽，2004〈符號學方法在大眾傳播中的應用〉，資料來源：中華傳播網 http://academic. mediachina.net/xsqk_view.jsp?id=74）

第四章

汪子錫，2004，〈警察形象：大眾傳播的符號學研究方法〉收於《警察通識教育教學與研究方法研討會論文集》，桃園：中央警察大學。

汪子錫，2005，〈警察與大眾傳播教學觀摩〉，收於《第一屆通識課程教學觀摩會資料彙集》，桃園：中央警察大學通識教育中心編印。

李英明、羅曉南，1997，〈資訊科技與人的處境〉，《資訊科技對人文、社會的衝擊與影響期末研究報告》，行政院經濟建設委員會委託研究計畫。

林宏宜，2002，《政府公共關係人員與媒體記者互動之研究：以台北市警察、消防機關為例》，台北：中國文化大學新聞研究所碩士在職專班碩士論文。

吳怡國等譯，1994，《整合行銷傳播》，台北：滾石文化。

胡宗澤等譯，1993，《民族-國家與暴力》。北京：三聯。

章光明，民94年4月28日，〈警察與政治：揣摩上意〉，《聯合報》A15版。

陳正國譯，1993，《瞭解庶民文化》，台北：萬象。

葉毓蘭，民94年4月28日〈法治就像海沙屋〉，《中國時報》A15版。

黃宗仁，2002，《警察與記者對「偵查不公開」認知差異之研究──以台北市刑事警察與社會記者為例》，台北：銘傳大學傳播管理研究所碩士在職專班碩士論文。

張一蕃，1997，〈資訊時代之國民素養與教育〉，《資訊科技對人文、社會的衝擊與影響期末研究報告》，行政院經濟建設委員會委託研究計畫。

馮建三譯，1999《資訊社會理論》，台北：遠流。

賴和禧，2002，《警政民意調查與警察政策之研究》，桃園：中央警察大學行政警察研究所碩士論文。

廖振榮，2003，《我國警察形象管理制度之研究》，台北：台北大學公共行政暨政策學系碩士在職專班碩士論文。

龍登發，2002，《維新專案與警察風紀改善之研究：以台中市為例》，台中：東海大學公共事務在職進修專班碩士論文。

Bell,D. 1976.*The Coming of Post Industrial Society*. New York:Basic Books .

McQuail,D. 2000. *McQuail's　Mass Communication.* 4th Edition. London:Sage .

McClure, C.R.1994."Network Literacy: A Role for Libraries"in *Information Technology and Libraries* .

Ely, D. P. 1984."The two worlds of today's learners," In Morsey,E. (Ed.) *Media Education*. Paris: UMESCO.

Feldman, S. 2001."The link, and how we think: using hypertext as a teaching & learning tool," *International Journal of Instructional Media* .28 (2).

《自由時報》,民國 94 年 4 月 22 日 17 版,

《自由時報》,民國 94 年 4 月 18 日第 8 版。

宋小衛,〈西方學者論媒介素養教育〉,http://www.woxie.com/article/list.asp?id=7884

蕃薯藤新聞首頁 http://news.yam.com/tdn/politics/200505/20050508019393.html

蕃薯藤新聞首頁 http://news.yam.com/cna/society/200506/20050610289388.html

奇摩網站新聞首頁 http://tw.news.yahoo.com/050510/44/1sl81.html

奇摩網站新聞首頁 http://tw.news.yahoo.com/050517/195/1u8x9.htm

第五章

王豐榮,2001,〈如何推動生命教育〉,《警光雜誌》541 期。台北:警光雜誌社。

呂俊甫著,洪蘭、梁若瑜譯,2002,《華人性格研究》,台北:遠流。

李湧清,2002,〈警政新思維:修辭或現實〉,《警學叢刊》,第 33 卷 5 期,桃園:中央警察大學警學叢刊社。

林正福譯,2001,《人際關係》,台北:弘智。

林泰銘,2002,《警察行政倫理困境之研究—以花蓮縣警察局為例》,花蓮:東華大學公共行政研究所碩士論文。

林東陽,2003,《我國警察風紀問題危機管理之探討》,台北:銘傳大學公共管理與社區發展研究所碩士論文。

林東泰,2002,《大眾傳播理論》,台北:師大書苑。

林欽榮,2002,《人際關係與溝通》,台北:楊智。

吳學燕，1994，〈警察壓力管理〉，收於《第二屆警察行政管理學術研討會論文集》，中央警察大學行政管理學系主辦。

洪志美譯，2004，《我好，你也好：善用人際溝通分析，保持最佳心理定位》，台北：遠流。

黃翠紋，2001，〈警察工作壓力之探討〉，收於王寬弘等《警察行政》，台北：五南。

梅可望，2002，《警察學原理》，桃園：中央警察大學。

傅寶玉、雷霆，1992，〈社會思慮發展研究在港、台〉。收於楊中芳、高尚仁主編，《中國人、中國心：發展與教學篇》，台北：遠流。

章光明，2000，《警察業務分析》，台北：五南。

章光明、黃啟賓，2003，《現代警政：理論與實務》，台北：揚智。

陳明傳、孟洛、廖福村，2001，《警政基礎理念：警政哲學與倫理的幾個議題》，桃園：中央警察大學。

陳明傳、邱華君、章光明，1989，《警政倫理之研究》，桃園：中央警官學校。

陳庚金，1993，《人群關係與管理》，台北：五南。

曾端真、曾玲珉譯，2000，《人際關係與溝通》，台北：揚智。

孫文超，2003，《我國警察組織廉正管理之研究》台北：台北大學公共行政暨政策所碩士論文。

姜占奎，1991，《人群關係新論》，台北：五南。

莊德森，2001，〈警察公共關係〉，《警學叢刊》，第31卷4期，桃園：中央警察大學警學叢刊社。

曾仕強、劉君政，2002，《人際關係與溝通》，台北：百順資訊。

楊中芳，2001，〈人際關係與人際情感的構念化〉。收於楊中芳主編，《中國人的人際關係、情感與信任》，台北：遠流。

葉毓蘭、李政峰，2002，〈以信賴為基礎的社區警政作為〉，《警學叢刊》，第33卷3期，桃園：中央警察大學警學叢刊社。

劉萃俠，2001，〈一九八八年以來大陸人際關係與交往研究概述〉。收於楊中芳主編，《中國人的人際關係、情感與信任》，台北：遠流。

Buller,D.B., & Burgoon, J. K. 1996."Interpersonal deception theory." *Communication Theory.*3: 203-242.

Burgoon, J. K., Buller, D. B., Guerrero, L. K., & Afifi, W. & Feldman, C.M. 1996."Interpersonal deception: XII Information management dimensions underlying types of deceptive messages." *Communication Monographs*

DeVito, J. A. 1994. *Human Communication* 6th Ed. NY:Harper Collins Collage Publishers.

Fisher, B. A., & Adams, K. L. 1994. *Interpersonal Communication: Pragmatics of Human Relationships.*

New York: McGraw-Hill. Inc.

Gouran, D. S., Miller, L. D., & Wiethoff, W. E.1992. *Mastering Communication.* Boston Ma: Allyn and Bacon.

Miller, G., & Steinberg, M.1975. *Between people: A new analysis of interpersonal communication.* Chicago: Science Research Associates.

Schutz,W. 1966. *The Interpersonal Underworld* . Calif.: Science and Behavior Books.

Thibaut, John W. & Kelley H. H. 1986. *The Social Psychology of Groups* . 2nd ed. N.J. : Transaction Books

Wilson, R. W. 1981."Moral behavior In Chinese Society : A Theoretical Perspective ." In Wilson,R. W., Greenblatt , S. L. & Wilson, A. A.(eds.)*Moral Behavior In Chinese Society.* New York : Praeger.

第六章

王石番，1995，《民意理論與實務》，台北：黎明文化。

王洪鈞，1989，《公共關係》，台北，華視教學部出版。

王德馨、俞成業，1990，《公共關係》，台北：三民。

朱金池，2000，〈警察組織變革之研究〉，《警察行政學術研討會論文集》，桃園：中央警察大學行政警察學系。

李英明、羅曉南，1997，〈資訊科技與人的處境〉，《資訊科技對人文、社會的衝擊與影響期末研究報告》，台北：行政院經濟建設委員會委託研究計畫。

李湧清，2002，〈警政新思維：修辭或現實〉，《警學叢刊》，第 33 卷 5 期，桃園：中央警察大學。

李瞻，1992，《政府公共關係》。台北：理論與政策雜誌社。

林慧瑛，1987，《政府與新聞界溝通關係之研究：現階段政府機構發言人制度及其實務探討》，台北：文化大學新聞研究所碩士論文。

林靜伶、吳宜蓁、黃懿慧，1996，《公共關係》，臺北：國立空中大學。

吳宜臻、李素卿譯，1999，《整合行銷傳播》，台北：五南。

莊德森，1999，《警察公共關係》，桃園：中央警察大學。

張在山，2003，《公共關係學》，台北：五南。

張紋誠，2003，《政府公共關係研究：經合會和農復會之個案分析》，台北：文化大學新聞研究所碩士論文。

張潤書，2000，《行政學》，台北：三民。

陳幸仁，2005，〈從全球化教改風潮論校長的因應策略：Giddens 結構—行動理論之觀點〉，《教育政策論壇》，8 卷 2 期。

陳顯宗，2004，《警察機關志願參與-協勤民力運用之研究以新竹縣警察局為例》，新竹：中華大學經營管理研究所碩士論文。

章光明，1998，〈從行政革新運動的演進論我國警政現代化〉，《中央警察大學學報》，第 32 期。

章光明、黃啟賓，2003，《現代警政：理論與實務》，台北：揚智。

Berneys, E. L. 1952. *Public Relation.* Norman: University of Oklahoma Press.

Broom, G. M., Casey, S., & Ritchey, J. 1997 . Toward a concept and theory of organization-public relationships. *Journal of Public Relations Research.* 9.

Bernays, E. L. 1995. *The engineering of consent.* Norman: University of Oklahoma Press.

Craib, I. 1992. *Anthony Giddens.* London: Routledge.

Frost, B. & Manning,P. K. 1999.*The Privatization of Policing* . Washington D. C.: Georgetown University Press.

Giddens, A. 1979. *Central problems in social theory: Agency, structure and contradiction in social analysis.* London: Macmillan.

Giddens, A.1984. *The constitution of society: Outline of the theory of structuration.* Cambridge: Polity Press.

Giddens, A. 1991. *Modernity and self-identity.* Cambridge: Polity Press.

Giddens, A. 1998. *The third way: The renewal of social democracy.* Cambridge: Polity Press.

Rex, F.H. 1988. "Building a public relations Precsion." *Public Relations.* N.Y.:Longman.

Hiltz, S. R., & Turoff, M.1978.*The Network Nation: Human Communication via Computer* . Addison Wesley Advanced Book Program. Revised edition published by MIT Pres.

Klapper, J. T.1960.*The effects of mass communication.* Glencoe. IL:Free Press.

Kraus,S., & Davis, D.1976.*The Effects of Mass Communication on Political Behavior.* P.A.: The Pennsylvania Political State University Press.

McQuail ,D. 2000.*McQuail's Mass Communication Theory : An Introduction* . 4th Edition.London : Sage .

Nimmo, D.D. 1970.*The Political Persuader : The Techniques of Modern Campaigns* . Prentice-Hall.

Nimmo, D.D. 1978. *Political Communication and Public Opinion in American.* Santa Monica : Goodyear.

Scott ,M. C., Center, A. H. & Broom, G. M.1985. *Effective public relations.* Englewood Cliffs, N.J.: Prentice Hall.

Thorson, E., & Moore, J.(eds.)1996.*Integrated in Communication:Synergy of persuasive voice* . New York:Lawrence Erlbaum Associates.

胡興榮(2004-04-14),<後現代哲學與大眾傳播>http://www.people.com.cn/BIG5/1 4677/ 22100/40528/40529/2988094.html

第七章

方之光等編，2001，《電子商務導論》，台北：華泰。

方世榮，2004，《行銷學》，台北：三民。

王淑慧，2002，《警察形象行銷之研究：以台北市政府警察局為例》，台北：台北大學公共行政暨政策學系碩士在職專班碩士論文。

王鏑、洪敏莉譯，2002，《整合行銷傳播策略：從企劃、廣告、促銷、通路到媒體整合》，台北：遠流。

丘昌泰、余致力、羅清俊、張四明、李允傑著，2001，《政策分析》，台北：國立空中大學。

江顯新，1999，《行銷學》，台北：三民。

汪子錫，2005，〈資訊社會中的警察媒介素養教育之研究〉，《警政論叢》第五期。桃園：中央警察大學。

李光達，2003，《以整合行銷傳播理論檢視國軍抗 SARS 工作之研究》，台北：世新大學傳播研究所碩士論文。

李承諺，2003，《公部門政策行銷理論於菸害防制法執行面之運用》，台中：逢甲大學公共政策所碩士論文。

李浣汝，1999，《符號學運用於政策行銷之研究》，台北：政治大學公共行政學研究所碩士論文。

李湧清，1999，〈論警察業務之設計與執行〉，《警學叢刊》第 29 卷第 6 期，桃園：中央警察大學。

李湧清，2002，〈警政新思維：修辭或現實〉，《警學叢刊》，第 33 卷 5 期，桃園：中央警察大學警學叢刊社。

杜永祥，2004，《國軍人才招募策略之研究：整合行銷傳播途徑》，台北：世新大學公共關係暨廣告學研究所碩士論文。

佚名譯，2003，《4R 行銷：顛覆 4P 的行銷新論》，北京：企業管理出版社。

林宏宜，2002，《政府公共關係人員與媒體記者互動之研究-以台北市警察、消防機關為例》，台北：中國文化大學新聞研究所碩士在職專班碩士論文。

邱如美譯，2003，《下一個經濟盛世》，台北：天下雜誌。

邱華君，1997，《警察學》，台北：千華圖書。

周瑤韻、林克明，1995，〈專訪整合行銷傳播大師舒茲 Don E.Schultz〉。《廣告雜誌》，52 期。

吳宜臻、李素卿譯，1999，《整合行銷傳播》，台北：五南。

吳思陸，2001，《警察機關推動 ISO 國際品質管理系統之研究》，台北：臺北大學公共行政暨政策學研究所碩士論文。

吳怡國、錢大慧、林建宏譯，2004，《整合行銷傳播：21 世紀企業決勝關鍵》，台北：滾石文化。

吳敏菁，2005，《國內表演藝術團體運用於網路行銷績效之研究》，嘉義：南華大學美學與藝術管理研究所碩士論文。

洪順慶，《行銷管理》，1999，台北：新陸。

姜仲倩譯，1998，《行銷學》，台北：臺灣西書。

莊克仁，1998，《電台管理學》，台北：正中書局。

陳一香，2004，〈產品置入行銷對電視節目製播與媒體生態的影響：以本土偶像劇節目為例〉，第十二屆廣告暨公共關係學術與實務研討會論文，台北：國立政治大學。

陳立中，1987，《警察行政法論》，作者自行出版。

陳顯宗，2004，《警察機關志願參與──協勤民力運用之研究以新竹縣警察局為例》，新竹：中華大學經營管理研究所碩士論文。

黃宗仁，2002，《警察與記者對「偵查不公開」認知差異之研究──以台北市刑事警察與社會記者為例》，台北：銘傳大學傳播管理研究所碩士在職專班碩士論文。

黃俊英，1982，〈臺灣企業管理哲學的演進與展望〉，收於《管理科學論文集》。台北：中華民國管理科學學會。

黃澤銘，1999，《台北市政行銷之研究：台北市政府新聞處之角色功能》，台北：台北大學公共行政暨政策學系碩士論文。

黃葳威，2004，《閱聽人與媒體文化》，台北：揚智出版社。

許安琪，2001，《整合行銷傳播引論──全球化與在地化行銷大趨勢》，台北：學富。

許秀琴，2005，〈外事警察業務之規劃與執行：以外僑居停留查察登記業務為例〉，《警學叢刊》，桃園：中央警察大學。

張在山，1994，《公共關係》，台北：五南。

張錦華，2004，〈政府應停止任何形式之置入性行銷〉，《中國時報》A4 版，9月 19 日。

楊可凡，2005，《觀光節慶活動整合行銷傳播與置入性行銷探討：以彰化縣2004台灣花卉博覽會為例》，台北：政治大學廣播電視學系碩士論文。

榮泰生，2001，《網路行銷：電子商務實務篇》，台北：五南。

廖文華，2000，《台灣布袋戲電影聖石傳說之行銷傳播策略個案研究》，台北：中國文化大學新聞研究所碩士論文。

廖振榮，2002，《我國警察形象管理制度之研究》，台北：台北大學公共行政暨政策學系碩士在職專班碩士論文。

廖淑君，2004，《政府置入性行銷法律議題之研究》，台北：世新大學法律研究所。

賴和禧，2002，《警政民意調查與警察政策之研究》，桃園：中央警察大學行政警察研究所碩士論文。

賴東明，1994，《30年廣告情》，台北：臺英雜誌。

鄭自隆，2003，〈媒體話題：置入式行銷不是毒蛇猛獸〉，《動腦雜誌四月號》。

蔣基萍，2001，〈現行台灣警察業務之初探〉，《警學叢刊》第31卷第4期，桃園：中央警察大學。

劉美琪、許安琪、漆梅君、于心如，2000，《當代廣告：概念與操作》，台北：學富。

簡華明，2002，《社區警政組織溝通之研究：以新竹市警察局發行定期刊物為例》，桃園：中央警察大學行政警察研究所碩士論文。

羅文坤，1991，《行銷傳播學》，台北：三民。

警政民意調查中心，2003，〈警政民意滿意度之調查研究：中華民國91年第一次調查報告摘要〉，《警政論叢》第2期，桃園：中央警察大學。

《警察大辭典》，1977，台北：中央警官學校。

Alt ,J. E., & Charystal, K. A. 1983. *Politics Economics.* Berkeley : University of California Press.

Anderson, M. D., & Choobineh, J. 1996." Marketing on the Internet ."*Journal of Applied Psychology.* 48(6).

Balasurbramanian , S. K . 1994." Beyond Advertising and Publicity : Hybrid Messages and Policy Issues ." in *The Journal of Advertising* . 23 December .

Bayley, D. H. 1985. *Pattern of Policing: A Comparative International Analysis*, New Brunswick: Rutgers University Press .

Belch, G., & Belch, M. 1995 . *Introduction to Advertising and Promotion: an Integrated Marketing Communications Perspective.* (3rd ed.). N.Y.: McGraw-Hill .

Bennet, P. D. (ed.)1987. *Dictionary of Marketing Terms,* American Marketing Association.

Dilenschneider, R. L. 1991." Marketing Communication in the Post-Advertising Era. " in *Public Relations Review.* Vol.17 .

Duncan, T., & Everett, S. 1993." Client perceptions of integrated marketing communications.", *Journal of Advertising Research* . Vol. 33.

Duncan, T.,& Caywood, C. 1996. " The concept,process, evolution of integrated marketing communication,in integrated in commu-nication." *Advertising Age.* Vol.: 64. Oct.

Duncan, T., & Moriarty,S. E. 1998."A Communication-Based Marketing Model for managing Relationships." in *Journal of Marketing* . Vol.: 62 .

Frost, B., & Manning, P. K. 1999. *The Privatization of Policing* . Washington D. C. : Georgetown University Press.

Kotler, P., & Levy, S. J. 1969." Broadening the Concept of Marketing. " J*ournal of Marketing.*33.Jan.

Kotler, P.1982. *Marketing for Nonprofit Organizations.* Englewood Cliffs. N.J.: Prentice-Hall .

Haytko, L.D. 1996."Integrated Marketing Communication in a Public Service Context :The Indiana Middle Grades Reading Program. " *Integrated in communication synergy of persuasive voices.* N.Y.:Lawrence Erlbaum Associates.

Hoffman, D. L., & Novak, T. P.1996. " Marketing in Hypermedia Computer-Mediated Environment: Conceptual Foundations. "*Journal of Marketing* . 60. July .

Jackson, R . 1997 . *Making Special Events Fit in the 21st century.Champaign*.I.L.: Sagamore Pub.

Janal, D. S. 1998. *Online Marketing Handbook : How to Promote, Advertise, and Sell Your Products and Services on the Internet* . New York : John Wiley & Sons, Inc.

Kotler,P. 1997. *Marketing Management: Analysis, Planning, Implementation, and Control.* 9th ed., New Jersey: Prentice-Hall.

Liano, T. 1993." It marketing is warefare , we need new battle plan. "*Marketing News.*(NMW)Vol.:27. Aug.

McCarthy, E. J. 1960 .*Basic Marketing : A Managerial Approach.* Irwin.

Michael, P. M., & Permut, E. S. 1981. *Government Marketing :Theory and Practice* .New York : Praeger .

Miller, M. C. 1990. *Seeing throught Movies.* New York : Pantheon.

Moriarty,S. 1994. " PR and IMC: The Benefits of Integration. "*Public Relations Quarterly* . Fall .

Nebenzahl, I .D., & Secunda, E. 1993 ."Consumer' s Attitudes toward Product Placement in Movies." in *International Journal of Advertising,*12 (2) .

Pride, W. M., & Ferrell, O. C. (ed.) 2000. *Marketing: Concepts and Strategies,* Houghton Mifflin Academic .

Quelch, J.A., & Klein, L. R. 1996." The Internet and International Marketing. " *Sloan management Review.* 37(3) .

Schultz ,D.E. 1993."How to Overcome the Barriers to Integration?" *Marketing News.* Jul .

Shimp, T. A. 1997. *Advertising, Promotion, and Supplemental Aspects of Integrated Marketing Communication,*4th ed.

Thorson, E ., & Moore, J.(eds.)1996. *Integrated in Communication:Synergy of persuasive voice* . New York:Lawrence Erlbaum Associates.

Titman, L. G. 1995. *Marketing in the New Public Sector.* London : Bookcraft Ltd.

林孟皇,2005,〈好的司法政策行銷,就是在推動法治教育〉。http://www.parentschool.org.tw/kmportal/front/bin/ptdetail.phtml?Category=100282&Part=05090502

楊永年,〈網路警察之研究〉。http://www.ios.sinica.edu.tw/pages/seminar/itst/seminar/seminar3/yang_yong_nian.htm)

http://law.moj.gov.tw 全國法規資料庫

www.tvbs.com.tw

第八章

丘昌泰等著，2001，《政策分析》，台北：國立空中大學。

李秀珠，2002，《新傳播科技與媒體市場之經營管理》，台北：廣電基金。

汪子錫，2003，《市場經濟對中共政治傳播影響研究》，台北：文化大學中山學術研究所博士論文。

汪子錫，2006，〈警察機關整合行銷傳播運用研究〉收於《通識教育與警察學術研討會論文集》，桃園：中央警察大學。

呂沐錡，2003，〈互動電視產業發展與未來的機會〉，《數位視訊多媒體月刊》4月號。

徐千偉，2000，《網際網路與公民參與：台北市政府網路個案分析》，台北：政治大學公共行政學系碩士論文。

柳林緯，1996，《組織中電腦中介傳播系統使用之研究：以電子郵件為例》，新竹：交通大學傳播研究所碩士論文。

項靖，1997，〈線上政府：初探全球資訊網與台灣地區地方政府行政〉，《行政發展與地方政府競爭力之提昇研討會論文集》，台中：台灣省政府、東海大學。

黃芝瑩，2001，《線上新聞人員專業性研究》，嘉義：中正大學電訊傳播研究所碩士論文。

高婉華，2003，《網際網絡時代資訊政策工具的定性、功能與應用》，台北：臺灣大學政治學研究所碩士論文。

張世賢，2002，〈電子化政府的政策行銷〉http://www.npf.org.tw/PUBLICATION/IA/091/IA-R-091-059.htm

彭蘭，2001，《網絡傳播概論》，北京：中國人民大學出版社。

楊志弘，2000，《寬頻時代網路媒體發展之研究》，台北：銘傳大學傳播學院（委託研究案）。

葛傳富，2005，《台灣電視新聞產製數位化的研究：以民視、年代、大愛電視台為例》，台北：世新大學傳播管理學研究所碩士論文。

蔡念中，2003，《數位寬頻：傳播產業研究》，台北：揚智。

翟本瑞，2001，《網路文化》，台北：揚智。

蘇鑰機，1999，〈網路新聞的特點及它帶來的衝擊〉，發表於第五屆海峽兩岸及港澳新聞研討會。

Alt , J. E. & Charystal, K. A.1983 . *Politics Economics.* Berkeley : University of California Press.

Christopher, C. H.1983. *The Tools of Government.* H.K.: MacMillan Press.

Dowling, M., Lechner, C., & Yhielmann, B. 1988., "Convergence: innovation and Change of Market Structures between Television and Online Services. " *International Journal of Media Mamagement.*

Enis, B.M., Kangun, N., & Mokwa, M.1978."Public Policy Formulation: A Marketing Perspective."In C. H.Lovelock, & C. B. Weinberg, (eds.) *Readings in Nonprofit and Public Marketing* . San Francisco, CA: Scientific Press.

Francissen , L., & Kees, B. 1998."Virtually going places: Square-shopping in Amsterdam's Digital City." in R.Tsagarousianou, D. Tambini, & C. Bryan (eds.) *Cyberdemocarcy: Technology, cities and civic networks.* London:Routledge.

Hiltz , S. R. & Turoff, M.1978.*The Network Nation: Human Communication via Computer.*, Addison Wesley Advanced Book Program . Revised edition published by MIT Press. 1993.

Janet, A.W. 2002."Public Information." In L. M.Salamon (ed.) *The tools of government.* Oxford University Press.

Johnson, M. S. 1998." The internet changes everything: Revolutionizing public participation and access to government information through the internet." *Administrative Law Review.* Vol. 50, No. 2. pp. 277-337.

Lasica, J.D. 1998."A great way to strengthen bonds".*American Journalism Review* Newslink(On-line). Available:http//www.newslink.org/ajrjd html

Morris, M., & Ogan, C. 1996."The Internet as mass medium."*Journal of Communication* . 46(1).pp.39-50.

Muller, J., & kamerer, D.1995."Reader preference for electronic newspapers. " *Newspaper Research Journal* .16(3)

Ogan, C. 1993."Communication During the Gulf War: What Kind of Medium is the Electronic Bulletin Broad."*Journal of Broadcasting and Electronic Media.* 37(2): 177-196.

Rafaeli, S. 1988." Interactivity: From New Media to Communication."In R. P. Hawkins, J. M. Wiemann, & S. Pingree,(eds.) A*dvancing Communication Science: Merging Mass and Interpersonal Process.* Sage.

Rogers, E. M. & Rafaeli, S. 1985."Computer and communication."In B. D. Ruben, (ed.) *Information and Behavior.*Vol.1. pp. 95-112. N.J.: Transaction Books.

Sargeant, A.1999.*Marketing Management for Nonprofit Organizations.* New York:Oxford University Press.

Sproull, L., & Kiesler, S. 1991. Sep. "Computers , Network, and Work."*Scientific American.* 116-123.

Tapscopp, D.,1996.*The digital economy-promise and eeril in the age of networked intelligence.* New York : McGraw-Hill.

Walther,J. B., & Burgoon,J.K. 1992."Relational communication in computer-mediated interaction."*Human Communication Research.* 19(1), 50-88.

Webster, J. G.1989."Television audience behavior : Patterns of exposure in the new media environment. "In Salvaggio, J.L., & Bryant ,J. eds. *Media use in the information age: emerging patterns of adoption and consumer use.* N.J.: Lawrence Erlbaum Associates.

Weiss, J. A., & Tschirhart,M. 1994." Public Information Campaigns as Policy Instruments." *Journal of Policy Analysis and Management.* Vol. 13. No.1.1994.pp.82-119.

Weiss, J. A. 2002."Public Information." In Salamon, L.M. (ed.)*The tools of government.* Oxford University Press.

財團法人台灣網路資訊中心 TWNIC 網站 http://stat.twnic.net.tw

http://gb.udn.com/gb/mag.udn.com/mag/dc/storypage.jsp?f_ART_ID=43625

第九章

李金銓，1993，《大眾傳播理論》，台北：三民。

汪子錫，2005，〈資訊社會中的警察媒介素養教育之研究〉，中央警察大學行政警察研究所編《警政論叢》第五期。桃園：中央警察大學。

林東泰，1997，《大眾傳播理論》，台北：師大書苑。

林靜伶，2000，《語藝批評：理論與實踐》。台北：五南。

林靜伶，2004，〈語藝學：西方發展與在台灣之現況〉，翁秀琪主編，《台灣傳播學的想像》上冊，台北：巨流。

吳宜蓁，2002，《危機傳播：公共關係與語藝觀點的理論與實證》，台北：五南。

黃懿慧，1999，〈西方公共關係理論學派之探討：90 年代理論典範的競爭與辯論〉，《廣告學研究》第 12 期。

鄭瑞城，1991，《透視傳播媒介》，台北：天下文化。

Bass, A.Z. 1969. " Refining the Gate Keeper Concept:An UN Radio Case Stuudy." *Journalism Quarterly*. 46:69-72.

Berlo, D. K., Lemert, J. B. & Mertz, R. 1969-70." Dimensions for Evaluating the Acceptability of Message sources. "*Public Opinion Quarterly* . 33:563-576.

Brown, J. D., Bybee, C. R., Wearden, S. T. & Straughan,1 D. M.987. "Invisible Power : Newspaper News Sources and the Limits of Diversity ." *Journalism Quarterly*,. 64 (1).

Chibnall, S.1975. "The crime reporter: A study in the production of commercial knowledge. "*Sociology*.9(1), 46-66.

Cohen, B. C. 1963.*The Press and Foreign Policy. Princeton*, NS:Princeton University Press.

Coombs, W. T. 1995. " Choosing the Right Words the Development of Guideline for the Selection of the Appropriate Crisis-Response Strategies. Management."*Communication Quarterly*.Vol.8, No.4,447-476.

Coombs, W. T. 1998. An analytic framework for crisis situations: Better responses from a better understanding of the situation. *Journal of Public Relations Research* . 10(3):177-191.

Leith, D. & Myerson,G.1989. *The Power of Address: Explorations in Rhetoric* London:Routledge.

Donohue, G. A., Tichenor, P.J.,& Olien,C.N.1989. "Structure and Constraints on Community Newspaper Gatekeepers." *Journalism Quarterly.* 66,807-812.845.

Fisher, W. R. 1987. *Human communication as narration: Toward a philosophy of reason, value, and action.* Columbia, SC:University of South Carolina Press.

Foss, S. K., Foss, K. A.,Trap R.1991.*Contemporary Perspectives on Rhetoric* . New York : Waveland Press.

Gieber,W. & Johnson,W.1961." The city hall beat: A study of reporters and sources roles. "*Journalism Quarterly.* 38(3),3.289-297.

Gieber,W.1964." News is What a Newspaperman Makes it."In Dexter, L. & White, D. M.(eds.) *People Society and Mass Communication.* New York:the Free Press.

Gusfeild, J. R.1989. "Introduction. "In J. R. Gusfield (Ed.), *Kenneth Burke: On symbols and society.* Chicago : The University of Chicago Press.

Heath, R. L.1996. " Telling a story: A narrative approach to communication during crisis." Paper presented at the meeting of the Speech Communication Association, San Diego, C.A. November.

Herrick, J. A.2001. *The History and Theory of Rhetoric: An Introduction.* (2nd). Needham Heights, MA: Allyn & Bacon.

Hill, F. I. 1991. "The rhetoric of Aristotle." In James, J. Murphy, (eds.) *A Synoptic History of Classical Rhetoric.* Davis, C. A.:Hermagoras Press.

Hovland, C. I., Janis, I. L., & Kelley, H. H.1953. "Credibility of the Communicator." In *Communication and Persuasion.* New Haven , Conn.:Yale University Press.

Lewin, K.1947." Frontiers in group dynamics: II. Channels of group life: social planning and action research." *Human Relations.* 1:143-153.

Livingstone, S. & Lunt, P. 1994. *Talk on television: Audience participation and Public debate.* London and New York:Routledge.

Markham, D.1968. "The dimensions of source credibility of television newscasters. " *The Journal of Communication.*18, 57-64.

McCroskey, J. C.1996. "Scales for the measurement of ethos. " *Speech Monographs.* 33(5), pp.65-72.

McQuail, D. 2000. *Mass Communication Theory : An Introduction.* 4th Edition. London:Sage .

Mcmains, M.J. & Mullins, W.C.1996. *Crisis Negotiation:Managing Critical Incidents and Hostage Situations in Law Enforcement and Corrections.* Cincinnati, OH : Anderson Publishing Co.

Ray, S. J. 1999. *Strategic communication in crisis management: Lessons from the airline industry.* C.T.: Quorum.

Shoemaker,P .J.1991. *Gatekeeping .* Newburry Park, CA:Sage.

Tuchman, G.1978. *Making news.* N.Y.:Free Press.

White, D. M.1950. " The Gatekeeper. " *Journalism Quarterly.* 27: 383-390.

第十章

吳宜蓁，2002，《危機傳播：公共關係與語藝觀點的理論與實證》，台北：五南。

吳定，1998，《公共政策辭典》，台北：五南。

黃富源，侯友宜，2002，《談判與危機處理》，台北：元照。

黃煥德，1998，《危機管理運用之研究：以警察機關為例》，桃園：中央警察大學行政警察研究所碩士論文。

黃懿慧，1994，《科技風險與環保抗爭：台灣民眾風險認知個案研究》，台北：五南。

陳銘政，2005，《傳播媒體危機管理之研究：以台北市政府警察局為例》，彰化：大葉大學事業經營研究所碩士論文。

游梓翔、溫偉群，2002，〈從語藝取徑評析《獨家報導》在璩美鳳事件中的形象修護策略〉，《世新大學學報》，12 期。

張錦華，1993，《媒介文化、意識型態與女性：理論與實例》，台北：正中。

詹中原，2004，《危機管理：理論架構》，台北：聯經。

警政署〈刑事訴訟程序之人身保障及警察人員用槍時機報告〉，立法院第六屆第五會期司法委員會第八次全體委員會會議資料。民國 96 年 3 月 29 日。

Adoni, H., & Mane, S. 1984."Media and the social construction of reality: Toward an integration of theory and research. "*Communication Research* , 11, 323-340.

Barton, L. 2001.*Crisis in Organizations.* Cincinnati , OH: South-Western Publishing Publishing.

Benoit, W.L.1997."Image repair discourse and crisis communication." *Public Relations Review, 23,*177-186.

Berge, D. T.1990. *The first 24 hours.* M.A.: Basail Blackwell.

Bradford, J. L., & Garrett, D. E.1995."The Effectiveness of Corporate Communicative Responses to Accusations of Unethical Behavior." *Journal of Business Ethics*,14. 875-892.

Charles, M. T., & Kim, J. K. 1988.*Crisis Management: A Casebook.* Illinois, Spingfield: Charles C Thomas Publisher.

Coombs, W.T.1995."Choosing the Right Words-The Development of Guidelines for the Selection of the Appropriate Crisis-Response Strategies. " *Management Communication Quarterly*, ,4.447-476.

Coombs, W. T. 1999.*Ongoing Crisis Communication: Planning, Managing, and Responding.*C.A.: Sage.

Coombs, W. T. 1998."The internet as potential equalizer: New liverage for confronting social irresponsibility. " *Public Relations Review,* 24(3), 289-303.

Fearn-Banks, K.1996. Crisis communication: A casebook approach.N.J.: Lawrence Erlbaum.

Fink, S.1986.*Crisis management: Planning for inevitable.* New York: American Management Association.

Fitzpatrick, K. R.1995."The quidelines for reducing legal risks in crisis management. "*Public Relations Quarterly*, 40(2) 33-38.

Gonzalez-Herrero, A., & Pratt, C. B. 1995. "How to manage a crisis before-or-whatever-it hits. "*Public Relations Quarterly*, 40(1),,25-29.

Grab, S. & Eng, E. 1969. *Disaster Handbook*, 2nd ed. New York : Springier Publishing Company, Inc.

Grunig, J. E., & Grunig, L. A. 1992 ."Models of public relations and communication. " In J. E. Grunig (ed.) *Excellence in public relations and communication management*. Hillsdale, N.J.: Lawrence Erlbaum Associates.

Heath, R. L. 1994.*Management of corporate communication: From interpersonal contacts to external affairs*. Hillsdale, N.J.: Lawrence Erlbaum.

Kingdon,J. W. 1995. *Agendas, Alternativea, and Public Policies*.New York: Harper Collins College Publishers .

Lerbinger, O. 1997.*The Crisis Manager:Facing Risk and Responsibility*. Mahwah , N.J.:Lawrence Erlbaum Associates.

MaCroskey, J. C. 1997.*An introduction to rhetorical communication*(7th ed.) Boston: Allyn & Bacon.

Heath, R. L. 1994.*Management of corporate communication: From interpersonal contacts to external affairs*. Hillsdale, N.J.: Lawrence Erlbaum.

Marra, F. J. 1998. "Crisis Communication plans: Poor predictors of excellent crisis public relations. "*Public Relations Review,* 24(4), 461-474.

Nunamaker , et. al. 1989."Organizational Crisis Management Systems: Planning for Intelligent Action." *Journal of Management Information System*, Vol.5, No.4, pp7-32.

Ogrizek, M., & Guillery, J. 1999.*Communicating in Crisis*. N.Y.: Aldine De Gruyter.

Pearson , C.M., & Misra, S.K. 1997." Managing the unthinkable . " *Organizational Dynamics,* 26(2), pp. 51-65.

Plowan, K. D. 1997. "Conflict Resolation and Power for Public Relations." Paper presented in the annual conference of the Asssciation of Journalism and Mass Communication ,Chcago, I.L.

Quarantelli, E. L. 1988. "Disaster crisis management: A summary of research findings. " *Journal of Management Studies,* 25, 373-385.

Ray, S. J. 1999.*Strategic communication in crisis management: Lessons from the airline industry*. C.T.: Quorum.

Rodino, V.,& DeLuca, K. 1999."Unruly relations: Not managing communication in the construction of the activist model of public relations. "Paper presented to the PRSA Educator Academy Second Annual Research Conference, June 1999, College Park, MD.

Shrivastava, P., & Mitroff, I. I.1987."Strategic management of corporate crisis. "*Columbia journal of World Business*, 22(3), ,5-11.

Tuchman, G. 1978.*Making News : A study in the construction of reality*. New York : the Free Press.

Turner, B. A. 1976."The organizational and interorganizational development of disasters." *Administrative Science Quarterly*, 21, 378-397.

Tyler, L. 1997."Liability means never being able to say you're sorry: Corporate quilt , legal constraints, and defensiveness in corporate communication."*Management Communication Quarterly,* 11(1), 51-73.

Williams, D. E., & Olaniran, B. A. 1998." Expanding the crisis planning function: Introducing elements of risk communication to crisis communication practice. " *Public Relations Review,* 24(3), 387-400.

第十一章

朱曾汶譯，1999，《杰斐遜選集》，北京：商務印書館。

李松翔，2003，《交付審判制度之研究》，台北：國防管理學院法律研究所碩士論文。

沈君玲，2002，《刺探新聞所涉法律問題研究》，台北：世新大學法律研究所碩士論文。

林山田，2000，《刑事程序法》，台北：五南。

林子儀，1999，《言論自由與新聞自由》，台北：元照。

林裕順，2007，〈嗆聲影帶，警察繳械，媒體投降〉，《聯合報》第 15 版，民意論壇，2007-04-01。

林騰鷂，2006，《中華民國憲法概要》，台北：三民。

林騰鷂，2005，《中華民國憲法》，台北：三民。

林紀東，1991，《比較憲法》，台北：五南。

洪葦倉，2002，《中華民國憲法》，台北：揚智。

孫立行，2000，《商業性言論：從保障言論自由觀點出發》，台北：東吳大學法律學系碩士論文。

陳志龍，1998，〈法治國檢察官之偵查與檢察制度〉，《台大法學論叢》第27卷第3期。

陳柏廷，2000，《我國刑事訴訟程序中犯罪被害人權能之研究》，台北：台北大學法學學系碩士論文。

陳運財，1998，〈偵查之基本原則與任意偵查之界線〉，收於《刑事訴訟與正當之法律程序》，台北：月旦。

傅崑成等譯，1991，《美國大眾傳播法：民主傳播與憲法》，台北：123資訊公司。

管歐著，林騰鷂修訂，2006，《中華民國憲法論》，台北：三民。

劉靜怡，2004，〈言論自由導論〉，《月旦法學教室》第26期。

趙伯雄，2005，《從憲法上言論自由的保障論著作權的限制》，台北：東吳大學法學院法律學系碩士論文。

蕭憲文，2004，《報紙犯罪新聞之報導手法對閱聽人認知與態度之影響研究》，台北：臺灣大學新聞研究所碩士論文。

Baker,E. 1989.*Human liberty and freedom of speech.* N.Y.: Oxford University Press.

Hocking, W. E.1947. *Freedom of the press, a framework of principle. Chic*ago: University of Chicago Press.

McChesney,R. W.1999. Rich media ,poor democracy : Communication Politics in Dubious Times.*U*niversity of Illinois.

法務部全球資訊網資料 2005/11/27http://www.moj.gov.tw/ct.asp?xItem=28144&ctNode =11600&mp=001

馬在勤，〈公開偵查不公開原則：媒體報導不是檢警的辦案業績〉，《司改雜誌》第62期，資料日期：2006/8/8。http://blog.yam.com/themis2006/article/6315463

雅虎網路民調，2006年3月24日 http://tw.yahoo.com/

財團法人廣播電視事業發展基金座談會內容紀要,「暴力犯罪防治新聞報導之檢視」。

發布時間:2004-09-16 http://cyan.bdf.org.tw/forumDetail.php?ep_id=37

第十二章

李金銓,1994,《大眾傳播理論》,台北:三民。

金玉珍,2000,《洽公民眾對台北市區公所服務品質看法之研究》,台北:政治大學公共行政學系碩士論文。

賴祥蔚,2006,〈新聞自由的臨摹與反思〉,《新聞學研究》87 期。

蕭武桐,2001,《公務倫理》,台北:智勝。

Emerson,T. I.1966. *Toward a general theory of the first amendment.*N.Y.: Random House.

Enzensberger, H. M.1974.*The Consciousness Industry : On Literature, Politics and the Media.*.New York: A Continuum Book.

Gulick, L.1933."Politics, Administration, and the New Deal." *Annals of the American Academy Political and Social Science.* 1933.169:55-66.

Harmon,M. M. & Mayer, R. T.1986. *Organization Theory For Public Administration.*Boston: Little, Brown and Company.

Johnstone, J. W. C. Slawski, E. J. & Bowman, W. W. 1976.*The News people: A Sociological Portrait of American Journalists and Their Work.* Urbana: University of Illinois Press.

Katz,R.L. 1974."Skill of an Effective Administratoir. "*Harvard Business Revie.*52.(5):90-102.

Kleinig, J.1996.*The Ethics of Policing.* New York: Cambridge University Press.

Lippman,W. 1922. *Public Opinion.* New York: MacMillan.

McQuail, D. 1992. *Media Performance: Mass Communication and the Public Interest.* Newbury Park, C.A. : Sage.

Narayanan,V., & Nath,R.1993. *Organization Theory: A Strategic Approach* .Homewood: Richard D. Irwin.

Nigro,F. A., & Nigro,L. G. 1989. *Modern Public Administration.* 7th ed. New York:Harper & Row.

Phillips,K. P. 1975.*Mediacracy: American parties and politics in the communications age.*Garden City, N.Y.: Doubleday.

Pike, M. S.1985. *The Principles of Policing.* London: The Macmillan Press.

Shiffrin,S. H. 1993.*The First Amendment, democracy, and romance.* Princeton: Princeton University Press.

Souryal, S. S. 1998.*Ethics in Criminal Justice in Search of the Truth.* Sec. Edition. O.H. : Anderson Publishing Co.

Tuchman,G. 1978.*Making News: A Study in the Construction of Reality.* New York: Free Press.

Turow, J.1989."Media industries, media consequences: rethinking mass communication."In J. Anderson (ed.)*Communication yearbook 13.* Newbury park, C.A.: Sage

附錄一

警察機關新聞發布暨傳播媒體協調聯繫作業規定

中華民國八十九年八月十日
內政部警政署八九警署公字第一五○九九五號函

一、為加強服務民眾，增進警民溝通合作，積極宣導警政重要措施與績
　　效，提昇新聞發布及傳播媒體協調聯繫功能，特訂定本規定。

二、各警察機關除主官（管）、發言人及經主官（管）指定之人員外，其
　　他人員一律不得對外發布新聞或提供新聞資料。

三、各警察機關應嚴格規範媒體於機關內之採訪地點，並妥善管制媒體進
　　出辦案人員辦公室。

四、作業要領：

　　(一)廣泛汲取民意、反映蒐集輿情。

　　(二)主動說明施政、積極提供資訊。

　　(三)延聘宣導專才、增闢溝通管道。

　　(四)舉辦親民活動、深入社會基層。

五、新聞發布與新聞處理原則及具體作法：

　　(一)新聞發布應把握主動、迅速、保密、統一、公平之原則。

　　(二)凡警政措施涉及人民權利義務之事項，應於事前統一發布新聞
　　　　稿，透過各種傳播媒體廣為宣導。

　　(三)警察機關便民措施、員警好人好事或重大功績、貢獻，應充分收
　　　　集資料，主動提供媒體記者協助宣導。

(四) 嚴重影響民眾安全與社會治安之重大突發案件，各單位應視實際需要，主動發布新聞或提供資料說明澄清，以使社會大眾瞭解事實真相，惟事件僅影響機關本身業務時，各該單位得自行協調處理或酌情適時發布新聞。

(五) 為保護民眾生命財產安全，避免遭受不法侵害，得適時提供資訊，呼籲社會大眾注意防範。

(六) 為便於指認犯罪嫌疑人早日偵破刑案，得適時發布犯罪嫌疑人之相片或畫像。

(七) 對於直接或間接關連本單位之新聞，不論報導是否確實，凡足以影響政府信譽或社會安寧秩序，均應分析研判其可能發展及影響，並研訂對策，協調聯繫有關單位共同處理。

(八) 對於影響本機關形象、聲譽或不實之報導，應適時發布新聞說明澄清要求更正。

(九) 各機關得斟酌實際需要，指派人員蒐集輿情或剪輯新聞報導資料，提供首長或相關業務單位參考。

六、其他注意事項：

(一) 新聞發布之內容如涉及其他機關業務或權責事項，各單位應先與相關機關取得聯繫，以齊一步調，並避免、造成新聞報導混亂，影響視聽。

(二) 刑事案件新聞之發布，應注意偵查不公開原則，保護當事人隱私權與名譽，依照「檢察、警察暨調查機關偵查刑事案件新聞處理注意要點」及「研究結論」辦理。

七、督導考核：

(一) 實施成果獎懲，依警察人員獎懲標準表規定辦理，並於嘉獎（申誡）範圍內核實辦理獎懲；至如有特殊功績、成效或重大缺失者，專案從重獎勵或議處。

（二）為澈底落實本規定之執行，應依考核系統適時派員督導考核，以
　　　期發現缺點，隨時檢討改進。

八、本規定如有未盡事宜得隨時修訂補充之。

附錄二

檢察、警察暨調查機關偵查刑事案件
新聞處理注意要點

法務部令（民國 91 年 7 月 3 日）

一、為期偵查刑事案件慎重處理新聞，以符合刑事訴訟法偵查不公開原
　　則，避免發言不當，並兼顧被告或犯罪嫌疑人及相關人士之隱私與名
　　譽，以便利媒體之採訪，特訂定本要點。

二、檢察、警察暨調查機關，應指定新聞發言人並設新聞發布室，與偵查
　　案件有關之新聞統一由發言人或其代理人於新聞發布室發布。檢警調
　　人員除經機關首長指定為發言人或有本要點第五點第二項之情形者
　　外，對偵查中之案件，不得透漏或發布新聞。

　　　　各機關應設置記者休息室或適當處所作為媒體採訪地點，媒體採
　　訪時以電話聯絡發言人到記者休息室或適當處所為之。

　　　　採訪時間，每日宜分上、下午各一次，確實時間由機關首長斟酌
　　實際情況自行決定。

三、案件於偵查終結前，檢警調人員對於下列事項，應加保密，不得透漏
　　或發布新聞；亦不得任被告、犯罪嫌疑人或少年犯供媒體拍攝、直接
　　採訪或藉由監視器畫面拍攝：

　　（1）被告或犯罪嫌疑人是否自首或自白及其內容。

　　（2）有關傳訊、通訊監察、拘提、羈押、搜索、扣押、勘驗、現場模
　　　　擬、鑑定、限制出境等，尚未實施或應繼續實施之偵查方法。

（3）實施偵查之方向、進度、內容及所得心證。

（4）足使被告或犯罪嫌疑人逃亡，或有湮滅、偽造、變造證據或勾串共犯或證人之虞。

（5）被害人被挾持中尚未脫險，安全堪虞者。

（6）偵查中之筆錄、錄音帶、錄影帶、照片、電磁紀錄或其他重要文件及物品。

（7）犯罪情節攸關被告或犯罪嫌疑人、其親屬或配偶之隱私與名譽。

（8）有關被害人之隱私或名譽暨性侵害案件被害人之照片、姓名或其他足以識別其身分之資訊。

（9）有關少年犯之照片、姓名、居住處所、就讀學校及其案件之內容。

（10）檢舉人及證人之姓名、身分資料、居住處所、電話及其供述之內容或所提出之證據。

（11）其他足以影響偵查之事項。

四、案件於偵查終結前，如有下列情形，為維護公共利益或保護合法權益，認有必要時，得由發言人適度發布新聞，但仍應遵守偵查不公開原則：

（1）現行犯或準現行犯，已經逮捕，其犯罪事實查證明確者。

（2）越獄脫逃之人犯或通緝犯，經緝獲歸案者。

（3）對於社會治安有重大影響之案件，被告於偵查中之自白，經調查與事實相符，且無勾串共犯或證人之虞者。

（4）偵辦之案件，依據共犯或有關告訴人、被害人、證人之供述及物證，足以認定行為人涉嫌犯罪，對於偵查已無妨礙者。

（5）影響社會大眾生命、身體、自由、財產之安全，有告知民眾注意防範之必要者。

（6）對於社會治安有重大影響之案件，依據查證，足以認定為犯罪嫌疑人，而有告知民眾注意防範或有籲請民眾協助指認之必要時，

得發布犯罪嫌疑人聲音、面貌之圖畫、相片、影像或其他類似之訊息資料。

（7）對於社會治安有重大影響之案件，因被告或犯罪嫌疑人逃亡、藏匿或不詳，為期早日查獲，宜請社會大眾協助提供偵查之線索及證物，或懸賞緝捕者。依前項發布新聞之內容，對於犯罪行為不宜作詳盡深刻之描述。

五、檢察、警察暨調查機關辦理案件，於偵查終結前，依本要點發布新聞，應經該機關或上級機關首長核定。但媒體臨時採訪不及請示機關首長時，發言人得依本要點規定發布新聞。

承辦人員於機關外發生之臨時狀況，必要時得依本要點發布新聞。

六、檢察、警察暨調查機關首長，應指定該機關有關人員三至五人，組成新聞處理檢討小組，就當月媒體報導本機關有關偵查案件等之新聞加以檢討。新聞處理檢討小組由該機關首長或其指定之人負責召集，每月至少召開檢討會一次，遇有重大事故，得隨時召集之。但當月無新聞者得免召開。

檢討小組會議，必要時得報請上級主管機關派員列席。檢討小組對本機關擅自透漏或不依本要點規定發布新聞之人員，應報請機關首長處理。

檢察、警察暨調查機關，應指定專人收集、側錄有關該機關偵查案件之新聞報導等資料，即時陳送首長核閱後，交新聞處理檢討小組檢討，如認所報導與事實不符，應即時加以澄清，以正視聽。

七、台灣高等法院檢察署應組成「偵查中案件新聞督導小組」，由該署檢察長為召集人，並邀請其他二審檢察長為成員，各成員經由媒體報導，如發現所屬檢察機關或警察、調查機關於偵查中案件發布新聞有違反本要點時，應即報由召集人以電話或傳真方式請該管機關首長改

正；如情節重大或屢誡不聽者，得建請依法懲處，並將處理情形陳報法務部備查。

八、檢警調人員違反本要點規定，擅自透漏或發布新聞者，由主管機關依有關規定，按情節輕重予以申誡記過或記大過之處分。如涉嫌洩漏偵查秘密者，應追究其刑事責任。各機關首長或相關監督人員，如未切實督導所屬依本要點規定辦理，一併追究其督導不周之責任。

九、本要點陳報法務部核定後實施，修正時亦同。

附錄三

行政院新聞局與內政部警政署共同召開重大刑案新聞處理原則座談會

民國 94 年 12 月 9 日

　　為確保刑案偵查與新聞自由權利，保障司法正義與民眾「知的權利」之需要，提升偵辦重大刑案新聞處理能力，兼顧圍捕任務及媒體採訪之遂行，新聞局、警政署、內政部、法務部、專家學者、各媒體代表等，於 94 年 12 月 8 日共同舉行座談會，並於會中達成共識如下：

一、新聞處理原則內所稱重大刑案，界定為涉及「人質挾持」、「擄人勒贖」或執行圍捕任務有危及「犯罪被害人」、「警方執勤人員」、「新聞採訪人員」與「一般民眾」人身安全之案件。

二、警察機關偵辦重大刑案時，務必依訂頒之相關規定，於刑案現場視案情、警力多寡及地形、地物等因素，建立三層封鎖線，並落實執行。

三、為利媒體了解重大刑案偵辦進度，警察機關於刑案現場立即設立「新聞中心」，並統一發布新聞或提供相關書面資料。

四、為保護相關被害人、執勤人員、新聞採訪人員及民眾之安全，警察機關於發動偵查時，各傳播媒體應配合下列：

　　(一) 涉有「被害人」遭犯罪嫌疑人控制其行動，尚未獲得安全釋放前，應配合警察機關之規定，不得報導直接或間接可明瞭該案發生之相關訊息，若因報導其他案件，致可聯結該案導致引發相關被害或偵查人員重大傷亡之虞時，應配合警察機關行動予以暫時撤播或斷訊。

(二) 在涉有「人質安全」之交付贖款行動中，傳播媒體不得私自派車尾隨警方或被害家屬車輛，以免破壞或洩露警方偵查行動，危及人質安全。

(三) 不得任意穿越警方設置之封鎖線或路障。

　　警政署已嚴格要求各級警察機關落實遵守該原則，如有違反情事，將依相關規定懲處，依法究責。另有關刑案現場三層封鎖線及新聞中心之設立，已蒐集國內外相關文獻，審慎、周延研議訂定，將發送各級警察機關確實辦理，藉以樹立封鎖線權威，做好媒體聯繫工作。警政署及各警察機關將加強教育訓練所屬員警，也希望媒體能夠配合事項如下：

一、將本原則納入編採手則內，作為採訪工作指導。

二、將本原則列為其訓練新進同人員之教材，加強教育。

三、爾後於警察機關辦理相關講習座談會時，能指派人員參與警察機關之座談會，強化對該原則之瞭解，以利雙方任務之遂行。

國家圖書館出版品預行編目

警察與傳播關係研究 / 汪子錫主編. – 修訂再版
.-- 臺北市：秀威資訊科技, 2009.10
　面；　公分. -- (社會科學類；AF0093)
BOD 版
參考書目：面
ISBN 978-986-221-309-4(平裝)

1. 警察 2. 傳播

575.8　　　　　　　　　　　　98017741

 社會科學類　AF0093

警察與傳播關係研究（修訂再版）

作　　者 / 汪子錫
發 行 人 / 宋政坤
執行編輯 / 胡珮蘭
圖文排版 / 蘇書蓉
封面設計 / 陳佩蓉
數位轉譯 / 徐真玉　沈裕閔
圖書銷售 / 林怡君
法律顧問 / 毛國樑　律師
出版印製 / 秀威資訊科技股份有限公司
　　　　　台北市內湖區瑞光路 583 巷 25 號 1 樓
　　　　　電話：02-2657-9211　　　傳真：02-2657-9106
　　　　　E-mail：service@showwe.com.tw
經 銷 商 / 紅螞蟻圖書有限公司
　　　　　台北市內湖區舊宗路二段 121 巷 28、32 號 4 樓
　　　　　電話：02-2795-3656　　　傳真：02-2795-4100
　　　　　http://www.e-redant.com

2009 年 10 月 BOD 一版
定價：580 元

讀 者 回 函 卡

感謝您購買本書，為提升服務品質，請填妥以下資料，將讀者回函卡直接寄回或傳真本公司，收到您的寶貴意見後，我們會收藏記錄及檢討，謝謝！如您需要了解本公司最新出版書目、購書優惠或企劃活動，歡迎您上網查詢或下載相關資料：http:// www.showwe.com.tw

您購買的書名：_____

出生日期：_____年_____月_____日

學歷：□高中 (含) 以下　　□大專　　□研究所 (含) 以上

職業：□製造業　□金融業　□資訊業　□軍警　□傳播業　□自由業

　　　□服務業　□公務員　□教職　　□學生　□家管　　□其它_____

購書地點：□網路書店　□實體書店　□書展　□郵購　□贈閱　□其他

您從何得知本書的消息？

　□網路書店　□實體書店　□網路搜尋　□電子報　□書訊　□雜誌

　□傳播媒體　□親友推薦　□網站推薦　□部落格　□其他_____

您對本書的評價：(請填代號　1.非常滿意　2.滿意　3.尚可　4.再改進)

　封面設計____　版面編排____　內容____　文／譯筆____　價格____

讀完書後您覺得：

　□很有收穫　□有收穫　□收穫不多　□沒收穫

對我們的建議：_____

_____

_____

_____

11466
台北市內湖區瑞光路 76 巷 65 號 1 樓

秀威資訊科技股份有限公司　　　收

BOD 數位出版事業部

....

（請沿線對折寄回，謝謝！）

姓　　名：＿＿＿＿＿＿＿＿＿　年齡：＿＿＿＿　性別：□女　□男

郵遞區號：□□□□□

地　　址：＿＿＿＿＿＿＿＿＿＿＿＿＿＿＿＿＿＿＿＿＿＿＿

聯絡電話：(日) ＿＿＿＿＿＿＿＿＿＿ (夜) ＿＿＿＿＿＿＿＿＿＿

E-mail：＿＿＿＿＿＿＿＿＿＿＿＿＿＿＿＿＿＿＿＿＿＿＿＿